国家重点基础研究发展规划（973计划）项目（2012CB955701）
国家自然科学基金面上项目（41175125）

金融期货
理论与实务

◎ 丑洁明 佟文英 著

JINRONG QIHUO
LILUN YU SHIWU

中央民族大学出版社
China Minzu University Press

图书在版编目（CIP）数据

金融期货理论与实务/丑洁明，佟文英著. —北京：中央民族大学出版社，2013.5（2015.9 重印）

ISBN 978-7-5660-0431-4

Ⅰ.①金… Ⅱ.①丑… ②佟… Ⅲ.①金融期货—研究 Ⅳ.①F830.9

中国版本图书馆 CIP 数据核字（2013）第 098478 号

金融期货理论与实务

作　者	丑洁明　佟文英
责任编辑	舒　松
封面设计	布拉格
出 版 者	中央民族大学出版社
	北京市海淀区中关村南大街27号　邮编：100081
	电话：68472815（发行部）　传真：68932751（发行部）
	68932218（总编室）　　　68932447（办公室）
发 行 者	全国各地新华书店
印 刷 者	北京宏伟双华印刷有限公司
开　本	787×1092（毫米）　1/16　印张：22.875
字　数	375 千字
版　次	2013 年 5 月第 1 版　2015 年 9 月第 2 次印刷
书　号	ISBN 978-7-5660-0431-4
定　价	49.00 元

版权所有　翻印必究

前　言

在现代市场经济中，金融是现代经济的核心，金融业是强大的火车头；外汇、黄金、大宗物资、资讯信息的期货交易，则是金融业的重要组成部分，也是金融业中最活跃的一环。今天，无论个人还是公司企业，理财已不局限于传统的"钱通过产品赚钱"的生产模式，运用资讯决策以"钱赚钱"的投资模式方兴未艾。多元化、个性化的投资理财已成为新的时代要求和时代标记。撰写这本《金融期货理论与实务》的目的，就是希望让更多的人了解金融期货，接触金融期货，不会面对金融期货交易的专业性和高门槛望而生畏，望洋兴叹。

期货市场是市场经济发展的必然产物，是发达金融市场的必要组成部分。没有一个发达的金融市场，就没有发达的市场经济。近些年来，随着金融国际化和自由化的发展，由传统金融工具衍生出来的金融衍生工具不断创新，交易量迅速增长，市场规模急剧扩大，交易手段日趋多样化、复杂化。中国加入WTO后，金融开放取得了突破性进展，中国无疑是当代世界经济格局中最具有活力的国家，同样无疑将成为最活跃最有机会的金融市场。

中国金融市场的发展越来越迅速，衍生金融工具已经成为现代金融市场不可或缺的重要组成部分。衍生金融工具是在传统金融工具的基础上派生出来的。它是根据股价、利率、汇率等基础金融工具的未来行情趋势，采用支付少量保证金或权利金，签订跨期合同或互换不同金融工具等交易形式的新兴金融工具，是企业规避金融风险的一个主要手段。因此，其本质上是一种为规避风险和获取投机利润对初始投资要求较低的合约。最基本的衍生金融工具包括期货、期权、远期和互换，其他衍生金融工具均由这四种基本工具组合而成。衍生金融工具已经成为现代金融市场不可或缺的重要组成部分，它既是重要的风险规避工具，同时又是巨大的风险源。

金融衍生工具作为金融工具创新，不论是理论研究还是实践应用，都属于前沿领域。它在我国的存在还是近十年的事。我国曾经出现过的工具，除国债期货外，其他的交易都未能形成较大规模。目前我国金融衍生工具的品种少、规模小，加之所依赖的证券市场属于新兴市场，故其发展还处于幼稚阶段。但是，随着衍生工具的功能和作用慢慢在为我国企业界人士所认识，我国开展衍生工具的条件也在逐渐成熟，再加之我国已经加入WTO，金融的开放需要与之相适应的金融衍生工具的开展。因此，从各方面的因素来看，我国的衍生工具应当发展，但发展要讲究策略。

期货作为一个新的衍生金融工具，其操作方式和运作特点与股票投资并不相同，它的专业性更强、风险更大，能带来的刺激和收益也更大。期货市场本身的建设，首要的是制定好交易法令，建立健全交易所会员制、交易风险机制和监督管理机制等；而作为投资者，心里建设最为重要：要具备期货交易的基本知识，要具备风险意识，要讲究市况分析和资金运用策略。在股票投资热之后，很多人对期货投资十分感兴趣，但有不少是从未接触过期货的人，需要必要的理论和操作的知识准备。考虑到这些因素，我们将本书定位为金融期货交易的教材式的入门读物，并试图赋予它简明通俗的结构和特点。

本书分为15章。第1—4章，由浅入深地介绍了金融与金融期货的原理；期货交易的发展历史、理论、市场构成及相关的知识，详细阐述了金融和金融期货交易理论和期货市场制度，是金融期货交易者的理论准备。第5—9章，重点介绍了期货交易的一般流程和程序，深入解读了套期保值交易原理和投机与套利交易，介绍了期货价格分析预测的理论和方法，探讨了期货交易的投资策略和基本战术，是金融期货交易者要学习的实战指南。第10—15章，分别详细介绍了期货交易的上市品种，包括商品期货和金融期货，以及近年来才出现的气候期货。

本书的撰写分工是：丑洁明：前言，第3—10章，第14—16章；佟文英：第1—2章、第11—13章。

在撰写过程中作者着重突出了以下两点：

1. 系统性和条理性。本书力求涵盖金融期货交易和期货市场的基本知识及新的科研成果，对期货交易的理论、操作和上市品种作了系统全面的介绍，突出理论知识和操作实务以及上市产品之间既有联系又相互区别、相辅相成，以便读者从各个层面对全书内容加深理解。

2. 实用性和新颖性。本书注重书本知识的实践性，尽量用简洁明了的语言文字和不太繁多的篇幅描述专业性较强的问题，由浅入深地介绍了期货的交易过程，描述了正确的投资方法、投机方法和分析方法及指标的正确使用，理论与实践并重，突出了金融理论和期货交易的专业特点和技巧。注重添加我国期货市场改革发展的最新内容，以增强读者的实际操作需求。

作者愿意特别推荐"气候期货"这一章。气候期货也译作天气期货，是近年来才出现的期货品种，在我国还没有进入市场。这部分内容较多地融入了作者研究的成果和心得。

作者长期在高等院校从事金融期货的教学和科研工作，本书是在多年的金融期货交易讲稿的基础上，结合最新的金融期货市场形势和研究进展编写而成的。本书的编写吸收和借鉴了国内外许多专家、学者的研究成果，参考了他们的教材、专著、论文和其他研究成果，并引用了其中部分案例和资料，考虑到本书的成书过程，引述未及一一注明，参考书目附后，以为补救，在此特向原作者表示诚挚的感谢，并希望得到他们的理解和谅解。

由于作者水平有限，错误和疏漏在所难免，恳请同行和读者提出宝贵意见。

丑洁明
2012 年 8 月

目 录

第一章 金融与金融工具概论 (1)
第一节 金融和金融体系 (1)
一、金融的内涵及功能 (1)
二、金融体系 (3)
三、金融市场 (7)
第二节 金融工具 (11)
一、金融工具的概念 (11)
二、金融工具的特点 (12)
三、金融工具的种类 (13)
第三节 基础性金融工具 (15)
一、票据 (15)
二、股票 (16)
三、债券 (17)
四、投资基金 (18)
第四节 金融衍生工具 (18)
一、金融衍生工具的概念和种类 (18)
二、金融远期合约 (20)
三、金融期货合约 (22)
四、金融期权合约 (23)
五、金融互换 (25)

第二章 期货与期货市场 (28)
第一节 现代商品市场中的期货交易 (29)
一、现货交易 (29)
二、远期合同交易 (30)
三、期货交易 (31)
第二节 期货市场的产生与发展 (34)
一、期货市场的产生 (34)

二、期货市场的发展趋势……………………………………………(36)
　　三、中国的期货市场………………………………………………(42)
　第三节　期货市场的功能……………………………………………(44)
　　一、规避现货价格风险……………………………………………(44)
　　二、发现价格（Price Discoverry）的功能………………………(46)
　第四节　期货市场的作用……………………………………………(48)
　　一、优化资源配置…………………………………………………(48)
　　二、缓解价格的波动………………………………………………(50)
　　三、降低交易成本…………………………………………………(51)

第三章　期货市场的构成………………………………………………(54)
　第一节　期货交易所…………………………………………………(54)
　　一、期货交易所（Futures Exchanges 或 Exchanges）的概念……(54)
　　二、期货交易所的组织形式………………………………………(55)
　　三、期货交易所的职能……………………………………………(56)
　　四、期货交易所的主要业务………………………………………(57)
　第二节　期货清算所…………………………………………………(58)
　　一、清算所（Clearing House）的概念……………………………(58)
　　二、清算所的组织形式……………………………………………(58)
　　三、清算制度的原理及程序………………………………………(59)
　　四、清算所的作用…………………………………………………(62)
　　五、期货清算所的功能……………………………………………(63)
　　六、期货清算所的会员……………………………………………(64)
　　七、期货清算所的主要业务………………………………………(65)
　第三节　期货经纪公司………………………………………………(65)
　　一、期货经纪公司的设立…………………………………………(65)
　　二、期货经纪公司的主要业务……………………………………(66)
　　三、期货经纪公司分类……………………………………………(67)
　　四、经纪人的概念…………………………………………………(67)
　　五、期货佣金商的含义……………………………………………(67)
　　六、期货佣金商的类型……………………………………………(68)
　　七、期货佣金商的职能……………………………………………(69)

第四节　期货市场交易的参加者……………………………………(70)
　　一、场内经纪人……………………………………………………(70)
　　二、专业投机商……………………………………………………(71)
　　三、套期保值者……………………………………………………(73)
　　四、大众交易者……………………………………………………(73)

第四章　期货交易基本制度……………………………………………(74)
第一节　期货合约………………………………………………………(74)
　　一、期货合约（Futures Contract）的基本概念…………………(74)
　　二、期货合约的基本内容（Futures Contract Specification）……(75)
　　三、我国目前上市交易期货合约举例……………………………(79)
第二节　保证金制度……………………………………………………(89)
　　一、保证金制度的含义……………………………………………(89)
　　二、保证金的种类…………………………………………………(90)
第三节　实物交割制……………………………………………………(93)
　　一、实物交割制度的含义…………………………………………(93)
　　二、实物交割制度的程序…………………………………………(94)
　　三、实物交割制度的重要性………………………………………(95)
第四节　价格制度………………………………………………………(95)
　　一、期货价格的形成制度…………………………………………(95)
　　二、期货市场的限价制度…………………………………………(97)
第五节　信息披露制度…………………………………………………(98)
　　一、即时交易信息…………………………………………………(98)
　　二、每日期货交易信息……………………………………………(99)
　　三、每周期货交易…………………………………………………(99)
　　四、每月期货交易信息……………………………………………(100)

第五章　期货交易流程与结算…………………………………………(101)
第一节　期货交易基本流程……………………………………………(101)
　　一、选择经纪公司…………………………………………………(102)
　　二、开户（Open An Account）……………………………………(103)
　　三、下单（Place Order）…………………………………………(105)
　　四、竞价……………………………………………………………(108)
　　五、结算……………………………………………………………(109)

六、确认 …………………………………………………… (110)
　　　七、风险管理 ………………………………………………… (111)
　第二节　复式竞价规则 …………………………………………… (112)
　　　一、复式竞价的撮合成交过程 ……………………………… (112)
　　　二、复式竞价规则的应用 …………………………………… (116)
　　　三、复式竞价多成交价的进一步讨论 ……………………… (117)
　　　四、关于单盘多成交价连续竞价的讨论 …………………… (120)
　第三节　期货交易的结算 ………………………………………… (122)
　　　一、盯市结算步骤 …………………………………………… (122)
　　　二、结算综合例题 …………………………………………… (127)
　　　三、结算价格和结算业务的进一步说明 …………………… (129)

第六章　套期保值 ……………………………………………………… (131)
　第一节　套期保值的基本理论 …………………………………… (131)
　　　一、套期保值的含义 ………………………………………… (131)
　　　二、套期保值者的动机 ……………………………………… (133)
　　　三、套期保值的种类 ………………………………………… (134)
　　　四、套期保值的基本原理 …………………………………… (136)
　第二节　套期保值运作 …………………………………………… (137)
　　　一、空头（卖出）套期保值运作 …………………………… (137)
　　　二、多头（买入）套期保值运作 …………………………… (144)
　　　三、交叉套期保值 …………………………………………… (149)
　　　四、制定套期保值策略的方法 ……………………………… (150)
　第三节　基差交易 ………………………………………………… (151)
　　　一、期货价格与现货价格 …………………………………… (151)
　　　二、基差 ……………………………………………………… (153)
　　　三、影响基差的因素 ………………………………………… (154)
　　　四、基差图的三种表示方法 ………………………………… (156)
　　　五、基差风险 ………………………………………………… (157)
　　　六、基差交易 ………………………………………………… (158)

第七章　投机与套利 …………………………………………………… (160)
　第一节　投机交易 ………………………………………………… (160)
　　　一、投机交易的含义 ………………………………………… (160)

二、投机交易的特点 …………………………………… (162)
　　三、投机交易的分类 …………………………………… (163)
　　四、期货投机的作用 …………………………………… (164)
　　五、对期货市场投机的管理 …………………………… (167)
　第二节　套利交易 ………………………………………… (168)
　　一、套利交易的含义 …………………………………… (168)
　　二、套利交易的原理 …………………………………… (169)
　　三、套利活动的操作方法 ……………………………… (170)
　第三节　投机与套利交易的策略 ………………………… (178)
　　一、资金管理策略 ……………………………………… (178)
　　二、入市时机的选择 …………………………………… (179)
　　三、制定盈利目标和亏损限度 ………………………… (179)
　　四、制定期货交易计划 ………………………………… (179)

第八章　期货价格分析和预测 ……………………………… (181)
　第一节　基本分析法 ……………………………………… (181)
　　一、期货商品的供给与需求 …………………………… (181)
　　二、经济因素 …………………………………………… (183)
　　三、政治因素 …………………………………………… (185)
　　四、投机心理因素 ……………………………………… (186)
　　五、自然因素 …………………………………………… (186)
　　六、基本分析法的应用 ………………………………… (187)
　第二节　技术分析法 ……………………………………… (188)
　　一、技术分析法的理论前提 …………………………… (188)
　　二、K线分析 …………………………………………… (190)
　　三、切线分析法 ………………………………………… (191)
　　四、形态分析法 ………………………………………… (194)
　　五、波浪分析法 ………………………………………… (194)
　　六、指标分析法 ………………………………………… (196)
　第三节　期货定价理论 …………………………………… (199)
　　一、古典期货价格理论 ………………………………… (199)
　　二、现货期货价格理论 ………………………………… (201)
　　三、商品期货的价格构成要素 ………………………… (202)

第九章　期货交易策略与战术 ············ (205)
第一节　期货交易基本原则与策略 ············ (205)
一、充分准备，不打无把握之战 ············ (205)
二、运用资金，制定合理交易计划 ············ (206)
三、当机立断，不拖泥带水 ············ (206)
四、敢作敢为，荣辱不惊 ············ (207)
五、落袋为安，不追求浮动利润 ············ (208)
六、分兵渐进，不孤注一掷，不到处点火 ············ (209)
七、顺势而为，重势不重价，不因小失大 ············ (209)
八、理性分析，不墨守成规，不盲目追市 ············ (210)

第二节　期货交易基本战术 ············ (211)
一、加码战术 ············ (211)
二、反转战术 ············ (213)
三、把握机会 ············ (214)
四、挑选时节 ············ (215)
五、不立危墙之下 ············ (216)
六、及时更换和约 ············ (217)
七、不主观设想顶和底 ············ (218)
八、规避赚钱变亏钱 ············ (218)

第十章　商品期货 ············ (220)
第一节　粮食类商品期货 ············ (220)
一、小麦期货 ············ (220)
二、玉米期货 ············ (222)
三、大豆期货 ············ (224)
四、豆粕期货 ············ (227)
五、其他粮食类商品期货 ············ (229)

第二节　经济作物类期货 ············ (231)
一、棉花期货 ············ (231)
二、原糖期货 ············ (232)
三、咖啡期货 ············ (233)
四、可可期货 ············ (233)

第三节　林产品类期货 ·· (234)
　　　　一、天然橡胶的基本知识 ···································· (234)
　　　　二、上海期货交易所天然橡胶期货合约文本 ···················· (235)
　　第四节　畜产品类期货 ·· (236)
　　　　一、猪肉期货 ·· (236)
　　　　二、牛肉期货 ·· (236)
　　第五节　金属矿产品期货 ·· (237)
　　　　一、有色金属期货 ·· (237)
　　　　二、铅、锌、镍、锡期货 ·································· (239)
　　　　三、贵重金属：黄金、白银、铂、钯 ························ (240)
　　第六节　能源、化工、轻工产品期货 ······························ (242)

第十一章　外汇期货 ·· (244)
　　第一节　外汇期货的产生与发展 ·································· (244)
　　　　一、外汇和汇率 ·· (244)
　　　　二、外汇期货的产生与发展 ································ (246)
　　第二节　外汇期货合约 ·· (248)
　　　　一、外汇期货的特点 ······································ (248)
　　　　二、外汇期货合约 ·· (249)
　　　　三、影响外汇期货价格的因素 ······························ (252)
　　第三节　外汇期货交易 ·· (254)
　　　　一、套期保值交易 ·· (254)
　　　　二、投机和套利交易 ······································ (257)

第十二章　利率期货 ·· (260)
　　第一节　利率期货的产生与发展 ·································· (260)
　　　　一、利率期货概念 ·· (260)
　　　　二、利率期货的产生和发展 ································ (261)
　　第二节　短期利率期货合约 ······································ (263)
　　　　一、短期国库券期货合约 ·································· (263)
　　　　二、欧洲美元期货合约 ···································· (264)
　　　　三、其他短期利率期货 ···································· (265)
　　第三节　中长期利率期货 ·· (266)
　　　　一、长期国库券期货 ······································ (267)

二、中期国库券期货 ……………………………………… (268)
　　三、房屋抵押债券期货 …………………………………… (268)
　　四、市政债券期货 ………………………………………… (269)
第四节　利率期货交易 ………………………………………… (270)
　　一、套期保值交易 ………………………………………… (271)
　　二、投机和套利交易 ……………………………………… (272)
第五节　我国国债利率期货 …………………………………… (273)
　　一、国债期货交易的回顾 ………………………………… (273)
　　二、国债回购业务 ………………………………………… (275)
　　三、国债期货交易的展望 ………………………………… (275)

第十三章　股票价格指数期货 ………………………………… (279)
　第一节　股票价格指数期货概述 …………………………… (279)
　　一、股票价格指数 ………………………………………… (279)
　　二、股票价格指数期货的产生和发展 …………………… (281)
　　三、股票指数期货的特点 ………………………………… (283)
　第二节　股票价格指数期货合约 …………………………… (286)
　　一、标准普尔500种股票指数期货（S&P500期货）…… (286)
　　二、纽约证券交易所综合指数期货 ……………………… (287)
　　三、价值线指数期货 ……………………………………… (288)
　　四、主要市场指数期货 …………………………………… (288)
　　五、金融时报指数期货（FT-SE指数期货）…………… (289)
　　六、日本证券市场指数期货 ……………………………… (289)
　　七、香港恒生指数期货 …………………………………… (290)
　第三节　股票指数期货的交易 ……………………………… (290)
　　一、套期保值 ……………………………………………… (290)
　　二、投机与套利 …………………………………………… (293)
　　三、关于我国股票价格指数期货 ………………………… (294)
　第四节　关于我国推出股指期货的思考 …………………… (299)
　　一、我国股指期货的发展历程 …………………………… (299)
　　二、我国推出股指期货的现实意义 ……………………… (301)
　　三、正确认识股指期货风险 ……………………………… (304)
　　四、我国股指期货风险防范措施 ………………………… (306)

五、我国期货市场存在的主要问题 …………………………………… (308)
第十四章　期权交易 ………………………………………………………… (310)
　第一节　期权交易概述 …………………………………………………… (310)
　　一、期权交易的含义 …………………………………………………… (310)
　　二、期权交易的种类 …………………………………………………… (312)
　　三、期权交易的合约要素 ……………………………………………… (316)
　　四、期货期权与期货的比较 …………………………………………… (318)
　第二节　期权交易风险与收益的关系 …………………………………… (320)
　　一、期货交易的风险与收益关系 ……………………………………… (321)
　　二、期权交易的风险与收益关系 ……………………………………… (321)
　第三节　期权的价格 ……………………………………………………… (323)
　　一、期权价格的含义 …………………………………………………… (323)
　　二、期权价格的构成 …………………………………………………… (324)
　　三、影响期权价格的因素 ……………………………………………… (325)
　第四节　期权交易的主要策略 …………………………………………… (326)
　　一、期权交易的四种基本策略 ………………………………………… (326)
　　二、期权基本策略的运用 ……………………………………………… (328)
第十五章　气候期货 ………………………………………………………… (331)
　第一节　气候风险与风险管理 …………………………………………… (331)
　　一、气候风险 …………………………………………………………… (332)
　　二、天气、气候风险管理特点 ………………………………………… (333)
　第二节　气候衍生品概述 ………………………………………………… (334)
　　一、气候衍生品的产生与发展 ………………………………………… (334)
　　二、天气气候衍生品的种类 …………………………………………… (336)
　第三节　气候期货风险管理适用领域 …………………………………… (337)
　第四节　气候期货合约交易 ……………………………………………… (340)
　　一、芝加哥商品交易所气候期货介绍 ………………………………… (340)
　　二、Euronext. Liffe 天气指数期货 …………………………………… (343)
　第五节　关于我国开设气候期货的几点思考 …………………………… (344)
参考文献 ……………………………………………………………………… (347)

第一章 金融与金融工具概论

金融是现代经济的核心，金融对于经济的重要性已经被许多经济学家所证实。完善、高效的金融系统对经济发展起到了关键作用。在世界经济和金融市场的迅猛发展下，全球金融一体化、自由化以及金融创新进程不断加快，新型信息技术、金融工具和金融机构也不断产生。自20世纪90年代起，各类金融风暴频频发生。尤其是始于2007年末的美国次贷危机，在2008年席卷全球金融市场，堪称世界经济史上最严重的一次，这无疑是对全球金融安全的一次严峻考验。

过去的几十年里，我国陆续出现了一系列的金融衍生工具，但都未能形成较大规模的交易，可以说我国金融衍生工具的发展还处于幼稚阶段。随着我国加入WTO，逐步与世界经济接轨，开放金融，发展与之相适应的金融衍生工具十分紧迫。因此在经济安全视角下，对我国金融体系、金融工具以及金融安全进行研究具有重要的现实价值。

第一节 金融和金融体系

一、金融的内涵及功能

（一）金融的内涵

金融，一般是指金融资产的融通，也可以说是金融资产流通和信用活动以及与其相联系的一切经济活动的总和。具体地讲，金融作为一个经济范畴，其内容包括金融关系、金融活动、金融机构、金融工具、金融市场等一切与金融资产信用相关的经济关系和活动。

随着资本主义经济的发展，在西欧国家产生了现代意义上的银行。这种现代意义上的银行的产生，不仅大大方便了商品交换，而且使货币和信用两个范畴紧密地结合在一起。从金融的发展历史来看，金融范畴正是由货币范畴和信用范畴的相互渗透而形成的新范畴。金融范畴覆盖的范围很广，如货币的发行、流通和回笼，存款的吸收和提取，贷款的发放和回收，金银、外汇的买卖，有价证券的发行与转让，保险、信托、国内、国际的货币结算。

伴随货币与信用相互渗透的不断加深，特别是20世纪70年代以来的金融发展和金融创新，使得金融覆盖的范围越来越广，金融行为也逐步向投资、保险、信托和租赁等领域延伸。到目前为止，对于什么是金融，理论界并没有达成一致的意见，而是从不同的视觉对金融进行定义。《中国金融百科全书》将金融定义为：金融是货币流通和信用活动以及与之相关的经济活动的总称。

随着我国市场经济的不断发展，金融在整个经济活动中的地位和作用日显重要。金融对经济活动的各个方面都有着直接的深刻影响，如个人财富、企业的经营、经济运行的效率，都直接取决于金融市场的活动。现代的经济管理，迫切要求发挥金融的宏观调控作用，运用好信贷、结算、利率、汇率、证券、保险等经济手段，促进经济平稳协调地发展，以取得最佳的社会经济效益；同时，对我国的老百姓来说，随着商品经济的发展，金融越来越成为他们生活中不可分割的一部分，人们的金融意识正日益增强，参与经济活动的程度正日益加深。因此，更多地掌握一些现代金融基础知识，已成为生活所必须。

（二）金融的功能

对于金融的功能，国内外理论界有不同的看法。下面介绍几种主要的金融功能：

1. 基础功能

金融的基础功能主要包括服务功能和中介功能。金融的服务功能是指金融通过货币、财富的转移、保管及储藏、汇兑结算、信用担保、发行证券等方式为整个经济运行提供便利服务；金融的中介功能是指金融作为资金盈余者和资金匮乏者的媒介，通过发行股票、债券等方式为社会闲散资金的融通和流动提供服务。金融的服务功能和中介功能相互依存、相互交织，是金融的最基础功能。

2. 核心功能

金融是现代市场经济的核心。各国经济发展的历史均表明，完善的货币制度、健全的金融体系、有效的金融机制、成熟的金融市场和适宜的金融环境，对促进各国经济的发展发挥着非常重要的作用。资源配置功能是金融的核心功能。资源配置功能是指通过储蓄动员，将社会上的闲散资金集中起来向生产性资金转化，通过项目选择，主动适应经济的需要，促进经济增长，实现经济的结构优化。资源配置功能与中介功能的区别在于内在的主动性和被动性。

3. 扩展功能

金融的扩展功能是在其他金融功能的基础上发展起来的，主要包括经济调节功能和风险规避功能。经济调节功能是指通过运用货币政策、财政政策、汇率政策中的金融手段来实现相应的经济调控目的。经济调节功能是由金融体系在资源配置中的重要地位派生出来的经济功能。金融的风险规避功能是指通过金融业的各种业务、技术，来分散、转移、控制、补偿、减轻金融、经济和社会生活中的各种风险。

4. 衍生功能

衍生功能是在金融基础功能、核心功能和扩展功能的基础之上派生出来的功能，主要包括风险管理功能和宏观调控功能。金融的风险管理功能，体现了金融体系对风险的主动管理，主要包括风险交易、信息传递和公司治理等功能。金融的宏观调控功能主要包括引导消费、区域协调、财富再分配等功能，与经济调节功能相比，其操作手段和传导机制更加复杂化，体现了一个整体性、宏观性。

二、金融体系

(一) 什么是金融体系？

所谓金融体系，就是指一国金融机构的设置，各自的性质、任务和主要职能，以及它们在金融、经济生活中的地位和相互关系。在市场经济条件下，以中央银行为核心，商业银行为主体，各类银行与非银行中介机构并存，构成现代世界各国的金融体系的一般特征。

从一般性意义上看，金融体系是一个经济体中资金流动的基本框架，它是资金流动的工具（金融资产）、市场参与者（中介机构）和交易方式（市场）等各金融要素构成的综合体，同时，由于金融活动具有很强的外部性，在一定程度上可以视为准公共产品，因此，政府的管制框架也是金融体系中一个密不可分的组成部分。

一个金融体系包括几个相互关联的组成部分：

第一，金融部门（Financial Sector，各种金融机构、市场，它们为经济中的非金融部门提供金融服务）。

第二，融资模式与公司治理（Financing Patten and Corporate Governance，居民、企业、政府的融资行为以及基本融资工具；协调公司参与者各方利益的组织框架）。

第三，监管体制（Regulation System）。

金融体系不是这些部分的简单相加，而是各个部分的相互适应与协调。

不同金融体系之间的区别，不仅是其构成部分之间的差别，而且是它们相互关系协调关系的不同。一般来讲，金融体系包括金融调控体系、金融企业体系（组织体系）、金融监管体系、金融市场体系、金融环境体系五个方面。

（1）金融调控体系既是国家宏观调控体系的组成部分，包括货币政策与财政政策的配合、保持币值稳定和总量平衡、健全传导机制、做好统计监测工作，提高调控水平等；也是金融宏观调控机制，包括利率市场化、利率形成机制、汇率形成机制、资本项目可兑换、支付清算系统、金融市场（货币、资本、保险）的有机结合等。

（2）金融企业体系，既包括商业银行、证券公司、保险公司、信托投资公司等现代金融企业，也包括中央银行、国有商业银行上市、政策性银行、金融资产管理公司、中小金融机构的重组改革、发展各种所有制金融企业、农村信用社等。

（3）金融监管体系（金融监管体制）包括健全金融风险监控、预警和处置机制，实行市场退出制度，增强监管信息透明度，接受社会监督，处理好监管与支持金融创新的关系，建立监管协调机制（银行、证券、保险及与央行、财政部门）等。

（4）金融市场体系（资本市场）包括扩大直接融资，建立多层次资本市场体系，完善资本市场结构，丰富资本市场产品，推进风险投资和创业板市场建设，拓展债券市场、扩大公司债券发行规模，发展机构投资者，完善交易、登记和结算体系，稳步发展期货市场。

（5）金融环境体系包括建立健全现代产权制度、完善公司法人治理结构、建设全国统一市场、建立健全社会信用体系、转变政府经济管理职能、深化投资体制改革。

（二）金融体系的两大类型

由于现实中不同国家的金融制度差异较大，因此很多研究认为，存在着不同的金融体系。一是以英、美为代表的市场主导型金融体系；二是以法、德、日为代表的银行主导型金融体系。

在美国，银行资产对GDP的比重为53%，只有德国的三分之一；相反，美国的股票市值对GDP的比重为82%，大约比德国高三倍。因此，美国、英国的金融体制常常被称为"市场主导型"，而德国、法国、日本则被称为是"银行主导型"。

这两大金融体系的差异主要表现在以下几个方面：

1. 以完成金融体系的融资功能方式不同为标准。

哲肯克伦将金融体系划分为三种类型：英国的融资多用短期银行借款的形式，德国则采用长期融资与管理协助相结合的"综合银行"模式；俄罗斯由于工业化较晚，所以还需要政府的直接融资。

凯林顿和爱德沃兹从考察不同国家长期融资用于实际投资的数量入手，把主要发达国家的金融体系分为两类：一类以美、英为代表，以资本市场为基础的金融体系；另一类金融体系以法、德、日为代表，银行与工业高度融合，银行贷款是融资的主要渠道，因此称之为以银行为基础的金融体系。

2. 以完成金融体系配置资源功能的方式不同为标准。

泽曼用三个指标来区分金融体系：存款转化为投资的方式；贷款和证券市场上的价格是如何形成的；政府在金融体系中的地位。以此为标准，他把金融体系分为三类：以资本市场为基础的体系、信用基础体系和以德国为代表的靠操纵市场来达到目标的金融体系。梅尔从金融体系与投资间的关系入手，把经济分为银行经济和市场经济两种。他认为这两类经济之间最主要的区别在于公司所有制模式与金融体系结构之间的关系的不同。

3. 以完成金融体系解决不确定性风险功能的方式不同为标准。

莱布泽斯基把金融体系分为两种基本形式：银行导向体系和市场导向体系。他研究不同金融体系对工业发展的作用，把金融体系看作是对承受和分配风险的安排。

4. 以完成金融体系解决激励机制功能的方式不同为标准。

珀林用"退场/发言"来形容两种体系。在退场体系中，证券持有者靠出售他们的有价证券来施加影响；在发言控制体系中，银行与企业联系紧密，银行提供大量长期贷款，金融资产缺乏高度发展的二级市场。

从上面的分析中可以看出，尽管选取的指标不同，得出的结论也有差异，但总的来说，理论界已经达成了一种共识，即：发达国家确实存在两种不同的金融体系，以德、日为代表的银行导向型体系和以英、美为代表的市场导向型体系。两种类型金融体系的差异在于，完成金融体系职能的过程中，银行和证券市场所起到的作用不同。在银行导向型体系中，银行起决定性作用；市场导向型体系中，市场机制成为完成金融体系职能的主要机制，证券市场的作用更为突出。

（三）我国金融机构体系框架

按我国金融机构的地位和功能进行划分，我国金融机构体系框架如下：

1. 中央银行。中国人民银行是我国的中央银行，1948年12月1日成立。在国务院领导下，制定和执行货币政策，防范和化解金融风险，维护金融稳定，提供金融服务，加强外汇管理，支持地方经济发展。中国人民银行与中国银行的主要区别为：中国人民银行是政府的银行、银行的银行、发行的银行，不办理具体存贷款业务；中国银行则承担与工商银行、农业银行、建设银行等国有商业银行相同的职责。

2. 金融监管机构。我国金融监管机构主要有：中国银行业监督管理委员会，简称中国银监会，2003年4月成立，主要承担由中国人民银行划转出来的银行业的监管职能等，统一监督管理银行业金融机构及信托投资公司等其他金融机构。中国证券监督管理委员会，简称中国证监会，1992年10月成立，依法对证券、期货业实施监督管理。中国保险监督管理委员会，简称中国保监会，1998年11月设立，负责全国商业保险市场的监督管理。按照我国现有法律和有关制度规定，中国人民银行保留部分金融监管职能。

3. 国家外汇管理局。成立于1979年3月13日，当时由中国人民银行代管。1993年4月，根据八届人大一次会议批准的国务院机构改革方案和《国务院关于部委管理的国家局设置及其有关问题的通知》，国家外汇管理局为中国人民银行管理的国家局，是依法进行外汇管理的行政机构。

4. 国有重点金融机构监事会。监事会由国务院派出，对国务院负责，代表国家对国有重点金融机构的资产质量及国有资产的保值增值状况实施监督。

5. 政策性金融机构。政策性金融机构由政府发起并出资成立，为贯彻和配合政府特定的经济政策和意图而进行融资和信用活动的机构。我国的政策性金融机构包括三家政策性银行：国家开发银行、中国进出口银行和中国农业发展银行。政策性银行不以盈利为目的，其业务的开展受国家经济政策的约束并接受中国人民银行的业务指导。

6. 商业性金融机构。我国的商业性金融机构包括银行业金融机构、证券机构和保险机构三大类。

（1）银行业金融机构包括商业银行、信用合作机构和非银行金融机构。商业银行是指以吸收存款、发放贷款和从事中间业务为主的营利性机构，主要包括国有商业银行（中国工商银行、中国农业银行、中国银行、中国建设银行）、股份制商业银行（交通银行、中信实业银行、中国光大银行、华夏银行、中国民生银行、广东发展银行、深圳发展银行①、招商银行、兴业银行、上海浦东发展银行、恒丰银行等）、城市商业银行、农村商业银行以及住房储蓄银行、外资银行和中外合资银行。信用合作机构包括城市信用社及农村信用社。非银行金融机构主要包括金融资产管理公司、信托投资公司、财务公司、租赁公司等。

（2）证券机构是指为证券市场参与者（如融资者、投资者）提供中介服务的机构，包括证券公司、证券交易所、证券登记结算公司、证券投资咨询公司、基金管理公司等。这里所说的证券主要是指经政府有关部门批准发行和流通的股票、债券、投资基金、存托凭证等有价凭证，通过证券这种载体形式进行直接融资可以达到投资和融资的有机结合，也可以有效节约融资费用。

（3）保险机构是指专门经营保险业务的机构，包括国有保险公司、股份制保险公司和在华从事保险业务的外资保险分公司及中外合资保险公司。

三、金融市场

（一）金融市场及其构成

金融市场又称为资金市场，是指资金融通的场所或进行金融资产交易

---

① 深圳发展银行，全称"深圳发展银行股份有限公司"，是中国第一家面向社会公众公开发行股票并上市的商业银行。2012年1月19日，深圳发展银行和平安银行通过两行合并方案。2012年7月正式更名为"平安银行"。

的场所，它是以金融资产为交易对象而形成的供求关系及其机制的总和。所谓资金融通，是指在经济运行过程中，资金供求双方运用各种金融工具调节资金盈余的活动，是所有金融交易活动的总称。

资金融通简称为融资，一般分为直接融资和间接融资两种。直接融资是资金供求双方直接进行资金融通的活动，也就是资金需求者直接通过金融市场向社会上有资金盈余的机构和个人筹资；与此对应，间接融资则是指通过银行等金融中介机构所进行的资金融通活动，也就是资金需求者采取向银行等金融中介机构申请贷款的方式筹资。

金融市场的概念有广义与狭义之分。广义的金融市场，是指包括直接融资和间接融资活动的金融市场；狭义的金融市场是指仅包括直接融资活动的金融市场。

和其他市场相比，金融市场具有自己独特的特征：

第一，金融市场是以资金为交易对象的市场。

第二，金融市场交易之间不是单纯的买卖关系，更主要的是借贷关系，体现了资金所有权和使用权相分离的原则。

第三，金融市场可以是有形市场，也可以是无形市场。

尽管世界各国的金融市场的发达程度各不相同，然而就在金融市场本身的构成要素来说都是相同的，不外乎以下四个方面，即：

1. 金融市场主体

金融市场主体就是指金融市场的交易者。根据交易者和交易关系，可将金融市场主体划分为资金需求者和资金供给者。资金需求者亦即筹资人，也是金融工具的发行者和出售者，通过发行金融工具来筹集资金。资金供给者即投资人，也是金融工具的购买者，他们通过购买金融工具，将自己暂时闲置的资金提供给资金短缺的筹资人。

根据宏观经济部门来划分，金融市场主体包括个人、企业、政府、存款性金融机构、非存款性金融机构，等等。如果从参与交易的动机来看，金融市场主体则可以更进一步细分为投资者（投机者）、筹资者、套期保值者、套利者、调控和监管者等。

2. 金融市场客体

金融市场客体是指金融市场的交易对象或交易的标的物，亦即通常所说的金融工具，金融工具又称交易工具，它是证明债权债务关系并据以进行货币资金交易的合法凭证，是货币资金或金融资产借以转让的工具。如各种债券、股票、票据、可转让存单、借款合同、抵押契约等。

3. 金融市场媒体

金融市场媒体是指那些在金融市场上充当交易媒介，促进交易完成的机构和个人。金融市场媒体主要包括金融市场经纪人和金融中介机构。他们参与金融活动主要是为赚取佣金。

4. 金融市场价格

金融市场价格通常表现为各种金融产品的价格，由于金融市场价格同市场交易者的利益密切相关，因此极受关注与重视。不同的金融工具具有不同的价格，影响因素较多，比较复杂。利率是金融市场价格的主要表现之一，是指借贷期内所形成的利息额与所贷资金的比率。影响利率的因素很多，主要有生产率、边际储蓄倾向、可贷资金的供求、经济周期、通货膨胀、财政货币政策和国际政治关系等。

金融市场的四要素之间是密切相连、相辅相成的。其中金融市场主体和金融市场客体是构成金融市场的基本要素，是金融市场形成的基础；金融市场媒体和金融市场价格是随着金融市场的发展而产生的，是金融市场不可或缺的因素，对金融市场的进一步发展和完善具有重要的意义。

（二）金融市场的功能

金融市场主要有以下功能：

1. 融通资金的功能。以短期资金市场为例，资金供给方以购买短期票据或在金融机构存款的方式提供其所持有的闲置资金，资金筹措方则通过发行短期票据或向金融机构借款，以解决季节性或临时性的资金需求，从而实现货币资金余缺的调剂。银行之间在资金结算过程中发生的资金余缺，则以同业拆借形式来调剂头寸。

2. 积累资金的功能。金融市场可以跨越时间、空间的界限，在调剂资金余缺的同时把众多期限较短的资金接续起来，成为可供投资运用的长期资金，并且可以突破供应规模的限制，把无数零星、分散、小额的资金汇集起来，形成巨额资金，以满足较大规模的资金需求。

3. 调节经济的功能。首先，金融市场通过货币的价格——利率来引导资金的流向，实现资金的合理配置，促进社会资金以最小的成本流向使用效率最高的部门。其次，金融市场在资金融通过程中，必然引起货币流动和货币流向的改变，影响到货币供应量。中央银行正是利用这一功能，在金融市场上通过买卖有价证券来调节货币供应量，进而对宏观经济起调控作用。

（三）金融市场的分类

金融市场是一个比较复杂的大系统，包罗许多具体的、相互独立但又有紧密关联的市场。因此，金融市场的分类方法也比较多，从不同的角度考察，可作如下分类：

1. 按融资交易期限可划分为：

（1）短期金融市场（货币市场）

货币市场是融通短期资金的市场，该市场的主要功能是保持金融资产的流动性，以便随时转换成可以流通的货币。包括同业拆借市场、回购协议市场、商业票据市场、银行承兑汇票市场、短期政府债券市场、大面额可转让存单市场。

（2）长期金融市场（资本市场）

资本市场是融通长期资金的市场，该市场的主要作用是调节长期性、营运性资金供求。包括中长期银行信贷市场和证券市场。中长期信贷市场是金融机构与工商企业之间的贷款市场，证券市场是通过证券的发行与交易进行融资的市场，包括债券市场、股票市场、保险市场、融资租赁市场等。

2. 按金融交易的地域范围可分为：

（1）国际金融市场，由经营国际间货币业务的金融机构组成，其经营内容包括资金借贷、外汇买卖、证券买卖、资金交易等。

（2）国内金融市场，由国内金融机构组成，办理各种货币、证券及作用业务活动。它又分为城市金融市场和农村金融市场，或者分为全国性、区域性、地方性的金融市场。

3. 按融资方式可分为：

（1）直接金融市场，指资金供应者和资金需求者不需要通过金融媒介而进行融通资金的市场；按期限的长短，这个市场亦有长短期之分。

（2）间接金融市场，指资金供应者和资金需求者的融资需要借助金融媒介来进行的市场。这类市场的典型代表是存贷款市场。

4. 按交易程序可划分为：

（1）一级市场（发行市场、初级市场），是指新金融资产的首次发行市场。

（2）二级市场（流通市场），是已经发行、处在流通中的证券的买卖市场。

5. 按交易方式可分为：

（1）金融现货市场，融资活动成交后即办理交割清算、钱货两清的市场。

（2）金融期货市场，投融活动成交后按合约规定在指定日期付款交割的市场。

（3）金融期权市场，进行期权合约交易的市场。

6. 按交易标的物可划分为：

（1）货币市场，指以期限在一年以内的金融资产为交易标的物的短期金融市场。

（2）资本市场，指期限在一年以上的金融资产交易的市场。

（3）金融衍生品市场，指进行金融衍生品交易的市场。

（4）外汇市场，是专门进行外汇买卖的场所。

（5）保险市场，指进行各种保险和再保险业务的市场。

（6）黄金市场，是指专门进行黄金买卖的交易市场。

7. 按交易场所分类为：

（1）有形市场，也称为"场内市场"，是指有固定交易场所的金融市场。

（2）无形市场，也称为"场外市场"，是指没有固定交易场所的金融市场。

第二节 金融工具

一、金融工具的概念

在金融市场上，要顺利地实现资金从盈余者向短缺者的转移，必须借助于一定的运载工具，即资金的载体，人们将其称为金融工具。金融交易是一种有偿转让资金的活动。为了可靠地确定债权债务关系，以便于债权的转让，金融交易必须通过金融工具来进行。因此，金融工具就是金融市场上买卖交易的对象。如存款单、商业票据、股票、债券等，都是金融工具。

金融工具对持有者来说也就是金融资产，它在本质上是一种虚拟资本，但在现代社会中，拥有金融资产的多寡，就意味着一个人或一个单位拥有财富的多少。当然，货币也是一种金融资产，但这里所指的是作为金融工具的金融资产。它不但标志着一定的收益权，而且在某种条件下，标志着一定的控制权，如股票。

二、金融工具的特点

金融工具种类很多，各具特点，但一般都具有偿还期限、流动性、风险性和收益率这几个基本特点。

（一）偿还期限

偿还期限（term to maturity）是指债务人必须全部归还本金之前所经历的时间。如一张标明3个月后支付的汇票，偿还期限为3个月；5年到期的公债，偿还期为5年。金融工具的偿还期限可以有零和无限期这两个极端。如活期存款的偿还期限可以看做是零，而股票或永久性债券的偿还期限则是无限的。

（二）流动性

流动性（liquidity）是指金融工具迅速变为货币而不致遭受损失的能力。现金这类金融工具本身就是流动性的体现。除现金以外，各种金融工具都存在着不同程度的不完全流动性。概括地讲，流动性与偿还期限成反比，即偿还期越长，流动性越小；而流动性与债务人的信用成正比，即债务人信誉越高，流动性越强。

（三）风险性

风险性（security）是指购买金融工具的本金遭受损失的可能性。本金受损的风险主要有信用风险和市场风险两种。信用风险是指债务人不履行合约，不按期归还本金的风险。这类风险与债务人的信誉、经营状况有关。信用风险也与金融工具种类有关。例如，股票中的优先股就比普通股风险低，优先股股东比普通股股东有优先要求补偿的权利。市场风险是指由于金融工具市场价格下跌所带来的风险。某些金融工具，如股票、债券，它们的市价是经常变化的，市价下跌，就意味着投资者金融资产贬值。

（四）收益性

收益性是指金融工具能够定期或不定期地给其持有人带来收益的特性。金融工具的收益有两种形式：1. 持有金融工具获得的利息或股息收入；2. 买卖金融工具所获得的差价收入。金融工具收益性的大小是通过收益率来衡量的。

收益率（payback ratio）是指投资者持有金融工具所取得的收益与本金的比率。收益率有三种计算方法：名义收益率、即期收益率与平均收益率。

名义收益率，是指金融工具票面收益与票面金额的比率。如某债券面值 100 元，10 年偿还期，年息 8 元，该债券的名义收益率就是 8%。

即期收益率，是指金融工具按当时的市场价格出售时所获得的收益率，即为票面收益与当期市场价格的比率。若上例中债券市场价格为 95 元，则：

$$即期收益率 = \frac{8}{95} \times 100\% = 8.42\%$$

平均收益率，是将即期收益率与资金损益共同加以考虑的收益率。在上述例子中，当投资人以 95 元的价格购入面值 100 元的债券时，就形成 5 元的资本盈亏。如果他是在债券发行 1 年后买入的，也就是经过 9 年才能取得这 5 元的资本盈亏。考虑到资金的时间价值，假定平均每年的资本收益约为 0.37 元。则：

$$该债券的平均收益率 = \frac{0.37 + 8}{95} \times 100\% = 8.81\%$$

与前两种收益率比较，平均收益率更能准确地反映投资者的收益情况，因而是金融投资者选择金融工具的决定性因素之一。平均收益率越高，对投资者的吸引力就越大。

三、金融工具的种类

目前金融市场上金融工具种类繁多，从不同的角度可以将金融工具划分为不同的种类。

（一）按金融工具期限划分

按金融工具期限，可以划分为短期金融工具和长期金融工具。

1. 短期金融工具。短期金融工具又称为货币市场工具，是指偿还期在 1 年或 1 年以内的金融工具。其特点是：期限短，债券一般在一年以内，通常是90天，有的只有几天或1天；安全性高，发行者的信誉能够保障持有人的本金不受损失；流动性高，这些工具往往能够迅速转换为现金而其本金不受损失。本票、汇票、支票和信用卡是短期信用工具的主要品种。

2. 长期金融工具。长期金融工具又称为资本市场工具，是指偿还期在1年以上的金融工具。与短期金融工具相比，长期金融工具具有期限长、风险高和流动性小的特点。股票、长期债券以及投资基金是长期金融工具的主要形式。

（二）按融资性质划分

按融资性质，可以划分为直接金融工具和间接金融工具。

1. 直接金融工具。直接金融工具是指资金短缺的单位在金融市场上进行直接融资活动所使用的工具，如商业票据、公司债券、股票。

2. 间接金融工具。间接金融工具是由银行等金融机构发行的，主要是现钞、可转让存单、人寿保险单和单位基金等。在间接融资中，首先由银行等金融机构通过发行金融工具吸收资金盈余单位的资金，然后再由这些机构以贷款或证券投资的方式将资金转移到资金短缺的单位中。

（三）按金融工具的流动性划分

按金融工具的流动性划分，可划分为具有完全流动性的金融工具和具有优先流动性的金融工具。

1. 具有完全流动性的金融工具。具有完全流动性的金融工具是指在流通、转让过程中不必附带有任何条件就被社会公众普遍接受的金融工具。如现代的信用货币（纸币和银行活期存款）。

2. 具有有限流动性的金融工具。具有有限流动性的金融工具是指在流通、转让过程中必须附有一定的条件才能被人们接受的金融工具。如商业票据、股票、债券等。

（四）按是否与实际信用活动直接相关划分

按是否与实际信用活动直接相关，可划分为基础性金融工具和衍生性金融工具。

1. 基础性金融工具。基础性金融工具又称为原始性金融工具，是指在实际信用活动中出具的能证明信用关系的合法凭证，如商业票据、股票、债券等。

2. 衍生性金融工具。衍生性金融工具是指在基础性金融工具之上派生出来的可交易凭证，如金融期货合约、期权合约等。

第三节 基础性金融工具

基础性金融工具主要有票据、股票、债券、投资基金等，它们是金融市场上使用最广泛的金融工具，也是衍生性金融工具赖以存在的基础。

一、票据

票据是指出票人依法签发的，约定自己或委托付款人在见票时或指定的日期向收款人或持票人无条件支付一定金额并可以转让的有价证券。

1. 本票

本票是由出票人签发的，承诺自己在见票时无条件支付确定的金额给收款人或持票人的票据。票面上注明支付金额、还款期限和地点，其特点是见票即付，无须承兑。按照出票人的不同类型，可把本票分为商业本票和银行本票两类。商业本票一般是由规模大、信誉好的企业为了筹集短期资金而发行的本票。银行本票是银行签发的，承诺自己在见票时无条件支付确定的金额给收款人或者持票人的票据。银行本票分为不定额本票和定额本票两种。

按照付款期限的长短不同，又可把本票分为即期本票和远期本票两类。即期本票是见票即付的本票，远期本票则必须到约定日期才可付款。所以，远期本票又称为期票。根据我国《票据法》的规定，本票仅限于银行本票，且为记名式本票和即期本票。

2. 汇票

汇票是指出票人签发的、委托付款人在见票时或者在指定日期无条件支付确定的金额给收款人或者持票人的票据。

按照出票人的不同，可以把汇票分为银行汇票和商业汇票。银行汇票是出票银行签发的，由其在见票时按照实际结算金额无条件支付给收款人或者持票人的票据。在我国，单位和个人办理各种款项结算，均可使用银行汇票。商业汇票是出票人签发的，委托付款人在指定日期无条件支付确定的金额给收款人或者持票人的票据。商业汇票按承兑人的不同，又分为商业承兑汇票和银行承兑汇票。商业承兑汇票由银行以外的付款人承兑

（付款人为承兑人），银行承兑汇票由银行承兑。在我国，开立存款账户的法人以及其他组织之间，必须有真实的交易关系或债权债务关系，才能使用商业汇票。

按照付款期限的不同，还可把汇票分为即期汇票和定期汇票。即期汇票是见票即付的汇票，大多没有利息，又称为无息汇票。定期汇票是注明付款期限，到期时付款人才予以付款的汇票，一般有利息支付，又称为有息汇票。

3. 支票

支票是出票人签发的，委托办理支票存款业务的银行在见票时无条件支付确定金额给收款人或持票人的票据。我国《票据法》按照支票付款方式，将支票分为现金支票、转账支票和普通支票这三种类型。现金支票上印有"现金"字样，只能用于支取现金；转账支票上印有"转账"字样，只能用于转账；普通支票上未印有"现金"或"转账"字样，既可以支取现金，也可以用于转账。在我国，单位和个人在统一票据交换区域的各种款项结算，均可以使用支票。

4. 信用卡

信用卡是商业银行向个人和单位发行的凭以向特约单位购物、消费和存取现金，且具有消费信用的特制载体卡片。信用卡是消费者信贷的一种工具和形式，具有先消费后付款的特点。信用卡的使用涉及持卡人、发卡银行和提供商品或劳务的卖方。信用卡作为一种新型支付工具，不仅受到消费者的青睐，也为银行和提供商品和劳务的卖方带来了巨额利润。

二、股票

股票是股份公司在筹集资本时向出资人发行的股份凭证，代表着其持有者（即股东）对股份公司的所有权。股票一般可以通过买卖方式有偿转让，股东能通过股票转让收回其投资，但不能要求公司返还其出资。股东是股份公司的所有者，以其出资额为限对公司负有有限责任，承担风险，分享收益。

按股票所代表的股东权利划分，股票可以分为优先股股票和普通股股票两种。

普通股股票是指每一股东对公司财产都拥有平等权益，即对股东享有的平等权利不加以特别限制，并能随股份有限公司利润的大小而分取相应股息的股票。普通股股东按其所持有股份比例享有以下基本权利：一是公司参与决策权；二是利润分配权；三是优先认股权；四是剩余财产分配权。

优先股是指股东有优先于普通股分红及资产求偿的权利。即优先股股东有两种权利：一是优先分配权。在公司分配利润时，拥有优先股股票的股东比持有普通股票的股东，分配在先。二是优先求偿权。若公司清算，分配剩余财产时，优先股在普通股之前分配。优先股的股息通常是事先确定的，无论公司经营好坏，利润大小，都可以按固定的比率领取股息。所以优先股的风险低，收入有稳定性。但是，与低风险相对应，优先股比普通股享有的权利范围也小，表现在优先股股东没有选举权和被选举权，对公司经营的重大事件也无投票权。操纵股份公司的实际上是持有普通股的大股东。此外，优先股虽然能有稳定的收益，但如公司利润急增时，却不能分享这部分收益——收益将归普通股。

按是否在票面上记载股东的名字，股票可以分为记名股票和不记名股票。记名股票是指将股东姓名记载在股票票面和股东名册上的股票。记名股票如果转让要到公司办理过户手续。不记名股票不记载承购人的姓名，可以任意转让。但对不记名股票的发行往往有限制性规定。

三、债券

债券是指债务人向债权人出具的，并且承诺按一定利率支付利息并按约定条件偿还本金的债权债务凭证。债券可以流通转让，从而成为金融市场的重要金融工具。债券基本要素是债券上必须载明的基本内容，是明确债权人和债务人群里与义务的主要约定，具体包括：一是债券面值；二是还本期限；三是票面利率；四是付息期；五是发行人名称。

债券的种类很多，按债券发行主体的不同，可分为国家债券、公司债券和金融债券。

国家债券是由政府发行的，主要用于弥补财政赤字和特殊项目的建设。国家债券有短期、长期、中期之分，分别为1年以内、1~10年及10年以上。政府债券由政府承担还款责任，因而风险较小，是资本市场中的重要金融工具。

公司债券是由公司、企业依照法定程序发行的，约定在一定期限还本付息的有价证券。期限也有短、中、长之分。但以中长期居多,一般期限在10年以上。由于公司债券的发行不会影响到股份公司的控股权,并且会使公司在一定程度上享有减轻赋税的好处,因此,公司债券成为市场经济国家中企业的一种重要融资方式。

金融债券是指银行等金融机构作为筹资主体为筹措资金而向投资者发行的一种有价证券。它属于银行等金融机构的主动负债。在英、美等欧美国家,金融机构发行的债券归类于公司债券。在我国及日本等国家,金融机构发行的债券称为金融债券。

四、投资基金

投资基金是通过发行基金券(包括基金股份和授权凭证),将众多投资者分散的资金集中起来,由专业的投资机构分散投资于股票、债券或其他金融资产,并将投资收益分配给基金持有者的投资制度。投资基金因其具有的规模经营、分散风险、专家管理、服务专业化的特点,所以很受投资者的青睐,近年来发展迅速。

第四节 金融衍生工具

金融衍生工具是指在基础性金融工具之上派生出来的可交易凭证,如金融期货合约、期权合约等。迄今为止,金融衍生工具已经形成一个新的金融产品"家庭",其种类繁多,结构复杂。

一、金融衍生工具的概念和种类

(一)金融衍生工具的概念

金融衍生工具是由基础性金融工具衍生出来的各种金融合约及其组合形式的总称,又称为"衍生金融产品"、"金融创新工具",其价值依赖于基础性金融工具。金融衍生工具往往根据基础性金融工具预期价格的变化定价。

金融衍生工具交易,是对基础性金融工具未来可能产生的结果进行交易，交易的盈亏只有在未来时刻才能确定。因此，金融衍生工具与基础性金融工具相比，具有以下明显的特征：

一是性质复杂，具有充分的弹性，能够满足使用者的特定需要。

二是交易成本较低，深得保值者和投机者的偏爱。

三是能够以较少的成本实现现货市场需要较多资金才能完成的交易，具有高度的财务杠杆作用，也是一种高风险的投资工具。

四是易于形成所需要的资产组合，从理论上讲，可以有无数种组合形式。

（二）金融衍生工具的种类

金融衍生工具的迅速发展是20世纪70年代以来的事情。特别是近十几年来，衍生金融工具的交易变得越来越活跃，各种新的衍生金融工具不断被创造出来。我们从不同的角度可以将金融衍生工具划分为不同的种类。

1. 按照基础工具种类的不同，金融衍生工具可分为：（1）股权式衍生工具，是指以股票和股票指数为基础工具的金融衍生工具，主要包括股票期货、股票期权、股票指数期货等。（2）货币衍生工具，是指以各种货币作为基础工具的金融衍生工具，主要包括远期外汇合约、货币期货、货币期权、货币互换等。（3）利率衍生工具，是指以利率或利率的载体为基础工具的金融衍生工具，主要包括远期利率协议、利率期货、利率期权、利率互换等。

2. 按照合约类型不同，金融衍生工具可分为：（1）远期合约，是指合约双方约定在未来的某一确定时间，按确定的价格买卖约定数量的某种金融资产的合约。目前远期合约主要有货币远期和利率远期两种。（2）期货合约，是一种契约性协议，要求合约的双方在未来某一日期按照约定的价格完成特定资产交易行为。期货合约主要有利率期货、外汇期货和股价指数期货。（3）期权合约，是指期权的买方有权在约定的时间或时期内，按照约定的价格买进或卖出一定数量的金融资产，也可以根据需要放弃行使这一权利。期权合约主要有货币期权（外汇期权）、利率期权、股票期权、股票价格指数期权等。（4）互换合约，是指约定的两个或两个以上当事人按照约定的条件，在约定的时间内，交换一系列现金流的合约。互换合约主要有利率互换和货币互换两种。

3. 按照金融衍生工具交易性质的不同，金融衍生工具可分为：（1）远期类工具，远期类工具是指交易双方均负有在将来某一日期按一定条件进行交易的权利和义务,双方的风险收益是对称的。例如远期外汇合约、货币期货、利率互换等。(2)选择权类工具,选择权类工具是指交易中的买方有权根据市场情况选择是否履行合约,而卖方只负有在买方履行合同时执行合同的义务,例如期权合约。

4. 按照交易场所的不同,金融衍生工具可以分为:(1)场内工具,是指在交易所上市的金融衍生工具,例如期货、期权。(2)场外工具,是指不在交易所上市的金融衍生工具,例如远期、互换。

此外,金融衍生工具还可以根据自身交易的方式及特点分为远期合约、金融期货、金融期权和互换。按照衍生次序的标准分类,金融衍生工具可以分为一般衍生工具、混合衍生工具和复杂衍生工具三类。

二、金融远期合约

(一) 金融远期合约的概念及特点

金融远期合约,是指合约双方约定在未来的某一确定时间,按确定的价格买卖一定数量的某种金融资产的合约。在合约中规定,在将来买入标的物的一方称为多方,而在未来卖出标的物的一方称为空方。合约中规定的未来买卖标的物的价格称为交割价格。

远期合约是非标准合约,它不在交易所交易,而是金融机构之间或金融机构与客户之间通过谈判后签署的,双方可以就交割地点、交割时间、交割价格、合约规模、标的物的品质等细节进行谈判。因此,远期合约与期货合约相比,灵活性较大。这是远期合约的主要优点。

但远期合约也有明显的缺点:一是由于远期合约没有固定的、集中的交易场所,不利于信息交流和传递,不利于形成统一的市场价格,市场效率较低。二是由于远期合约是非标准合约,每份合约千差万别,这给远期合约的流通造成较大不便,因此远期合约的流动性较差。三是远期合约的履约没有保证,当价格变动对一方有利时,对方可能无力或无诚意履行合约,因此远期合约的违约风险较高。

(二) 金融远期合约的种类

金融远期合约主要有远期利率协议、远期外汇合约和远期股票合约等。

1. 远期利率协议 (Forward Rate Agreement)

远期利率协议(FRA),是指交易双方约定在未来某一日期,交换协议期间内一定名义本金基础上分别以合同利率和参考利率计算利息的金融合约。签订该协议的双方同意，交易将来某个预先确定时间的短期利息支付。之所以称为"名义本金"，是因为借贷双方不必交换本金，只是在结算日根据协议利率和参考利率之间的差额以及名义本金额，由交易一方付给另一方结算金。其中，远期利率协议的买方支付以合同利率计算的利息，卖方支付以参考利率计算的利息。

远期利率协议交易具有以下几个特点：一是具有极大的灵活性。作为一种场外交易工具，远期利率协议的合同条款可以根据客户的要求"量身定做"，以满足个性化需求。二是并不进行资金的实际借贷，尽管名义本金额可能很大，但由于只是对以名义本金计算的利息的差额进行支付，因此实际结算量可能很小。三是在结算日前不必事先支付任何费用，只在结算日发生一次利息差额的支付。

金融机构使用远期利率协议可以对未来期限的利率进行锁定，即对参考利率未来变动进行保值。

2. 远期外汇合约（Forward Exchange Agreement）

远期外汇合约（FXA）是一种外汇衍生工具，是指双方约定在将来某一时间按约定的远期汇率买卖一定金额的某种外汇的合约。在交割时，名义本金并未交割，而只交割合同中规定的远期汇率与结算时的即期汇率之间的差额。

远期外汇合约的主要目的就是规避汇率风险，不论是有远期外汇收入的出口企业，还是有远期外汇支出的进口企业，都可以与银行订立远期外汇合约，按预约的价格，在将来到期时进行交割，避免进口产品成本上升和出口销售收入减少的损失，以控制结算风险。

远期外汇合约的主要特点：一是交易地点并不固定，通常是通过现代通讯手段进行，交易时间也不受限制，可以 24 小时交易，因而属于无形市场。二是交易双方经协商后达成的协议，在交易币种、汇率、交割方式、金额等方面能够灵活地满足交易双方的偏好，因而是非标准化的合约。三是合约双方当事人都要承担信用风险。

3. 远期股票合约

远期股票合约，是指在将来某一特定日期按特定价格交付一定数量单个股票或一揽子股票的协议。在美国，有些公司非常看好本公司未来的股价走势，因此在制定股票回购协议时就采用了这种远期股票合约的形式，即承诺在未来某个日期按某个协议价格（高于交易达成时的股票价格）买回本公司的股票，以此向市场传达对本公司的信心。其中，有些公司对自己过度自信，没有采取其他行动保护股价下跌可能带来的后果，远期股票合约到期时公司股价暴跌，而又不得不执行该回购协议，给公司造成了巨大损失。

三、金融期货合约

（一）金融期货合约的概念及特征

金融期货合约是指协议双方同意在约定的将来某个日期按约定的条件（包括价格、交割地点、交割方式）交割一定数量的某种金融工具的标准化协议。合约中规定的价格就是期货价格。

金融期货合约具有以下特征：一是金融期货合约均在交易所进行，交易双方不直接接触，而是各自与交易所的清算部或专设的清算公司结算。二是金融期货交易很少以实物交割。期货合约的买者或卖者可在交割日之前采取对冲交易以结清其期货头寸（即平仓），而无需进行最后实物交割。三是金融期货合约系标准化合约。期货合约的合约规模、交割日期、交割地点等都是标准化的，是由交易所事先确定并在合约中载明，交易双方只是选择适合自己的期货合约，并通过交易所竞价确定成交价格。四是金融期货交易每天进行结算。交易双方在交易之前都要存入一定数量的保证金，即初始保证金。在每天交易结束时，保证金账户都要根据期货价格的升跌而进行调整，以反映交易者的浮动盈亏。因此，保证金既是期货交易履约的财力保证，又是期货交易所控制期货交易风险的重要手段。

（二）金融期货合约的种类

金融期货合约主要有利率期货、外汇期货和股票价格指数期货。

1. 利率期货

所谓利率期货是指以债券类证券为标的物的期货合约，它可以回避银行利率波动所引起的证券价格变动的风险。利率期货的种类繁多，分类方法也有多种。通常，按照合约标的的期限，利率期货可分为短期利率期货和长期利率期货两大类。短期利率期货是指期货合约标的的期限在一年以内的各种利率期货，即以货币市场的各类债务凭证为标的的利率期货均属短期利率期货。长期利率期货则是指期货合约标的的期限在一年以上的各种利率期货，即以资本市场的各类债务凭证为标的的利率期货均属长期利率期货。

2. 外汇期货

外汇期货是指交易双方按照合同的约定，在将来某个限定的时间买进或卖出一定金额外汇的期货合约。20世纪70年代初期，随着布雷顿森林体系的崩溃，固定汇率制转为浮动汇率制，外汇市场汇率频繁波动，给国际贸易与国际结算带来风险，为回避和转嫁这种风险，外汇期货交易被引入金融领域。外汇期货交易的币种主要有日元、英镑、瑞士法郎、加拿大元、墨西哥比索与美元等。

3. 股票价格指数期货

股票价格指数期货是指交易的双方以股票指数作为交易基础，约定在未来某一时刻向合约者提供既定的"指数"所代表的金额的合约。合约标的资产是股票价格指数。目前，作为期货交易对象的股票价格指数主要包括：美国的道·琼斯股价指数和标准普尔500种股价指数、英国的金融时报工业普通股指数和金融时报证券指数、香港的恒生股价指数、香港股价指数、日本的日经股票指数、澳大利亚的悉尼股价指数以及菲律宾的工商股价指数等。股票价格指数之所以成为金融期货市场上进行交易的主要对象，是由于全球股市剧烈波动，股票价格大幅度波动，给股票持有者带来巨大的风险，同时也给投机者带来了巨大的收益。为了转移股票价格波动的风险和实现投资收益，就自然产生了股价指数期货交易。

四、金融期权合约

（一）金融期权合约的概念和特征

金融期权合约是指期权的出售者同意其购买者在规定的期限内按双方约定的价格或执行价格购买或出售一定数量某种金融资产的权利的合约。期权合约是一种权利合约，合约赋予买方的是权力而非义务，即期权合约的买方，可以在期限内行使这个权利，买进或卖出，也可以不行使这个权利。买方的这种权利，是花费一定的费用换来的，即期权费。

由于期权交易是先购买一种"权利"，然后期权的购买者再根据情况决定是否行使该权利。因此，与其他金融工具相比，期权交易具有以下特征：一是标的的特殊性。期权交易的标的物是一种商品或期货合约选择权的买卖权利。期权交易以这种特定权利作为标的物，是一种权利的有偿使用。二是交易的灵活性。期权的执行与否完全根据购买方的利益由购买方确定。此外，若购买方选择秩序，依美式期权，则其可以在到期之前的任何一天行使权利，这是一般金融工具所不具备的。三是权利义务的非对等性。在期权交易中，期权的购买方只有权力而无义务，在合约的有效期内，他既可以行使权利，也可以放弃而不执行这个权利；而期权的出卖方，在收取买方的期权费后，只有义务而没有权利。四是风险与收益的不平衡性。期权的购买方所承担的风险是有限的，即购买期权时支付的期权费，由于购买方具有行使买进或卖出期货合约的决定权，所以获利机会较多；但对于期权的出卖方而言，他的收益是有限的，即收取的期权费，而其未来所面临的风险是很难准确预测的。

（二）金融期权合约的种类

金融期权的种类繁多，可以从不同的角度进行划分：

1. 按金融期权买者的权力划分，金融期权可以划分为看涨期权合约和看跌期权合约。凡是赋予期权买者在合约有效期内按执行价格购买标的资产权利的合约就是看涨期权合约；而赋予期权买者在期权合约的有效期内卖出标的资产权利的合约就是看跌期权合约。当期权买方预期标的物价格会超出执行价格时，他就会买进看涨期权，相反就会买进看跌期权。

2. 按金融期权买者执行期权的时限划分，金融期权合约可分为欧式期权合约和美式期权合约。欧式期权的买方在到期日前不可行使权利，只能在到期日执行期权。美式期权的买方可以在到期日或之前任一交易日提出执行。显而易见，美式期权的买方"权利"相对较大，而卖方风险相应也较大。因此，同样条件下，美式期权的价格也相对较高。

3. 按金融期权合约标的资产划分，金融期权合约可以分为现货期权和期货期权。现货期权合约是以现货为标的资产的期权合约，而期货期权是对期货合约买卖权的交易，即在未来某特定时间以特定价格买入或卖出一定数量的某种期货合约的权利。现货期权合约又包括利率期权、货币期权（或称外汇期权）、股票期权、股价指数期权；而期权合约则包括利率期货期权、外汇期货期权和股价指数期货期权等。

五、金融互换

（一）金融互换的概念和特征

金融互换是指两个或两个以上的当事人按照商定条件，在约定的时间内，交换不同金融工具的一系列支付款项或收入款项的合约。金融互换是比较优势理论在金融领域最生动的运用。根据比较优势理论，只要满足以下两种条件，就可进行互换：一是双方对对方的资产或负债均有需求；二是双方在两种资产或负债上存在比较优势。

金融互换交易的基本经济功能有两个：一是在全球金融市场之间进行套利，从而一方面降低筹资者的融资成本或提高投资者的资产收益，另一方面促进全球金融市场的一体化；二是互换交易提高了利率和货币风险的管理效率，即筹资者或投资者在得到借款或进行投资之后，可以通过互换交易改变其现有的负债或资产的利率基础或货币种类，以期从货币或汇率的变动中获利。

随着互换交易的发展，其功能也逐步扩大，表现在：第一，完善了价格发现机制。金融互换所形成的价格反映了所有可获得的信息和不同交易者的预期，使未来的资产价格得以发现。第二，拓宽了融资渠道。利用金融互换，筹资者可以在各自熟悉的市场上筹措资金，通过互换来达到各自的目的，而不需要到自己不熟悉的市场去寻求筹资机会。第三，投资银行家可利用互换创造证券。由于大多数互换是在场外交易，可以逃避外汇、利率及税收等方面的管制，同时互换又具有较强的灵活性，使得投资银行家能创造一系列的证券。第四，获取投机收益。随着互换的不断发展，一些专业交易商开始利用其专业优势，对利率与汇率进行正确预测而运用互换进行投机。一旦遇到市场波幅大，且其判断正确时，收益丰厚。

金融互换从产生之日起，其发展一刻未停，因此其特点也是动态的发展。概括而言，金融互换的特点主要表现在以下几个方面：一是结构标准化，根据"利率和货币互换协议"，要求金融互换交易双方在达成第一笔互换交易前（或之后）签订一个"主协议"，同时可对各项条款进行讨论、修改和补充。由此在以后每一笔互换交易时，就省去了拟定、讨论文本的大量时间。在"主协议"项下，交易双方的每一笔互换交易仅需要一个信件或电传来确定每笔互换的交易日、生效日、到期日、利率、名义本金额、结算账户等即可成交。二是定价复杂化，由于互换价格的影响因素多，加之在其定价过程中不同的市场对收益的计算方法往往不同，因此其定价过程较为复杂，特别是互换交易的衍生品的定价更为复杂。三是参与机构多元化，互换市场参与机构包括最终用户和中介机构。最终用户是指各国政府尤其是发展中国家的政府及其代理机构、世界范围内的银行和跨国公司、储蓄机构和保险公司、国际性代理机构与证券公司，等等。中介机构主要包括美国、英国、日本、德国、加拿大等国的投资银行和商业银行、证券交易中心，等等。互换交易的发展，使得上述两类机构在实践中的交叉越来越多。四是产品衍生化，金融互换同其他金融工具相结合，可以衍生出许多复杂的互换衍生产品，如与期权结合产生互换期权，互换与期货结合产生互换期货，与股票指数结合产生股票指数互换等。

（二）金融互换的种类

金融互换虽然历史较短，但品种创新却日新月异。除了传统的利率互换和货币互换外，一大批新的金融互换品种不断涌现。

1. 利率互换

利率互换是指双方同意在未来的一定期限内根据同种货币的同样的名义本金交换现金流，其中一方的现金流根据浮动利率计算出来，而另一方的现金流根据固定利率计算。互换的期限通常在 2 年以上，有时甚至在 15 年以上。双方进行利率互换的主要原因是双方在固定利率和浮动利率市场具有比较优势。在利率互换中，期初或到期日都没有实际的本金交换，只交换利息差额，因此信用风险很小。

2. 货币互换

货币互换是将一种货币的本金和固定利息与另一货币的等价本金和固定利息进行交换。其主要原因是双方在各自国家中的金融市场上具有比较优势。通过货币互换，可以调整资产和负债的货币结构，有利于企业和金融机构避免汇率风险 从而可以降低筹资成本，也有利于间接进入某些优惠市场。

3. 其他互换

（1）交叉货币利率互换。它是利率互换和货币互换的结合，它是一种货币的固定利率交换另一种货币的浮动利率。

（2）增长型互换、减少型互换和滑道型互换。增长型互换是指名义本金随着时间的推移逐步增大；减少型互换是指名义本金随着时间的推移逐步减少；滑道型互换是指名义本金在互换期内时而增大，时而缩小。

（3）基点互换。交换的利息支付额以两种不同的浮动利率指数进行核算，如3个月期的美元伦敦银行同业拆放利率对美国商业票据利率的互换交易。

（4）可延长互换和可赎回互换。可延长互换：互换的一方有权在一定时间内延长互换期限；可赎回互换：互换的一方有权提前终止互换。

（5）零息互换。指固定利息的多次支付流量被一次性的支付所代替，该一次性支付可在期初或在期末。

（6）后期确定互换。其浮动利率是每次在计息期结束之后确定的。

（7）差额互换。是对两种货币的浮动利率的现金流量进行交换，只是两种利率的现金流量均是按同种货币的相同名义本金进行计算。

（8）远期互换。互换生效日是在未来某一确定时间开始的互换。

（9）互换期权。本质上是期权而不是互换，该期权的标的物为互换。

（10）股票互换。以股票指数产生的红利和资本利得与固定利率或浮动利率交换。

第二章　期货与期货市场

期货与期权交易及其市场在融资和投资领域中发挥着越来越重要的作用。对每一个投资、贸易及金融领域的从业人员来说，该领域的发展要求他们必须理解以下一些知识：什么是期货交易？期货和期权市场是如何运作的？怎样运用期货和期权？以及什么因素决定了期货和期权的价格？等等。

期货交易属于信用交易的范畴，较典型的商业信用交易是允许延期支付货款的赊购赊销方式。其后，出现了既可延期支付货款，又可延期交割实物的远期合同交易，这是发展了的信用交易，也是期货交易的最初形态。今天我们所说的期货交易已基本上不交割实物，而是以买卖标准化期货合约为主，进行交易的商品也由开始的农产品逐渐扩展到非农产品期货和金融期货，并出现了期权交易这样的新业务，这是现代期货交易的基本内涵，也是更为发达的信用交易。现代期货交易的产生和迅猛发展，标志着商品经济和现代市场的一个较高的发展阶段，但是它并未完全取代现代市场中的现货交易，而是作为现代市场的有机组成部分，与现货交易和远期合同交易等交易方式一起共同发挥着经济作用。

期货市场是进行期货交易的场所，是多种期货交易关系的总和。它是按照"公开、公平、公正"原则，在现货市场基础上发展起来的高度组织化和高度规范化的市场形式。既是现货市场的延伸，又是市场的又一个高级发展阶段。从期货市场产生过程看，期货市场主要是因为人们要求有效地回避现货市场价格风险而产生的。但期货市场一经产生，它的功能便不限于仅是提供一个回避价格风险的场所。期货市场的成交价格因其反映了更广泛的供需状况而对其他经济活动产生指导作用。

第一节　现代商品市场中的期货交易

在现代商品市场中，存在着现货交易、远期合同交易和期货交易这三种较为常见的交易方式。

一、现货交易

人类早期的交易方式是物物交换，如农民用粮食和渔民交换鱼虾，随着货币制度的出现，一手交钱，一手交货的现货交易方式替代了物物交换的交易方式，成为经济生活中的主流交易方式。

现货交易是指买卖双方在成交之后立即支付货款并交割实物，即所谓银货两讫。在现货交易中，随着商品所有权的转移，同时完成商品实体的交换与流通。因此，现货交易是商品运行的直接表现方式，这种交易方式比较简便灵活，其交易形式、场所以及交割实物的时间、地点等均无硬性规定，因而较易于进行。

最通常的现货交易曾见于农户与粮商或谷物加工者之间。例如，打算卖粮的农户把他的粮食运到当地的粮市，在划定等级和谈妥价格之后，农户和粮商之间即时成交，农民随即得到现金或支票。这种交易就是现货交易，这种粮价就是现货市场的粮价。在市场经济条件下，农村的粮食大多数都是通过现货市场出售的，因而现货交易非常普遍。

现货价格取决于地区位置和粮食质量，价格的升降在不同季节会有所变化。例如，在收获玉米的季节里，气候潮湿，新收的玉米水分很高，这样玉米价格折扣将高于14%的标准。如果收获时天气干燥，大部分玉米在入库前不需要干燥，这样的玉米等级要高，价格折扣要少。

随着市场经济的发展，一手交钱，一手交货的现货交易方式的缺点突显出来，这种缺点集中体现在供需矛盾上。例如，19世纪中叶，美国芝加哥已发展成为当时美国最大的谷物集散地，收获季节，农场主们将大量的谷物运往芝加哥，他们沿袭古老的交易方式在大街上沿街摆卖，由于供给太过集中，往往供大于求，价格常常跌到生产成本之下，农场主们常常遭受巨大损失。而来年春天，青黄不接，谷物供不应求，价格常常扶摇直上，消费者因此遭受严重损失。同时，谷物价格在不同产出地之间也时常出现巨大差异。

简而言之，现货交易的主要缺点是：商品供应者所持商品的时间状态和空间状态与商品需求者对商品时间状态和空间状态的要求常常不一致。改变商品时间状态和空间状态的基本方法是：储存与运输。

以运输和储存为基础的经销业的发展解决了现货交易方式存在的问题，但经销商们面临时间和空间距离下的价格波动风险。为了回避这种风险，产生了远期合同贸易方式。

二、远期合同交易

远期合同交易方式也是一种古老的贸易方式，具体做法是：交易双方先签订一份买卖合约，列明要交易的货物名称、数量、质量、价格、交货日期等，预交一笔定金，待到货物运到时，双方再交换全部货款和货物。通过这种方法，商人们能较有效地回避因仓储和运输而产生的价格风险。

所以，远期合同交易是买卖双方签订远期合同，规定在未来某一时期进行实物商品交收的一种交易方式。在远期合同交易中，买卖双方要签订交易合同，该合同要规定交易的数量、交割日期和地点以及交割时的结算价格。当合同到期时，买卖双方必须按照合同规定的价格结清货款并交付货物。

远期交易为现货交易增加了一个时间期限。在远期合同期限内，商品所有权并不让渡，尽管在合同中，买卖双方已经协商了商品的数量、质量、价格和交割日期。例如，一个农民种了75亩玉米，花了必要的生产成本，希望在这片土地上收获115蒲式耳玉米。当地仓储商对10~11月收获的玉米报了远期价格。如果价格冲销了成本，并有一定的盈利，农民可能同意签订远期合同，出售预期收获的玉米。这个远期合同通常包括玉米的数量、质量、价格和交货日期等条款。

远期合同广泛应用于进出口商品。一般来说，凡是在今天所签订、而在未来某一时间交货的合同，都是远期合同。因为商品的生产和运输都需要花费一定的时间。远期合同也广泛应用于农产品加工，如磨坊主为加工提供便利等保证，与顾主之间签订的远期合同。远期合同在畜牧交易中也经常使用，它可以保证为罐头食品工厂持续提供活家畜。

远期合同的贸易方式从产生的那天起就暴露出它特有的缺点：

1. 交易混乱。买卖双方为转嫁价格风险，往往在合同到期之前将合同转卖出去，使原始供货和最终需求者之间出现一个冗长而又极其混乱的交易链，同时参与的交易者对商品数量、质量、交货方式等没有统一标准的理解规定，使最终交易非常混乱。

2. 大量违约事件。远期合同的大量转让形成冗长的交易链，只要其中一个环节有交易者违约，其后所有交易者都可能面临违约或被迫违约，而大量违约又加剧了交易的混乱。

为克服远期合同交易的方式的缺点，交易商们采取了两方面的措施。第一，组织措施。实施远期合同交易的集中化和组织化。第二，技术措施。对远期合同进行标准化并实行保证金制度。从而在远期合同交易方式的基础上正式发展出现代期货和约交易方式。与现货交易相比，远期合同交易的特点主要表现在以下几个方面：

（1）远期合同交易买卖双方必须签订远期合同，而现货交易则无此必要。（2）远期合同交易买卖双方进行商品交收或交割的时间与达成交易的时间，通常有较长的间隔，相差的时间达几个月是经常的事情，有时甚至达一年或一年以上。而现货交易通常是现买现卖，即时交收或交割，即便有一定的时间间隔，时间也比较短。（3）远期合同交易往往要通过正式的磋商、谈判，双方达成一致意见签订合同之后才算成立，而现货交易则随机性较大，方便灵活，没有严格的交易程序。（4）远期合同交易通常要求在规定的场所进行，双方交易要受到第三方的监控，以便交易处于公开、公平、公正的状况，因而能有效地防止不正当行为，以维护市场交易秩序；而现货交易不受过多的限制，因此也易产生一些非法行为。

远期合同交易与现货交易虽然有很大的区别，但从本质上讲，两者交易的标的物都是实物商品，交易的目的都是为了商品所有权的转移和商品价值的实现，因而都是商品交易。而期货交易的标的物则是商品所有权的凭证——标准化的期货合约，交易目的不是实现商品的交割，而是为了进行风险规避或投机获利，其实质是一种证券交易。

三、期货交易

所谓期货交易，是指交易双方在期货交易所买卖期货合约的交易行为，是通过在期货交易所内成交标准化期货合约的一种新型交易方式。在期货交易中，买卖双方也需要像远期合同交易中那样，通过预先签订买卖合同，以便在合同到期时按照事先约定的内容支付货款和交割货物。但两者的区别在于期货合约未到期前，买卖双方都可以通过商品交易所来转让或反向买卖期货合约，以此来解除履约义务而无需征得最初交易对手的同意。

期货交易与现货交易有相同的地方，如都是一种交易方式，都是真正意义上的买卖，涉及商品所有权的转移等，不同的地方有以下几点：

1. 买卖的直接对象不同。现货交易买卖的直接对象是商品本身，有样品、有实物、看货定价。而期货交易买卖的直接对象是期货合约，是买进或卖出多少手或多少张期货合约。

2. 交易的目的不同。现货交易是一手钱、一手货的交易，马上或一定时期内进行实物交收和货款结算。期货交易的目的不是到期获得实物，而是通过套期保值回避价格风险或投资获利。

3. 交易方式不同。现货交易一般是一对一谈判签订合同，具体内容由双方商定，签订合同之后不能兑现，就要诉诸于法律。期货交易是以公开、公平竞争的方式进行交易。一对一谈判交易（或称私下对冲）被视为违法。

4. 交易场所不同。现货交易一般分散进行，如粮油、日用工业品、生产资料都是由一些贸易公司、生产厂商、消费厂家分散进行交易的，只有一些生鲜和个别农副产品是以批发市场的形式来进行集中交易。但是，期货交易必须在交易所内依照法规进行公开、集中交易，不能进行场外交易。

5. 保障制度不同。现货交易有《合同法》等法律保护，合同不兑现即毁约时要用法律或仲裁的方式解决。期货交易除了国家的法律和行业、交易所规则之外，主要是以保证金制度作为保障，以保证到期兑现。

6. 商品范围不同。现货交易的品种是一切进入流通的商品，而期货交易品种是有限的。主要是农产品、石油、金属商品以及一些初级原材料和金融产品。

7. 结算方式不同。现货交易是货到款清，无论时间多长，都是一次或数次结清。期货交易由于实行保证金制度，必须每日结算盈亏，实行逐日盯市制度。结算价格是按照成交价为依据计算的，国内交易所结算价是为当日同品种所有成交期货合约价格的加权平均价。结算价有以下作用：

（1）计算平仓盈亏及持仓盈亏的依据；

（2）决定是否追加保证金的依据；

(3) 制定下一交易日停板额的依据。

期货交易建立在现货交易的基础上，是一般契约交易的发展。为了使期货合约这种特殊的商品便于在市场中流通，保证期货交易的顺利进行和健康发展，所有交易都是在有组织的期货市场中进行的。

换个角度，对期货交易的特点也可作如下概述：

第一，从期货合约看

合约是标准化的远期合同，期货市场则是有组织的远期合同交易市场。例如，全部玉米期货合约都是规格化的，是注明玉米特定数量、质量和在未来某一时间某一地区接受或让渡的证书。期货合约买卖时唯一需要谈判的就是价格。合约条款的标准化，便利了交易的集中。所有交易都是在交易所中通过公开叫价，根据买卖双方所提供的合约件数和价格要求进行的。

与现货交易和远期合同不同的是，期货合约很少使用转移商品实际所有权的方法。合约条款的标准化，可以使合约持有人用实物交货的做法，因为在实物交割以前，人们很少把期货合约留在手中，而留在手中的合约不是离到期日很远，就是因为事实上的实物商品在时间、地点上同对等的特殊需要而对冲了。事实上的实物交割在期货合约交易中还不足1%。

第二，从上市商品看

期货上市品种，指期货合约交易的标的物，如期货合约所代表的小麦、大豆等。并不是所有的商品都适于做期货交易，期货合约的标准化以上市商品的标准化为基础，这意味着上市商品必须满足以下条件才有可能形成标准化的期货合约。

(1) 商品的等级容易划分。期货交易主要是期货合约本身的买卖，在商品实际交割之前要经过多次转手买卖，大多数交易者很难看到也没有必要看到货物本身。为了保证商业信誉并使交易过程更为简便，就要求上市商品的质量标准和规格要整齐划一，并且容易区分。那些品种规格复杂、性能差别较大且专业性强的商品则难于上市。

(2) 商品本身必须具备形成竞争性市场的条件，即必须拥有人数众多的买者和卖者。上市商品必须拥有众多的买者和卖者，这可以防止买卖双方中的任何一方对期货市场价格的操纵和垄断，以保护期货市场公开、平等的竞争以及公正的价格。

(3) 商品必须宜于运输且容易贮存。期货交易的交货期短则一个月，长则可达两年以上，因而上市商品应能长期贮存，并且还要求运输过程中损耗小。但这一点随着现代贮藏技术的开发和运输条件的改善而具有伸缩性。

（4）上市商品应是价格容易波动且交易量较大的商品。价格容易波动则会产生避免风险的要求，交易量大则使市场易受供求变化的影响，这样才能使期货交易发挥其分散和转移市场价格风险的功能。

第三，从结构特征看

保证金（押金）和结算所，这是期货区别远期合同的主要特征。

保证金（押金）是买卖双方在交易前一定要向交易所储蓄的履约保证金。在每日结算的基础上，该押金保证了任何一方都不会因合同违约而担忧。押金标志着每天市场上期货合约买进卖出的成交量，它最大限度地把违约风险减小到零。作为整个交易第三组成部分的结算所，建立了一个可以冲销以前决定的对冲原则。总之，这些特征降低了进、出市场的成本，允许集中交易，并由此更大地增加市场流动性。

农产品和金属期货市场已成为决定基本价格的主要市场。所有其他现货交易和远期合同交易的定价，要考虑到时间、地点和质量的差异。现货交易和远期交易仍具重要性，因为它们是商品所有权实际转移的主要手段。然而，这些交易并没被人们单独地制定市场价格，而期货市场只是全部交易的必要组成部分。

第二节　期货市场的产生与发展

一、期货市场的产生

期货交易是商品交易发展的产物，整个商品交易的历史可以以19世纪为界线划分为两段。

19世纪以前，经历了由产品交换发展到商品交易的漫长历程。远古时代，还没有实行货币制度时，随着各个部落生产的产品自给有余、需求有缺，开始出现了产品的交换。这种产品交换是原始的，并非现时的易货贸易形式。

自产生了真正的货币制度以后，为适应产品变成商品概念的需要，出现了商品交易，即商品——货币——商品的初级现货交易的形式，一手交钱，一手交货。

大约到了13世纪，现货商品交易获得了广泛发展，许多国家都形成了中心交易场所、大交易市场以及无数的定期集贸市场，如罗马帝国的罗马大厦广场、雅典的大交易市场以及我国当时各地的大小集贸市场，它们都是按照既定的时间和场地范围进行大量的现货交易活动。在现货商品交易普遍推行的基础上，产生了专门从事商品转手买卖的贸易商人，因而也出现了大宗现货批发交易。由于那时交易的商品主要为农产品，而农产品的生产具有季节性，因而逐渐产生了根据商品样品的品质签订远期供货合同的交易方式。这种贸易商人和商品生产者签订的远期供货合同，由初级形式到远期合约（forward contracts）经过了漫长的发展时间，主要是合同的条款、计价方式与价格以及合同的信用等方面，经过了不断的演变和完善，一直到19世纪中叶才开始形成较完善的远期合约交易。

现代意义上的农产品期货交易在19世纪中期产生于美国芝加哥。从1825年起，美国中西部的交通运输条件发生了惊人的变化，货物运价大为减少，如过去马车的吨英里运价为25美分，而铁路运价只要4美分，水运为2美分，于是西部农业区农民生产的粮食大量运往芝加哥，以便卖个好价钱。但往往由于供过于求，事与愿违，因而产生了预先签订买卖合约，到期运来交实货的想法和交易方式。随着农业技术的发展，农产品产量大大增多，贸易量大增，仓储技术和仓库有了巨大的发展，芝加哥的粮食储运商能够储存大量粮食，因而促进了农产品的远期合约交易。

于是，1848年由82位商人发起组建了美国第一家中心交易所，即芝加哥交易所（Chicago Board of Trade），简写为CBOT，在交易所内，进行规范化的远期合约交易，由交易所承担买卖双方的信用担保和中介，远期合约的条款内容包括：商品的品质（规格、等级）、产地/生产厂家、交易数量、价格或计价方式、交收实货日期和地点、付款方式、买者与卖者等条款。此外，交易所也制定了有关维护远期合同交易的规定、制度。类似的交易所，1570年英国伦敦就开设了第一个皇家交易所，1730年日本大阪也创办了"米相场"，荷兰、比利时也开设了农产品交易所。19世纪中叶这类交易所开展的远期合约交易，目的是到期交收商品实货，还是属于现货交易，还没有演变发展成为期货合约交易，只是为以后的期货合约交易创造了条件。自从1851年3月13日签订的第一份玉米远期合约交易（数量为3000

蒲式耳，交货期为当年6月份，价格为每蒲式耳低于3月13日当地玉米市价1美分）以来，经过数十年的发展，现货交易的基础逐渐稳固和扩展，对远期合约中的有关条款实行规范标准化，大约在19世纪末与20世纪初，出现了现代标准化期货合约的交易，这种期货交易不再是以到期交收实货为目的的性质，而是标准化期货合约本身的买卖以及合约到期前的不断被转让，因此交易的目的是联系商品所有权的价格风险的转嫁。这时，除了联系实货的交易者以外，又有一种不联系实货的投机者参与期货交易。至此，期货交易的性质已发生了质的变化。

20世纪70年代初，国际经济形势发生急剧变化，随着第二次世界大战后布雷顿森林体系的解体，固定汇率被浮动汇率制取代，利率管制等金融管制政策逐渐取消，汇率、利率频繁剧烈波动。在这种背景下，金融期货应运而生。率先出现的是外汇期货，1972年5月，芝加哥商业交易所（CME）设立了国际货币市场分部（International Monetary Market，简称IMM），首次推出包括英镑、加拿大元、西德马克、法国法郎、日元和瑞士法郎等货币在内的外汇期货合约。1975年10月，芝加哥期货交易所上市国民抵押协会债券期货合约，从而成为世界上第一个推出利率期货合约的交易所。1982年2月，美国堪萨斯城期货交易所（Kansas City Board of Trade，简称KCBT）开发了价值线综合指数期货合约，使股票价格指数也成为期货交易的对象。至此，金融期货三大类别的外汇期货（Foreign Exchange Futures）、利率期货（Interest Rate Futures）和股票价格指数期货（Stock Index Futures）均上市交易。20世纪80年代初，又推出了期货合约的选择权（Options on Futures Contracts）交易，简称期权交易，为扩大期货合约交易开辟了一种新的方式，有利于回避期货合约交易的风险。

金融期货的出现，使期货市场发生了翻天覆地的变化，彻底改变了期货市场的发展格局。目前，在国际期货市场上，金融期货已经占期货交易量的80%以上，并且对整个世界经济产生了深远的影响。

二、期货市场的发展趋势

历史上与现代期交易所最相似的有组织的商品交易所最早出现在17世纪的日本。1665年，商人们正式组建了大阪的第一家大米交易所，并开张营业。1730年，日本中央政府正式承认了这个非官方机构，并命名为"米相场"。米相场曾颁布了一整套交易规则，绝大多数的交易规则与现代期货交易所的基本规则基本相似。

芝加哥商品交易所的发展与现代期货市场的形成有着密切的联系。在早期商品交易所向现代期货市场的发展过程中，芝加哥商品交易所的形成和发展是一个重要的里程碑。芝加哥商品交易所的第一笔远期交货合同是在1851年3月达成的。1865年5月，芝加哥商品交易所制定了第一个针对远期合同的交易规则。19世纪60年代出现了标准化的合同。在19世纪末和20世纪初，以标准化期货合约为基础，以清算所为中心，以保证金制度为保障的期货市场运行机制真正广泛地建立起来，它标志着现代期货市场正式形成。

1. 合并浪潮席卷交易所

现在世界上期货交易所大多数都是近20多年来成立的。世界各大洲均有期货交易所，称得上国际期货交易中心的，主要集中在芝加哥、纽约、伦敦、东京等地。在20世纪90年代，德国、新加坡、法国、巴西等国家和香港地区的期货市场发展较快。德国、新加坡、韩国和香港交易品种增加，交易活跃，成交量逐渐增大，辐射面变广，影响力加强，这些国家和地区正在成为期货市场新的增长中心。

期货交易较为发达的西方国家纷纷走上交易所合并的道路。由于历史原因，最初的期货交易都是在现货交易、远期交易的基础上发展起来的，而且多半都是集中在农畜林产品、矿产品等初级产品上。现代期货市场越来越向金融中心集中，交易所日益向大型化、综合性的方向发展。美国的期货交易中心在芝加哥，而作为国际金融中心的纽约也不甘落后，1994年8月3日，纽约商业交易所和美国商品交易所合并，成为世界最大的实物商品期货交易所。交易仍通过两个分部举行：纽约商业交易所分部交易原油、燃料油、汽油、天然气、电；美国商品交易所分部交易金、银、铜、铝以及其他指数期货；纽约咖啡、糖与可可交易所和纽约棉花交易所也已经合并；期货市场的两大巨头——芝加哥期货交易所和芝加哥商业交易所也有过合并的意向。

伦敦国际金融期货期权交易所（LIFFE）最初主要交易金融期货产品，10年来以交易世界主要货币的利率合约为主。1992年3月伦敦国际金融期货期权交易所与伦敦期权交易市场（LTOM）合并，引进了股票期权交易；1996年，与伦敦商品交易所（LCE）合并，加入了农林产品期货交易。合并重组后的伦敦国际金融期货期权交易所业务蒸蒸日上,交易量曾一度超过芝加哥商业交易所(CME)。

最值得一提的是经合并而在期货市场迅速崛起的欧洲期货交易所(EU-REX)和泛欧交易所(EURONEXT)。1994年,德国期货交易所(DTB)与法兰克福证券交易所(FWB)合并成德国交易所有限公司(Deutsche Borse),德国期货交易所(DTB)以子公司的形式存在。1998年9月,德国期货交易所与瑞士金融期货期权交易所(SOFFEX)合并为欧洲期货交易所。从1991年1月起,欧洲期货交易所交易量超过芝加哥期货交易所(CBOT),成为世界第一大期货交易所。几乎与此同时,法国、比利时、荷兰三国也分别完成了本国证券与期货交易所的合并,并于2000年9月22日最终合并为一家名为泛欧交易所的综合性交易所。后来,里斯本(Lisbon)的交易所也前来加盟。2002年,泛欧交易所完成对伦敦国际金融期货期权交易所的战略收购。

欧洲整合成欧洲期货交易所和泛欧交易所两个交易所,但实际上只是一个战略同盟,在运作方式上,原各交易所仍有各自的分工。德国交易所有限公司是母公司,其业务范围同时包括证券现货和衍生品业务,而欧洲期货交易所则是一个德国交易所有限公司所属的专司衍生品业务的子公司,在法兰克福和苏黎世分别根据当地法律注册为"欧洲期货交易所德意志分部"(EUREX Deutschland)和"欧洲期货交易所苏黎世分部"。泛欧交易所的情况也是如此,它是母公司,它在阿姆斯特丹注册,在巴黎、布鲁塞尔、阿姆斯特丹、里斯本、伦敦各有一个总部,其五个总部,旗下既有股票现货业务,又有衍生品业务,在合并之初两种业务就彼此分离。目前,泛欧交易所现货业务的交易系统已经统一,但衍生品业务仍沿用各自原来的交易系统。从某种意义上讲,泛欧交易所既是一个利益集团,又像一个策略联盟。泛欧交易所在收购伦敦国际金融期货期权交易所之后组建了一个新的子公司,即泛欧伦敦国际金融期货期权交易所。目前,泛欧交易所旗下所有的衍生业务都转移到伦敦国际金融期货期权交易所的交易系统上。泛欧交易所现在只有两个交易系统,一个是基于原巴黎交易所的证券现货交易系统,一个基于原伦敦国际金融期货期权交易所的衍生品交易系统。

欧洲期货市场已经成为欧洲资本市场最具活力的增长点。1999年1月,欧洲期货交易所成立仅3个月,其成交量就跃居世界第一。欧洲期货交易所3个月的欧洲美元利率期货取得了极大的成功。到2001年年底,美国三家主要交易所芝加哥商业交易所、芝加哥期货交易所、纽约商业交易所的成交量仅为9.79亿张合约，而同期欧洲三家主要交易所欧洲期货交易所、泛欧交易所、伦敦国际金融期货期权交易所成交量则达12.89亿张合约，高出美国约32%。

日本的期货交易所在历史上就存在数量过多的问题，近10年来已从原来的10余家合并为现在的7家。东京工业品交易所（TOCOM）为日本最大的交易所，它是1984年11月由东京纺织商品交易所、东京橡胶交易所、大阪纤维交易所和东京黄金交易所合并而成。1999年12月，新加坡股票交易所（SES）与新加坡国际金融期货交易所（SIMEX）合并为新加坡交易所（SGX）。2003年3月6日，香港期货交易所、香港联合交易所合并为香港交易及结算有限公司。

2. 交易的电子化、全球化趋势

进入20世纪90年代以来，随着信息技术的迅猛发展，资金、技术、信息的流动呈现出爆炸性增长的趋势，世界经济全球化加速发展。期货交易所面临的技术环境、经营环境和市场环境正发生显著、深刻的变化。而期货交易的发展与科学技术的进步几乎是保持同步的。传统的期货交易是以场内公开喊价的方式为主，这种方式尽管交易活跃，人气很足，但毕竟要受到交易场地窄小等因素的限制。随着现代电子和通讯技术的飞速发展，期货市场打破了时空限制。采用电子化的交易方式，只要期货经纪商的计算机终端与交易所主机联网，就可以向主机输入买卖合约的信息，由主机自动撮合成交，大大改善了期货市场交易指令及价格信息的传送状况，使分布在各个地方的交易者都可以从终端上得到同样的价格信息，迅速进行交易。先进的交易机制可以允许交易者之间直接进行交易，而不需要再像过去那样非得由有关专业人士或市场工作人员在中间插手不可。

20世纪80年代以来成立的期货交易所多半采用电子化交易方式。如德国期货交易所（DTB）、瑞士期权和金融期货交易所（SOFFEX），从一开始就选择电子交易系统。一些采用传统的公开喊价方式的交易所也纷纷改弦更张，走上了电子化交易的发展道路，即使是那些传统的公开喊价方式的交易所，也都普遍配置了先进的电子通讯设备。最初伦敦国际金融期货期权交易所沿用传统的公开喊价交易方式，交易费用较高，从1997年起日益受到来自德国期货交易所（DTB）的严峻挑战。为了扭转劣势，重新夺回作为欧洲最大金融衍生市场的地位，伦敦国际金融期货期权交易所进行了为期两年的重组，采取了一系列重大改革措施，包括1998年推出新的交易系统，取消传统的公开喊价交易方式，与其他的金融衍生市场看齐，采用电子交易系统。

2000年6月，伦敦国际金融期货期权交易所董事会建议交易所开创两大新的业务。已有的伦敦国际金融期货期权交易所继续全力发展交易所的核心业务，另一个新的伦敦国际金融期货期权交易所将为世界各地的交易所和团体提供科技服务，发展新兴的网上市场。为加速交易所的业务发展，开发新的电子商务市场，伦敦国际金融期货期权交易所选择了世界上最大的一个科技公司作为合作伙伴，共同开发电子交易系统，以便为全球客户提供服务。

韩国的电子交易在世界上处于领先地位，主要表现为利用因特网进行期货交易。1998年网上交易仅占19%，2000年、2002年则达到了46.6%和52.3%，网上交易发展十分迅速。截至2001年年底，韩国44家当地经纪公司，有38家开展网上交易，其中5家专门从事网上交易。

电子交易具有以下优势：一是提高了交易速度；二是降低了市场参与者的交易成本；三是突破了时空的限制，增加了交易品种，扩大了市场覆盖面，延长了交易时间且更具连续性；四是交易更为公平，无论市场参与者是否居住在同一城市，只要通过许可，都可参与同一市场的交易；五是具有更高的市场透明度和较低的交易差错率；六是电子交易的发展可以部分取代交易大厅和经纪人。

在期货交易电子化的同时，期货交易还呈现出全球化的趋势。从国际上看，一方面，各国交易所积极吸引外国公司、个人参与本国期货交易；另一方面，各国期货交易所积极上市以外国金融工具为对象的期货合约。具体措施有：各交易所和经纪公司在国外设立分支机构，开发国外市场；交易所积极吸纳外国会员；为延长交易时间开设晚场交易，以便利外国客户等。尤其是上市相同合约的各国交易所积极联网，建立相互对冲体系。近年来，这种相互对冲制度进一步拓展到各国交易所的双边电子交易，提供现代化的通讯联系，以便各自在本交易所买卖对方最热门的交易品种。伦敦国际金融期货期权交易所与东京股票交易所（TSE）和东京国际金融期货交易所（TIFFE）合作，1987年，伦敦国际金融期货期权交易所就上市了日本国债期货合约，自1996年4月与东京股票交易所签署协议以来，伦敦国际金融期货期权交易所又开发了3个月的欧洲日元期货，该合约最终由东京国际金融期货交易所进行清算，可与东京国际金融期货交易所的合约进行替换。

引人注目的是，1991年芝加哥商业交易所、芝加哥期货交易所与路透社合作推出了全球期货交易系统（Globex）。它的前身是由芝加哥商业交易所与路透社共同开发的自动化订单成交系统。通过这一系统，可以使世界各地的投资者在全天24小时中连续交易，某交易所会员可以直接下单买卖另一交易所的合约。现在第二代全球电子交易系统（Globex Ⅱ）推出后更是受到普遍欢迎。2002年芝加哥商业交易所年成交量为5.58亿张，而其全球期货交易系统的成交量达到1.98亿张。目前除芝加哥商业交易所外，泛欧交易所各交易所已经采用了第二代全球电子交易系统。

亚洲各交易所也积极投身于期货交易的全球化，2002年11月12日，新加坡交易所（SGX）与日本东京工业品交易所（TOCOM）合作推出中东原油期货，首日就成交了215手。

电子交易的推广，全球各大交易所成交量快速增长，特别是一些著名的交易所，交易量增加更为迅猛（见表1.1）。

表1.1　七大世界著名交易所期货成交量排名　　单位：百万

序号	交易所名称	2000年1～12月	2001年1～12月	百分比变动（%）
1	欧洲期货交易所	290.0	435.4	50.10
2	芝加哥商业交易所	195.1	316.0	62.00
3	芝加哥期货交易所	189.7	210.0	10.70
4	伦敦国际金融期货交易所	105.7	161.5	52.80
5	纽约商业交易所	86.1	85.0	-1.30
6	东京工业品交易所	50.9	56.5	11.00
7	伦敦金属交易所	61.4	56.2	-8.50

3. 交易所的公司化趋势

近几年来，世界上许多大型的证券交易所由会员制改为公司制，公司化已成为全球交易所发展的一个新方向。从1993年斯德哥尔摩证券交易所进行公司制改制开始，赫尔辛基证券交易所（1995）、哥本哈根证券交易所（1996）、阿姆斯特丹证券交易所（1997）、澳大利亚证券交易所（1998），均先后改会员制为公司制。目前，巴黎证券交易所、多伦多证券交易所、伦敦证券交易所、纳斯达交易所、纽约证券交易所、新加坡交易所和香港联合交易所都已经加入这一行列。交易所不仅进行公司化改造和追求盈利，还要在自己的市场上市。澳大利亚证券交易所于1998年10月、香港交易所于2000年6月、新加坡交易所于2000年12月分别在各自的市场上市。

近年来，期货交易所的公司化成为全球交易所发展的一个新方向。越来越多的期货交易所从传统的非盈利性的会员制组织改造成盈利性的股份制公司，有的甚至成为上市公司，2000年年底，芝加哥商业交易所（CME）成为美国第一家公司制交易所，在2002年12月6日，芝加哥商业交易所公开上市，又成为美国第一个上市期货交易所。2000年芝加哥商业交易所成交量1.95亿张，到2001年芝加哥商业交易所成交量为3.16亿张。2003年则增加为5.58亿张。从芝加哥商业交易所公司化及上市后成交量的变化可看出期货交易所公司化及上市的优势。2000年，已有128年历史的纽约商业交易所宣布将改革机构体制成为一家以盈利为目的的企业，交易所的公司化改造已经构思了好几年，到2000年1月6日董事会终于批准了变革计划。接着会员大会几乎以全票通过了董事会的决定，并于2000年11月20日完成了公司化改造。

2001年2月22日，伦敦国际石油交易所（IPE）全体会员进行了投票，一致通过了将其改革成盈利性公司的决议；香港期货交易所与香港联合交易所改制合并，组成香港交易及结算有限公司，并于2000年6月在香港交易所上市。截止到2004年，已经完成公司制改造的证券交易所达34家，占世界交易所联合会下54家交易所的63%。

三、中国的期货市场

新中国期货市场发展，大体经历了初期发展、清理整顿和规范发展3个阶段。

1. 初期发展阶段（1988年至1993年）

1988年5月，国务院决定进行期货市场试点。

1990年10月12日，中国郑州粮食批发市场经国务院批准，以现货交易为基础，引入期货交易机制，作为中国第一个商品期货市场正式开业，迈出了中国期货市场发展的第一步。

1991年6月10日，深圳有色金属交易所宣告成立，并于1992年1月

18日正式开业；同年5月28日上海金属交易所开业。

1992年9月，第一家期货经纪公司——广东万通期货经纪公司成立；同年底，中国国际期货经纪公司开业。

1998年8月1日，国务院下发《国务院关于进一步整顿和规范期货市场的通知》，开始了第二次清理整顿工作。在这次清理整顿中，15家交易所被压缩合并为3家，交易品种由35个削减为12个，这些品种是：上海期货交易所的铜、铝、胶合板、天然橡胶、籼米。至1993年，中国开业和在建的期货交易所有50多家，开业的交易所有2300多个会员，大部分有代理业务，代理客户3万多个；期货经纪公司300多家（包括50多家合资公司），有7大类50多个上市交易品种（包括国债），中国期货市场建设一度一哄而起、盲目发展。

2. 清理整顿阶段（1993年年底至2000年）

1993年1月4日，针对期货市场盲目发展的局面，国务院下发《关于制止期货市场盲目发展的通知》。国务院决定全面清理整顿期货市场，建立适用于期货市场的监管法规，将交易所数目减少至15家，期货经纪公司数目大幅缩减，并限制了境外期货交易。

在清理整顿期间，当时的国务院证券委及中国证监会等有关部门加强了对期货市场的监管力度，14家期货交易所进行试点发展，但其间发生的诸如天津红小豆事件、籼米事件、上海胶合板9607事件、"327"国债期货事件等，再次加大了管理层对市场进一步治理整顿的决心。1998年，国家把14家交易所进一步削减至3家，即上海期货交易所、大连商品交易所和郑州商品交易所。上市品种由35个减少到12个，期货公司减少至180家左右。历时7年的治理整顿，期货市场在取得完善法制、监管有力、经纪业务更加规范、市场秩序明显好转的同时，市场规模也于1995年后逐步跌至低谷。

3. 规范发展阶段（2001年至今）

2001年3月，全国人大批准的"十五"规划第一次提出"稳步发展期货市场"，为中国期货市场长达7年的规范整顿画上了句号。期货交易量呈现恢复性增长：国内期货市场成交量曾于1995年达到63612.07万张的高点，随后连续5年下滑，2000年跌至5461.07万张的低位。自2001年开始，市场出现恢复性增长，2006年国内期货市场成交总量达到43954.65万张。然而，国内期货市场内成交总量至今仍未突破1995年的高点。

期货公司基本面看淡：截至2004年年底，全国188家期货公司资产总额218.88亿元，净资产73.87亿元，客户保证金余额133.2亿元，当年共实现手续费净收入14.8亿元，实现利润仅136万元。

2001年全行业微利；2002年全行业亏损；2003年至2004年，全行业赢利，但赢利水平递减。2005年第一季度，期货经纪全行业亏损2400万元，亏损面达70%；第二季度全行业又亏损1500万元，即使在利润总额最高的2003年，全国180多家期货经纪公司的平均利润也不到80万元。

期货交易所挂牌品种缓步增加：经过一番清理整顿后，截至2000年，中国期货交易所挂牌12个品种，但只有大豆（黄大豆1号）、豆粕、小麦、铜、铝、天然橡胶6个品种上市交易，仅涵盖农林产品和工业品两大类别。2003年，优质强筋小麦期货合约在郑州商品交易所上市，成为中国期货新合约推出的第一声春雷。2004年6月1日，郑州商品交易所推出棉花期货；8月25日，上海期货交易所推出燃料油期货；9月22日，大连商品交易所推出玉米期货，随后又于12月22日推出黄大豆2号合约。

2006年1月6日，白糖期货在郑州商品交易所上市交易；1月9日，豆油期货在大连商品交易所上市交易。

中国目前的期货上市品种包括大豆、小麦、玉米、豆粕、棉花、铜、铝、天然橡胶、燃料油、白糖、豆油1种，交易合约共有13种，已形成以农产品、工业品为主，兼顾能源产品的品种结构。

第三节 期货市场的功能

期货市场在人类经济活动中的主要功能是回避价格风险和价格发现。

一、规避现货价格风险

人们往往有这样一种错误的印象：期货合约的买卖纯粹是为了投机，而不能带来社会效益的增长或促进市场经济的发展。事实上，标准商品期货合约是为了解决某些商品的内在经济风险而制定的。

如果在玉米生长期间天公作美的话，农民可望获得丰收。结果，玉米充斥市场而供过于求，价格下跌。这时，种植玉米的农民因为多收了三五斗，不得不低价卖玉米，收入可能反而下降。如果在玉米成长期间，气候太干燥，雨水过量或风沙过大，就会造成作物歉收。其他农民也面临同样境遇，结果，市场上没有足够的玉米满足需求，价格上涨。这时，用玉米饲养生猪的农民只能购买高价玉米，饲养成本大大提高。

农民怎样才能预测玉米的价格呢？答案是无法预测，因为在市场经济下，商品价格是由供求关系决定的，影响商品价格变化的因素很多，所以，生产经营者只能听天由命。这样，农民种植玉米、饲养生猪的行为带有投机性。而大部分农民不希望做一名投机者，他们希望能以合理的价格卖出他们的产品并获得足够的利润。如果他们能够通过交易转移他们所涉及的一些商业风险，获得一定程度的安全保障，他们会乐不可支。转移价格风险的工具是什么呢？是期货合约。

标准期货合约是一种将商业风险由生产经营者转移给希望通过合约交易获取巨额收益的投机者的工具。由于生产经营者能够转移风险，他们就能更有效地降低经营成本。因此，期货交易的最终受益人当然是能以更低的价格购买到商品的消费者。

价格风险是交易过程中时间作用的结果，可以说是无处不在。在国际市场上，干旱、洪水、战争、政治动乱、暴风雨等各种情况变化会传遍世界各地，并直接影响商品的价格。拥有大量这种商品的个人或公司将会很快发现，几乎一夜之间，他的存货的价值已大幅上升或下降。激烈的市场竞争会导致价格在较短时期内大幅度波动。与供求相关的风险因素还包括一些商品收获的季节性和需求的季节性。由供求的不可预测所带来的潜在价格风险是市场经济所固有的，也是买主和卖主无法抵御的。

现货价格风险是商品生产经营者在生产经营过程中不可避免地会遇到的风险。即无论价格向哪个方向变动，都会使一部分商品生产者和经营者遭受损失。面临商品价格下跌风险的对象一般是生产企业、加工企业或其他任何拥有商品且打算出售的企业及个人，他们在持有商品期间，一旦市场价格下跌，商品实际售价很可能远远低于预期售价，使经营利润下降，甚至出现亏损；反之，因价格上升而蒙受损失的一般是需要不断地购进原材料和某种商品的企业及个人，产品能否以预期的价格出售、原材料能否以较低的价格购进是经常困扰生产经营者的主要问题。期货市场的基本功能之一就是规避价格风险的功能，这一功能为生产经营者规避、转移或者分散价格风险提供了良好途径，回避现货价格风险的功能通过套期保值来实现，套期保值机制将在后面的章节详细介绍。

现货的生产、加工、贸易商通过期货市场来回避现货价格风险，这一类人员是期货市场的套期保值者（Hedger），另一类人是承担价格变动风险，获取风险利润的投机者（Speculator）和套利者（Arbitriger）。投机者和套利者通过期货价格波动获取利润，他们与证券市场投资者的交易行为在本质上没有任何区别。在期货交易中，风险是商业活动中固有的一个组成部分，交易所是将风险由套期保值者转移给投机者的场所。

二、发现价格（Price Discoverry）的功能

在市场经济中，生产经营者根据市场提供的价格信号做出经营决策。价格信号的真实、准确程度，直接影响到他们经营决策的正确性，进而影响经营效益。

在期货市场产生以前，生产经营者主要是依据现货市场上的商品价格进行决策，根据现货价格的变动来调整自身的经营方向和经营方式等。由于现货交易多是分散的。生产经营者不易及时收集到所需要的价格信息，即使收集到现货市场反馈的信息，这些信息也是零散和片面的，其准确、真实程度较低，对于未来供求关系变动的预测能力也比较差。当用现货市场的价格指导经营决策时，现货价格的滞后性往往会造成决策的失误。例如，长期以来，我国的粮食流通市场受到粮价低时卖粮难、高时买粮难的困扰，部分原因就是粮食生产经营单位缺乏以远期价格指导生产销售的机制。

自期货交易产生以来，发现价格功能逐渐成为期货市场的重要经济功能。所谓发现价格功能，指在一个公开、公平、高效、竞争的期货市场中，通过期货交易形成的期货价格，具有真实性、预期性、连续性和权威性的特点，能够比较真实地反映出未来商品价格变动的趋势。

1. 价格发现的原因

期货交易之所以具有发现价格的功能，主要是因为：

第一，参与者众多，供求集中，市场流动性强。众多商品生产者、销售者、加工者、进出口商以及投资者参与竞价交易。这些成千上万的买家和卖家聚集在一起进行竞争，可以代表供求双方的力量，期货合约的市场流动性大大增强，这就克服了现货交易缺乏市场流动性的局限，有助于价

格的形成。

第二，透明度高，竞争公开化、公平化。期货市场是集中化的交易场所，自由报价，公开竞争，交易指令在高度组织化的期货交易所内撮合成交，所有期货合约的买卖都必须在期货交易所内公开竞价进行，不允许进行场外交易。交易所内自由报价，公开竞争，避免了一对一的现货交易中容易产生的欺诈和垄断。期货交易有助于价格的发现。

第三，信息质量高。期货价格的形成过程是收集信息、输入信息、产生价格的连续过程，信息的质量决定了期货价格的真实性。由于期货交易参与者大多熟悉某种商品行情，有丰富的经营知识和广泛的信息渠道及一套科学的分析、预测方法，他们把各自的信息、经验和方法带到市场来，结合自己的生产成本、预期利润，对商品供需和价格走势进行判断、分析、预测，报出自己的理想价格，与众多对手竞争。这样形成的期货价格实际上反映了大多数人的预测，具有权威性，能够比较真实地代表供求变动趋势。

2. 价格发现的特点

通过期货交易形成的价格具有以下特点：

第一，连续性。期货价格是连续不断地反映供求关系及其变化趋势的一种价格。这是因为期货交易是一种买卖期货合约的交易，而不是实物商品交易。实物交易一旦达成一个价格之后，如果买入实物的一方不再卖出该商品或不马上卖出该商品，新的商品交易就不会再产生或不会马上再产生，从而就不可能有一个连续不断的价格。而期货交易则不然，它是买卖期货合约的交易，实物交割的比例非常小，交易者买卖期货合约的本意大多不是为了实物交割，而是利用期货合约做套期保值交易或投资交易，因此，在买进或卖出期货合约后，必须再卖出或买进相同数量的期货合约。同时，由于期货合约是标准化的，转手极为便利，买卖非常频繁，这样，就能不断地产生期货价格。

第二，公开性。期货价格是集中在交易所内通过公开竞争达成的。依据期货市场的信息披露制度，所有在期货交易所达成的交易及其价格都必须及时向会员报告并公之于众。通过传播媒介，交易者能够及时了解期货市场的交易情况和价格变化，及时对价格的走势做出判断，并进一步调整自己的交易行为，这种价格预期的不断调整，最后反映到期货价格中，进一步提高了期货价格的真实性。

第三，权威性。正是由于期货价格真实地反映了供求及价格变动趋势，具有较强的预期性、连续性和公开性，所以在期货交易发达的国家，期货价格被视为一种权威价格，成为现货交易的重要参考依据。在铜、铝等金属的世界贸易中，伦敦金属交易所的期货价格是最权威的参考价格。

随着期货交易和期货市场的不断发展完善，尤其是随着期货市场国际联网的出现，期货市场的价格发现功能越来越完善，期货价格能够在更大范围内综合反映更多的供求影响因素，更准确地预测未来价格变化的趋势。

第四，预期性。期货合约是一种远期合约，期货合约包含的远期成本和远期因素必然会通过期货价格反映出来，即期货价格反映出众多的买方和卖方对于未来价格的预期。

由于期货价格的形成具有上述特点，所以，期货价格能比较准确、全面地反映真实的供给和需求的情况及其变化趋势，对生产经营者有较强的指导作用。世界上很多生产经营者虽未涉足期货交易，也没有和期货市场发生直接关系，但他们都在利用期货交易所发现的价格和所传播的市场信息来制定各自的生产经营决策，例如，生产商根据期货价格的变化来决定商品的生产规模；在贸易谈判中，大宗商品的成交价格往往是以期货价为依据来确定的。

第四节 期货市场的作用

期货市场的作用众说纷纭。从理论角度分析，它主要表现在优化资源配置、缓解价格波动、降低交易成本等方面。

一、优化资源配置

期货市场优化资源配置功能，是通过期货市场价格信号，提高资源配置效率，提高总体效用达到的。这点可用经济学理论进行分析。

假设某一农产品在两年生产中，第一年获得好收成，比如，平均每人获得3个单位；而在第二年可能由于气候等诸多不利原因，收获量减少了，平均每人只得到1个单位。在没有相应的期货价格作为指导的前提下，供给量不会发生总体转移，形成的供求曲线（见图2.1）：第一年的供给曲线

S_1S_1 与需求曲线 D_1D_1 相交于 E_1 点；而在第二年供给曲线 S_2S_2 与需求曲线 D_2D_2 相交于 E_2 点。由阴影区相加表示的两年效用之和只能是（4+3+2）+4，即 13 个单位。

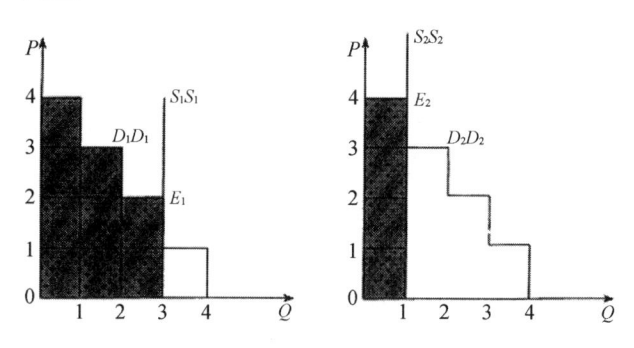

图 2.1　缺乏期货价格指导的市场资源配置情况

如果有相应的该农产品期货，由于期货是正确地反映该农产品价格的超前指标。第二年的期货价格高于第一年的期货价格，根据这一价格信息，将会有一定农产品转移一部分到第二年，即会将一部分边际效用较低第一年的该农产品转移到边际效应较高的第二年，假如转移一个单位的该农产品到第二年，其阴影区域所表示的两年效用之和会增加至（4+3）+（4+3），即 14 个单位（见图 2.2），由此可得出结论：期货可以通过形成有效的远期价格信号，提高农产品分配效率，优化资源配置，从而增加总体效用。

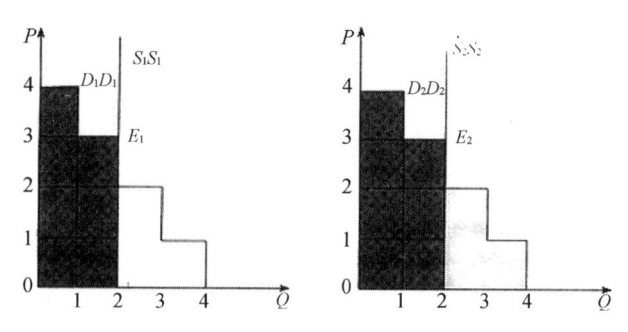

图 2.2　有期货价格指导时的市场资源配置情况

既然期货价格可以作为调节现货供求关系的基础，那么对于经济改革和经济转型中的我国，期货市场应尽快推出更多的大宗农产品、工业原材料、能源等商品期货，使其符合国家宏观经济调控的需要，优化国家总体资源配置，从而提高总体经济效用。

二、缓解价格的波动

期货交易能缓解价格波动曾经是一个有争议的问题，有人认为期货交易加大了价格波动。1958年美国国会通过《洋葱交易法》，禁止进行洋葱期货交易，理由是该品种期货交易导致了现货大幅度的价格波动。在此禁令发布之后，美国著名的期货研究专家沃金（Working）对洋葱交易进行了详尽的统计研究，列举了大量的证据，证明了期货交易不是加剧而是减缓了价格波动。

沃金将洋葱交易数据分为三组：1931—1941年，不存在套期保值的期货交易时期；1946—1949年，存在小量的套期保值的期货交易时期；1950—1958年，存在大量套期保值的期货交易时期。沃金所进行的数据分析有力地支持了他的理论，其结果概括如下（见表2.1）：

表2.1 期货价格效用分析数据

套期保值数量	季节内最大价格波动（每50磅）	大幅度变动年份比重	小幅度变动年份比重
不存在	7.24美元	45%	9%
大量存在	3.13美元	33%	22%

沃金分析的结论是，大量的套期保值期货交易在整体上明显地减缓了洋葱价格的变动，在相当程度上减缓了仓储季节最后一个月洋葱价格的变动。套期保值的期货交易机制有利于市场参与者正确地估计整个季节内的供给关系，合理调整库存结构，在洋葱大量上市的季节避免了价格过分下跌，同时，在淡季避免价格的过分上涨。沃金的该篇文章，在美国期货理论界具有很大的影响，为论证期货交易有利于缓解价格波动提供了十分有力的证据。

需要指出的是，沃金正确地区分了大量套期保值期货交易时期和小量保值交易时期。在后一种时期，价格波动依然较大。只有在前一个时期，价格波动减缓。由此可以得出结论：期货交易发挥有利作用的前提是必须发展大量的、活跃的套期保值期货交易。除了沃金之外，还有一些经济学家分析了小麦以及其他产品的历史交易数据，从不同角度论证了活跃的套期保值期货交易有利于减缓价格波动，而不是造成更大的价格波动。

三、降低交易成本

根据现代微观经济学的最新研究，在市场上活动的市场参与者的活动是必须付出交易成本的。所谓交易成本，即是市场参与者进入市场、完成交易行为所必须付出的代价。举例来说，传统微观经济学的理论曾经断定市场应该在完全均衡的条件下运行，即市场可以经过多次试验来找到使供求双方力量均衡的价格，在这种价格下，市场可以出清，买卖双方的数量相等，没有剩余，资源可以实现最优分配。这种分析的一个隐含前提，实质上是否认交易成本的存在，而微观经济学研究的最新进展恰恰在于揭示了交易成本无可辩驳地存在于整个市场过程。举例来说，任何一个买方或卖方都不可能无成本地获得作出最优决策所需要的全部价格信息，由于获取关于所买卖商品的价格信息是需要付出成本的，因此关于其他买者和卖者的价格信息只能被有限地获得，所以，通常不可能找到最优的价格，经济运行只能在次优的状态下运行。

交易成本理论是微观经济学领域一项得到公认的创新。用这种观点去评价和比较所有的经济活动，已经变成经济学分析的常规。这里试图用交易成本概念去比较单纯现货交易与引入期货交易后的期货——现货市场，交易成本的变化情况。

在单纯现货市场上，任何商品的供求关系总是在变动，对于商品的买卖双方来说，价格的变动就意味着风险。价格上升时，卖方将受益，买方将要付出代价，反之亦然。在正常的交易过程中，由于价格变动给双方带来的影响是不对等的，从受益的一方来说，从价格变动中增加的收益通常对再生产过程不会产生大的影响，受益方的再生产过程的扩大，基本上取决于正常经营条件下所产生利润的积累。但是，对于受损的一方来说，价格变动带来的损失则是比较严重的，往往出现这样的情况，如果由于价格发生不利变化而出现亏损，很可能导致生产过程的中断。例如生产者由于价格下降而发生入不敷出，则下一个生产周期无法购买足够的生产要素，不仅要承受价格下降的损失，还要承受生产要素闲置的损失。这就是现货市场参加者所必须付出的交易成本。在整个市场上，这种交易成本普遍存在。对于经营不同商品的市场参加者来说，这种交易成本与价格波动成正比。价格波动大的产品和行业，其参与者为此付出的交易成本大于价格波动小的产品和行业。这些参与者在高风险与高交易成本的状态下完成各自的市场行为。对他们来说，发展期货交易，降低风险和交易水平，是一种内在的要求。

在引入期货交易的条件下，经营商品的市场参加者和投资者将同时进入期货市场。对于经营商品的市场参加者来说，期货市场提供了一种无可替代的保值工具——期货合约。所有的经营商品的市场参加者，无论持有现货的、将来要买进现货的，还是将来要卖出现货，都可以利用期货交易进行套期保值。通过买进或卖出期货的套期保值交易行为，那些参与期货市场的商品经营者将其面临的价格风险转移到期货市场。对他们来说，期货买卖消除了他们的价格风险，显著地降低了他们的交易成本。与此同时，他们让渡到期货市场的价格风险中所包含的投资收益，吸引了大量的投资者。通过频繁、大量的期货合约买卖活动，这种投资资本起到两种积极的经济作用：第一，吸纳了套期保值者所转移的价格风险；第二，制造了期货市场有效运行所必需的流动性。

在美国，统计和调查资料显示，在价格波动风险大、期货交易活跃的行业内，大部分商品经营者，尤其是大的生产商、库存商、流通商等，广泛地使用期货交易作为企业经营管理的一种工具。通过参加期货市场，这些商品经营者得以降低各自的交易成本，保证了企业的财务安全。

从国际期货市场实际运行方面总结，期货市场有8个显著的作用：

1. 形成公正价格；
2. 对交易提供基准价格；
3. 提供经济的先行指标；
4. 回避价格波动而带来的商业风险；
5. 调节供求；
6. 减缓价格波动；
7. 吸引投机资本；
8. 资源合理配置机能。

从我国的实际情况来看，其作用主要表现在以下几个方面：

第一，为交易者提供一个安全、准确、迅速成交的场所，提高交易效率，节约交易成本；

第二,对于生产经营来讲,可以利用期货市场来回避现货市场的价格风险,达到锁定生产成本、稳定生产经营利润的目的;

第三,期货市场对于整个社会经济的贡献,在于它有着形成真实的、公正的价格的功能;

第四,期货市场有减缓市场价格季节性、区域性波动的作用。

第三章 期货市场的构成

期货市场基本上是由四个部分组成。即期货交易所、期货结算所、期货经纪公司、期货交易者（包括套期保值者和投机者）。

第一节 期货交易所

一、期货交易所（Futures Exchanges 或 Exchanges）的概念

期货交易所指的是法律允许的具体买卖期货合约的场所，是为期货交易提供场所、设施、服务和交易规则的非盈利机构。

期货交易所是期货市场的重要组成部分。世界上绝大多数国家的法律都规定，期货交易必须在指定的期货交易所进行。任何在期货交易所外进行的期货交易都是非法的。

严格地讲，期货交易所并不等于商品交易所。商品交易所（Commodity Exchange）应该理解为进行特定商品买卖的有组织的场所。早期商品交易所中进行的是现货交易。而现代期货交易所，是在商品交易所的基础上发展起来的专业化很强的机构。经过近百年的发展变化，商品交易所的规章制度、交易方式都发生了深刻的变化，交易的内容已不仅限于具体的商品。虽然有的从事期货交易的交易所仍使用"商品交易所"的名称，但其交易内容和交易方式已经远远超过了以往"商品交易所"的经营范围。有的交易所已经放弃了"商品交易所"的名称，有的交易所甚至在开创时就不使用"商品交易所"的名称。

目前，许多国家都设有期货交易所，其中期货交易所比较多、期货交易比较活跃的国家和地区有：美国、英国、加拿大、日本、澳大利亚、印度、法国、巴西、新加坡和香港等。国际上最大的两家交易所为美国的芝

加哥商品交易所（Chicago Board of Trade）和芝加哥商业交易所（Chicago Mercantile Exchange）。

如前所述，期货交易所常常被定义为期货合约买卖的场所。其实，期货交易所是一个机构，它提供期货合约买卖的场所，但本身不仅仅是一个场所。严格地说，期货交易所是组织期货合约交易并提供交易环境的法人机构。在期货市场的组成要素中，期货交易所处于市场中心的地位，所以期货交易所通常被认为是狭义的期货市场。

二、期货交易所的组织形式

1. 会员制

各国期货交易所的组织形式不尽相同，但大体一致，一般都为非盈利性的会员制协会组织（Membership Association）。大多数交易所都是以私人有限公司的名义向当地政府注册登记，由会员集资联合组成的。只有期货交易所的会员才能进入交易场地进行交易。拥有会员资格的人包括：生产商、加工商、分拨商、中间商、进出口商、经纪行、金融机构，以及专业投机商等。非会员则可通过会员进行期货交易。

2. 会员资格的取得

绝大多数期货交易所的会员人数是有限的。只有个别的交易所，如加拿大温尼伯谷物交易所（Winnipeg Grain Exchange）的会员人数是不限定的。美国芝加哥商品交易所（CBOT）的正式会员为1402人，从20世纪50年代就是这个数字。芝加哥商业交易所（CME）的正式会员有1150个（其中500个是交易所的基本会员，650个是国际货币市场的会员）。

交易所会员资格的取得往往并不是十分困难的，但入会的条件一般较严格。会员申请人取得会员资格要经过严格的资信审查。如美国的期货交易所规定，交易所在接纳会员申请时，要重点审查申请人的信誉和财务状况，并要由两名现任会员推荐，经资格审查委员会审查，上报董事会批准。我国郑州商品交易所的会员条件是：（1）经工商部门登记注册具有法人资格的企业；（2）拥有最低注册资金100万元人民币；（3）商业信誉好，近3年内无违法记录。

交易所的会员在取得会员资格时，要交纳席位费，另外每年还要交纳一定的会费。美国各期货交易所的会费从几百美元到几千美元不等。

取得会员资格一般有两个目的：一是取得进场交易权，他既可以为自己做期货交易，也可以为别人做；二是享受比非会员交易者优惠的手续费待遇，从而可以从代客交易中赚取固定佣金。例如在芝加哥商品交易所非会员客户做一个合约交易要付手续费 1.34 美元，而会员只需付 0.16 美元。

由于交易所会员资格的数量一般是固定的，如果交易所会员资格已全部售出，那么会员资格还可以通过公开拍卖的方式转让。会员资格的出售拍卖价格往往会随着期货交易的活跃程度而变化。例如 20 世纪 60 年代，芝加哥各交易所的会员资格售价在 5000 美元左右；1987 年超过了 4 万美元。东京交易所的会员资格在交易繁忙时曾高达 500 万美元。

3. 会员的种类

随着期货交易量的不断增多，许多大交易所，为了扩大交易范围，开始扩展其会员的种类，在原有正式会员人数不变的情况下，提供一些特别会员资格或权利会员资格。这种会员只有资格进行指定范围的交易。例如，芝加哥商品交易所的准会员资格（Associate Membership）允许私人拥有者进行金融证券期货以及其他指定商品的期货交易；GIM 权利会员资格拥有者可进行在该交易所上市的政府债券期货交易；IDEMS 权利会员资格拥有者可以进行有关指数、债券、股票指数和金属市场（如黄金、白银）的期货交易；COMS 权利会员资格拥有者可以进行在该交易所上市的所有期权合约的交易。

三、期货交易所的职能

绝大多数期货交易所都是非盈利性的组织。它的运营资本主要靠创立时的投资、会员的席位费，以及每笔交易收取的手续费。有些交易所拥有自己的交易大厦，它们也靠向会员出租大厦和设备赚取一定的利润。也有的交易所本身还投资于一些其他产业的证券。但其主要的运营资本还是靠会员做每笔交易缴纳的手续费。因此，其运营资本的规模就依赖于交易所的交易量和交易的活跃程度，而交易量和交易的活跃程度则取决于交易所提供的期货合约是否受交易者的欢迎，以及提供的服务质量如何。有些交易所的交易相当活跃，交易成本低，吸引了大量的交易者，如 CBOT、CME 等。有些交易所由于交易量少，期货合约不受欢迎而被迫关闭，如新奥尔良交易所（New Orleans Exchange）在 1980 年恢复营业，但由于交易量不够维持正常运营，于 1983 年被迫关闭。一些规模小、交易成本较高的交易所纷纷联合，如纽约的四个主要交易所——纽约商业交易所（New York Mercantile Exchange）、纽约咖啡和食糖交易所（New York Coffee and Sugar Exchange）、纽约棉花交易所（New York Cotton Exchange）和商品交易所（Commodity Exchange）联合起来使用坐落在纽约金融区的世界贸易中心（World Trade Center）的同一个交易大厅。

期货交易所既不参与期货交易，也不参与期货价格的确定，它的主要职能和作用是：

1. 提供一个有组织有秩序的交易场所，保证期货交易在"公正、公平和公开"原则下顺利运行；
2. 制定统一的期货交易规则和标准，提供公开的交易价格；
3. 负责监督和执行交易规则，使交易有秩序进行；
4. 设计和制定标准的期货合约；
5. 设立仲裁机构，解决交易争议，保证期货合约顺利履行；
6. 收集并向公众传播信息，提供良好的通讯信息服务；
7. 提供交易担保和履约保证，使交易有保证作用。

交易所实行会员制，交易所经营运作等方面的重大决策由全体会员共同决定。

四、期货交易所的主要业务

期货交易所的日常业务大致可分为如下三类：

1. 组织交易。主要是组织实施期货合约的交易。包括：受理委托买卖盘、撮合成交、成交回报、行情发布、记录交易数据、提交交易报告等。
2. 会员管理与服务。主要是受理会员资格申请、受理会员资格转让、办理有关会员资格维持的事务、审核会员财务信用状态，并针对发现的问题及时采取措施。
3. 辅助业务。包括内外稽查、事前事后监督、信息发布的规范化管理、研究发展、公共关系业务等。

第二节 期货清算所

一、清算所（Clearing House）的概念

清算所指的是对期货交易所中交易的期货合约负责对冲、交割和统一清算的机构。在欧洲，清算所是独立于期货交易所的机构；在美国，虽然清算所大都附属于某一个期货交易所，但其组织结构、财务体系、运行制度也是独立的，因此，清算所应该被认为是为期货交易所提供清算服务的独立机构。

在美国，最早的清算所是在1891年由明尼阿波利斯谷物交易所（Minneapolis Grain Exchange）正式建立的。它是随着期货交易所、标准期货合约以及对冲交易的出现而设立的一种清算机构。清算所及其清算制度的确立为期货交易的发展提供了必不可少的条件，使以往远期合同交易方式转变为名副其实的期货合约的买卖。清算所是现代期货市场运行的核心。

二、清算所的组织形式

目前清算所的组织形式有两种：一种是独立的清算机构；另一种是附属于期货交易所的清算所。

1. 独立的清算机构

在英国及欧洲大陆的许多国家，期货交易所往往不设立自己的清算机构，而是委托财力雄厚的大财务金融机构负责期货合约的清算。如国际商品结算公司就是一家专门向期货交易所提供清算服务的大金融公司，伦敦金属交易所的结算系统就是由该公司负责管理的。

国际商品结算公司由巴克莱银行、密德兰银行、苏格兰皇家银行、劳埃德银行、西敏士国民银行、标准渣打银行六家英国大银行组成。它通过设在伦敦、巴黎、悉尼、墨尔本、奥克兰、纽约、里约热内卢和香港的分公司提供市场交易和清算管理的国际服务。

国际商品结算公司的清算体系也是由会员构成，目前有450位会员。只有清算所的会员才能在清算所开立账户，进行期货交易的清算和结算。

2. 附属于期货交易所的清算所

许多期货交易所都拥有自己的独立清算机构，负责在交易所内发生交易的清算和结算。如芝加哥商品交易所和纽约商品交易所就是由附属的独立清算公司负责清算。另外，还有一些交易所拥有自己的清算所，该清算所是该交易所的一个组成部分，如芝加哥商业交易所就是属于后者。

从组织形式看，这种清算所通常也实行会员制。清算所的会员往往首先是期货交易所的会员。另外成为清算所的会员，要由申请者购买清算所一定的股份，因此，只有资产雄厚而信誉极好的交易所会员才有可能成为清算所的会员。除此之外，清算所的会员还必须向清算所交纳一笔存款，用于积累保证金。例如纽约商品交易所的清算会员必须交纳100万美元作抵押保证金，纽约商业交易所（NYMEX）的清算会员必须交纳50万美元作为积累保证金。

由于在交易所中达成的每一笔期货交易必须经过清算所结算才是合法的，而清算所的服务对象仅限于其会员，非会员的结算则必须通过会员来进行。结算会员进行交易结算必须付给结算所结算费，非结算会员的结算费则由其认定的结算会员负责收取，再交付给清算所。

三、清算制度的原理及程序

清算所实行严格的清算制度。每位清算所的会员必须在清算所开立清算账户。由于期货交易所内进行的是标准化的期货合约买卖，合约的转手买卖或平仓非常方便，由清算所来负责记录和抵销账户上的合约义务。除此之外，清算所还要对各方的盈亏状况进行结算，在交易者要求实际交割货物时，还要负责办理货物的实际交割手续。

1. 清算原理

我们举例对清算原理及程序说明如下：

假设清算所只有A、B、C、D、E五位会员，这五位会员都在清算所设立现金账户。交易的程序是这样的（见表3.1）：

表 3.1　清算原理及程序

交易程序	多头者	空头者	合同数	未平仓数	交易量
1	A	B	1	1	1
2	B	C	2	3	2
3	C	D	2	3	2
4	D	A	1	2	1
5	E	E	2	0	2
总计					8

（1）A买入B 1个合约，那么，我们称A为多头者（Long），B为空头者（Short）。这时，交易的合约数为1，未平仓合约数（Open Interest）也为1，成交量也为1个合约。

（2）C卖给D 2个期货合约，清算所C的账户上记上2个空头期货合约，D的账户上记上2个多头期货合约。这时，清算所总的未平仓数变为3个，成交量增加了2个。

（3）D然后卖给E 2个期货合约，D的目的是以平仓来了结他的合约义务。由于D已经平仓，D的多头义务实际上转给了E。这时，总的未平仓数仍为3，但交易量却增加了2个合约。

（4）A卖出1个合约，恰好由B买入，则A正好平仓，总的未平仓数应减至2个，交易量增加1个。

（5）如果E再卖给C 2个合约，则这时，全部交易都平仓了。总的未平仓数当然就为零，但交易量却又增加2个合约。5次交易的总交易量为8个合约。

假如E和C没在交割月份来临前的最后交易日前平仓，那么待交割日来临，清算所会从会员账户中很快查出，只有E和C未平仓了结。这时，清算所就会向C发出交货通知，要求C交割实际货物。但C并不向E直接发货。C按照期货合约规定的交割地点将货物运交到期货交易所指定的注册仓库，由仓库收取货物，向C出具仓单。C将仓单交给清算所。清算所买下C两个期货合约的实际货物，然后再将仓单交给愿意接受货物的E，由E付足2个期货合约的总货款。

2. 期货合约差价的结算

由于期货合约是标准化的契约，交易者在进行买卖时根本不需要对合约条款——谈判，只需确定价格、交割月份和合约的数量，因此，期货合约只需在清算所记账就可以了，在清算所的账户上，一般也是记上以上三个内容。如果交易者买卖的合约数量相等、交割月份也相同，只有买卖的价格是不一样的，那么清算所除了负责账户中买卖的抵消之外，还要负责与各方进行结账清算。

我们还是用以上五个会员的交易例子来说明一下期货交易的买卖差价的结算程序。

表3.2 期货交易差价的结算程序

A		B		C		D		E	
+1	−1	+1	−1	+2	−2	+2	−2	+2	−2
$ 6.20	$ 6.18	$ 6.18	$ 6.20	$ 6.19	$ 6.19	$ 6.19	$ 6.22	$ 6.22	$ 6.19
(6.18 − 6.20) ×5000 = −100		(6.20 − 6.18) ×5000 = +100		(6.19 − 6.19) ×5000×2 = 0		(6.22 − 6.19) ×5000×2 = +300		(6.19 − 6.22) ×5000×2 = −300	

A、B、C、D、E 分别代表五位清算会员的账户（见表3.2），他们之间的买卖程序及价格如下：

（1）B 卖给 A 1 个 7 月份大豆期货合约，价格为每蒲式耳6.20 美元。

（2）C 卖给 D 2 个 7 月份的大豆期货合约，价格是 6.19 美元。

（3）现 7 月份大豆期货价格涨到每蒲式耳6.22 美元，这时，D 看价格合适，按此价格抛出 7 月份的大豆期货合约，而 E 认为 7 月份大豆价格还会上涨，因此就购入 D 的这两个 7 月份大豆的期货合约，成交价格为 6.22 美元。D 抛出的价格为 6.22 美元，而购入的价格却只有 6.19 美元。这样 D 通过一买一卖，平仓后的利润为（6.22 − 6.19）×5000×2 = 300 美元（不考虑佣金和手续费）。清算所将 300 美元结算给 D。

（4）可是，7 月份大豆的期货价格下跌了，为 6.18 美元，A 怕价格继续下跌，损失更大，则以 6.18 美元的价格抛出 1 个 7 月份大豆期货合约。B 觉得按 6.18 美元的价格平仓还能赚一些，于是就以 6.18 美元价格购入 A 卖出的期货合约。这样 A 和 B 就都平仓了，但 A 亏了 100 美元，B 却赚了 100 美元。清算所负责向 B 支付 100 美元，向 A 索取 100 美元。

（5）这时，交割月份快到，只有 E 和 C 没有平仓，而 E 如果不平仓，就要按规定接受实物，而 E 又不需要买入实际货物。因此，E 就准备以空头平仓，卖出的价格为 6.19 美元，因为，当时的市场价格就为 6.19 美元，而 C 最多出价为 6.19 美元，则双方达成交易，价格为 6.19 美元。这样，E 和 C 全部平仓。C 由于买价和卖价相等，不赔不赚（如果考虑手续费和佣金，则亏损的是这部分费用）。E 最终亏损 300 美元（（6.19 – 6.22）× 5000 × 2 = –300 美元）。

四、清算所的作用

清算所是期货市场的核心组成部分，期货市场只有存在完善的清算制度，才能成为真正的期货市场。

清算所在期货市场运行中的主要作用表现在它具有独特的"取代功能"。

所谓取代功能（Substitution Function），是指期货合约的买卖双方在交易所内达成交易之后，双方之间并不建立履约的直接法律关系。他们各自分别与清算所发生联系。清算所取代了原来买方和卖方双方的位置。

这项取代功能具体表现在以下几个方面：

1. 清算所成为期货交易的总负责人。换言之，清算所是期货合约的买方，也是期货合约的卖方，对于在交易所买入期货合约者，清算所变成了卖方；对于在交易所卖出期货合约者，清算所又成为买方。

2. 期货交易中，清算所的取代功能使在交易所中进行期货合约买卖的双方无须见面，也无须知道对方是谁。因为，买卖双方并不为对方负有任何财务责任，而只是通过各自的清算会员对清算所负责。

3. 期货合约的买卖、转让，只要没有到交割日期，可随便进行，无须通知前手或经前手同意。如果交易者想平仓销账，便可在期满前任何时候进行一笔买卖相反的交易，由清算所负责清算结算来了结履行合约的义务。

4. 在多数情况下，由于清算所的存在，使期货合约的履行被买卖差价的货币转移所代替，期货市场中反映出金融市场的某些特征。

5. 尽管期货交易中货物的实际交割情形很少，但是如果有实际交割发生，清算所的取代功能可以使期货合约的实际交割更为简便易行。清算所在期货交易中很快会查出未平仓者，并负责安排实际交割。

6. 清算所保证每份期货合约的履行，即使期货交易的一方破产，清算所仍对另一方负有履行合约的责任。清算所的替代功能使每笔期货合约都能得以实现。

五、期货清算所的功能

期货清算所的功能大致可分为如下三种：

1. 提供简洁的结算服务

期货清算所几乎都是采用中央结算模式进行结算。如果没有期货清算所提供的中央结算功能，期货交易的结算将是一项十分复杂的事情。例如，在没有期货清算所提供的中央结算功能时，交易会员（或结算会员）之间将不得不直接进行结算。如果会员数量为 N，则每一个会员将直接与其他 N－1 个会员进行结算，整个市场的结算关系为 N（N－1）/2 个。而在中央结算模式下，任何两个会员之间达成的任何交易，比如 A 会员卖给 B 会员，在结算时都被认为是 A 会员卖给期货清算所，再由期货清算所卖给 B 会员。这样一来，任何会员达成的任何交易在结算时都被认为是与期货清算所达成的交易，而不必追究实际交易对手是谁，结算时，任一会员仅与期货清算所结算即可。在会员数量为 N 时，结算关系为 N 个，仅为无中央结算功能时的（N－1）/2 个。如果考虑到交割的复杂性，中央结算功能就显得更为简洁。

2. 充当期货市场的会计

在期货市场上一切成交均需通过期货清算所登记才算合法，从而使期货清算所能够监督整个市场的委托、成交、持仓情况，发挥会计监督的作用。

3. 协同期货交易所为所有合法的成交与交割提供担保

实际上期货交易所的大多数功能都或多或少地是通过发挥清算所的功能来发挥作用的。特别地，当我们说期货交易所的主要功能之一是为交易和交割提供担保时，我们应该说：期货交易所主要是通过期货清算所的结算制度来为交易和交割提供担保的。

期货清算所的主要结算制度有：

第一，结算保证金制度。每个结算会员均须按持仓数量和期货清算所的规定在期货清算所存放足额的结算保证金，以保证结算会员账户下发生亏损或结算会员违规时，获得合法利益的一方或没有违规的另一方的权益得到保证。

第二，无负债结算制度。期货交易所每日收市后，期货清算所都将根据每笔交易的开仓价格、平仓价格、每一种合约当日结算价格及前一日结算价格计算每一笔成交产生的盈亏,包括所有当日未平仓合约产生的盈亏,并在此基础上计算每一结算会员当日盈亏总额,用结算会员当日结算前结算账户余额加当日赢利总额或减当日亏损总额得到当日结算账户余额。此余额若大于期货清算所规定的保证金水平,多余部分清算所会员可自由支配;此余额若小于期货清算所规定的保证金水平,结算会员必须立即(在规定的时间内)补充资金,使结算账户余额达到规定的水平。否则,期货清算所将按违规处理程序处罚该结算会员,包括强制平仓。

无负债结算制度的具体操作与我们在后面将要讲到的期货交易结算采用的是相同的原理,我们将作详细介绍。

第三,风险处理制度。当期货清算所会员不能即时足额缴纳结算保证金或不能履行交割义务时,期货清算所通常按如下风险处理程序及问题。首先,将该会员合约账户上的所有未平仓合约按一定的顺序依次平仓,直到平仓所释放的保证金数额达到规定的水平为止;如果平掉全部合约还不能解决问题,则表明该会员的结算账户出现了负数,此时,期货清算所将动用该会员名下的结算准备金来弥补亏损(每一会员在申请成为期货清算所会员时都交纳了一份结算准备金);如果还不够,期货清算所将动用其他期货清算所会员的结算准备金;如果还不够,期货清算所就只能动用期货清算所的风险基金。期货清算所设立的风险基金是期货清算所的最后保证,当该笔基金全部用完还不能解决问题时,期货清算所原则上就破产了。

第四,最高持仓量制度。期货清算所(或期货交易所)通常限制每一个结算会员(或交易会员)在每一种期货合约上的最大持仓量,并逐日进行审查,这就是最高持仓量制度。如果结算会员所持合约数量超过了最高持仓量,期货清算所将用提高其所持合约的保证金金额或强制平仓等措施进行制裁。

六、期货清算所的会员

期货清算所的会员通常按其业务分为三类:

1. 通用会员。通用会员可以为自营期货交易直接与期货清算所结算,可以为通用会员自己代理的交易与期货清算所结算,还可以代理期货交易所其他会员对其他会员的交易(包括自营和代理的交易)与期货交易所进行结算——期货交易所的有些会员不具有期货清算所会员的资格。

2. 普通会员。可以为自己的自营交易与期货清算所进行结算，还可为自己代理的交易与期货清算所进行结算，但不可代理期货交易所其他会员对其他会员的交易（包括自营和代理的交易）与期货交易所进行结算。

3. 本户会员。只能给自己的自营交易与期货清算所办理结算。

通用会员的条件一般很高，通常是资信好、资本雄厚、财务状况健康的大财团、大公司。普通会员多为期货经纪公司。而本户会员多为个人或主营业务较突出的工商企业。

七、期货清算所的主要业务

期货清算所的日常业务大致可分为如下三类：

1. 组织每日结算与交割。主要是组织每日的结算及组织到期未平仓合约的交割等。

2. 会员管理与服务。主要是受理会员资格申请、受理会员资格转让、办理有关会员资格维持的事务、审核会员财务信用状态，并针对发现的问题及时采取措施。

3. 辅助业务。包括内外稽查、事前事后监督、风险基金的管理等。

第三节　期货经纪公司

期货经纪公司指代理客户买卖期货合约的机构（通常以公司的形式存在）。在国外，期货经纪公司也称作期货经纪行、期货佣金商等。期货市场上大部分交易是由期货经纪公司代理的。

需要指出的是：期货交易所会员、期货清算所会员并不一定是期货经纪公司；而期货经纪公司也不一定是期货清算所的会员或期货交易所的会员——它可能不够格。

一、期货经纪公司的设立

在一些国家，由于其公司法适用范围较广，期货经纪公司可按公司法设立。但在更多的国家，比如我国，期货经纪公司作为金融机构，其设立必须按公司法及相关金融法（如《期货经纪公司暂行管理办法》等）的设立程序进行。在我国现实中，申请设立期货经纪公司除符合公司法的规定外，还必须向国家证券管理机构申请。在我国，设立期货经纪公司必要的条件是（2000年的条件）：公司注册资金人民币1000万元以上；法人代表及高级管理人员的条件符合专门的规定；有规定数量的专职专门人员。

二、期货经纪公司的主要业务

期货经纪公司的主要业务按业务所履行的职能的特征可分为两部分。

1. 以客户为中心的经纪性业务

（1）客户发展业务。主要是开发市场、寻找客户。

（2）客户服务业务。主要是向客户介绍、解释交易规则、交易手续，提供和分析市场信息，代办买卖委托手续、报告成交情况、报告盈亏结果等。

2. 以交易、结算、交割为中心的职能性业务

（1）保证金账户管理（盯市）。主要是随时检查每一客户的保证金账户，确保及时发现客户保证金账户资金不足的情况；在客户保证金账户资金不足时，确保客户能及时平仓或追加足额保证金；在客户保证金账户资金不足又不能及时平仓或追加保证金时，保证能及时执行强制平仓制度，以尽量减少期货经纪公司的风险和损失。

（2）理顺与期货清算所的日常结算。每天核对每一客户的每一笔交易是否与期货清算所的记录相一致、盈亏数据是否正确，并与期货清算所进行应收赢利或应付亏损额的交收工作。

（3）落盘。负责在客户的委托交易指令送到期货交易所之前审核客户委托交易指令是否合法、正确；在确认客户委托交易指令合法、正确无误后，立即将客户委托交易指令送到期货交易所的交易主机或期货经纪公司在期货交易所交易池的出市代表手中（在期货成交是由手工进行的情况下，成交是在期货交易所交易大厅——也叫交易池——由各个期货经纪公司的出市代表完成的）。

（4）交割业务。组织到期未平仓合约的实物及货款的交付交收。

三、期货经纪公司分类

以期货经纪公司作为法人的主营业务范围为标准，期货经纪公司可分为三类：

1. 专业期货经纪公司。公司以期货经纪业务为主营业务，通常不再经营其他业务。

2. 证券商兼营期货经纪业务。这类公司以证券业务为主，兼营期货经纪业务。在中国，1999年颁布的《证券法》规定，证券经营机构不得经营期货业务，期货经营机构也不得经营证券业务。

3. 供货厂商兼营期货经纪业务。这些厂商的主营业务是加工、仓储、贸易等，但他们兼营期货经纪业务。

四、经纪人的概念

经纪人是一个广泛应用而又非常含糊不清的概念，有必要作些说明。通常期货经纪人可指经纪机构，也可指个人。不过，多数情况下指个人。当经纪人指个人时，按其工作场所所在地，可分为两大类：

1. 场内经纪人。又称出市代表。他（她）代表期货经纪公司在期货交易所的交易池内完成买卖行为。场内经纪人是在成交时由人工在交易池内完成的交易模式下的产物——在交易是由人工在交易池内完成的交易模式下，场内经纪人的地位是非常显赫的。但在成交是由计算机自动撮合完成的交易模式下，场内经纪人就变成多余的了。

2. 场外经纪人。场外经纪人是那些依附于期货经纪公司、服务客户并从期货经纪公司或客户处获取报酬的人。场外经纪人又有许多类型。他们可以是期货经纪公司的职员也可以不是期货经纪公司的职员。他们的工作内容和获取报酬的方式多是与期货经纪公司或客户协商确定的。

五、期货佣金商的含义

期货佣金商（Futures Commission Merchants，简称FCMs）又称为经纪行或佣金行，是指代表金融、商业机构或一般公众进行期货交易的公司或个人，有的也被称为电话所、经纪人事务所、期货公司等。

期货佣金商一般都是期货交易所的会员，有的也是清算所的会员，他们有资格指派或雇用场内经纪人进行期货交易。因此，期货佣金商是广大非会员交易者参加期货交易的中介（见图3.1）。根据各国期货交易的有关法律，期货佣金商必须是经过注册登记的交易所会员公司。

交易者 —下达指令→ 期货佣金商 —传令→ 期货交易所场内经纪人

图 3.1　非会员通过期货佣金商参与交易

六、期货佣金商的类型

期货佣金商主要有以下几种类型：

1. 主营证券业务的大证券投资公司

这些公司专门设有期货交易部，并在一些期货交易所取得会员资格，代客从事场内的期货交易，收取佣金。这是从事期货经纪业务的最大公司。

2. 期货专营商

期货专营商，又称为期货经纪公司，简称期货公司。小的期货专营商只拥有一个期货交易所的会员资格，为客户从事该交易所的期货交易，大的期货专营商在许多期货交易所拥有会员资格，有的也介入一部分证券业务。期货专营商一般都精通期货交易的各种技巧与做法，他们往往对一种或几种商品的知识和交易特别了解，能为客户提供比较优质的服务。他们主要靠收取佣金盈利。

3. 从事现货交易的公司

一些从事现货交易的公司，其经营的商品与期货商品有密切联系，或多或少也从事一些期货交易，有的取得交易所的会员资格，以较低的佣金和手续费做期货交易。其主要目的是用期货交易来转移现货或实物交易的价格风险，以利于现货交易的顺利进行。例如，储运商，既负责收购粮食，又要负责经营分拨和转售，既与供货人打交道，又与实际用户和加工商有业务联系，因此在整个业务活动中会遇到价格波动的风险。这些公司也代替其他人做期货交易，这样可取得一些固定的手续费收入。

七、期货佣金商的职能

期货佣金商通过与客户签订协议向广大参加期货交易的非会员客户提供服务，具体表现为以下几个方面：

1. 执行客户交易指令

期货佣金商的主要任务就是执行客户交易指令，即雇用场内经纪人或指定出市代表在交易所内具体完成期货买卖。由于场内经纪人或出市代表在期货交易中扮演极其重要的角色，因而期货佣金商对出市代表或场内经纪人有严格的要求。他们往往要经过专门训练，由有关主管部门批准注册登记，才允许进行交易。

具体衡量期货佣金商执行客户指令这一服务的指标如下：

（1）执行交易指令的速度

期货佣金商一般都有健全、完善的通讯网络，能以最快的速度将客户的指令传递到交易所，然后转给交易池内的经纪人，交易完成后，迅速将交易指令的执行情况反馈回来。当然，这要看客户与经纪公司、经纪公司与交易所之间的距离，还要看交易的程序和方式。例如在芝加哥做谷物期货交易，通常从客户下单，到交易指令顺利执行完毕返回客户，一般在五分钟之内。至于金融期货，由于经纪公司直接打电话给场内经纪人，它的回单速度比谷物交易要快，大约在半分钟内就能回单。

（2）场内经纪人执行交易指令的技巧

期货佣金商都愿意雇用业务娴熟、思维敏捷、反应灵活的年轻人来充当场内经纪人。有些经纪人比另一些人更擅长于执行一些特殊的交易指令。在美国，其交易所的交易方式为自由喊价制，更需要场内经纪人具有较高的交易技巧。

（3）随时掌握成交价格的能力

期货佣金商应能不仅随时向客户通报当时的成交价格，而且要向客户提供可能会达成的成交价格的信息，并做出精确的判断。例如某一客户要抛售10万蒲式耳的小麦，在下达指令前往往要想知道在什么价格水平上能达成交易，期货佣金商能否提供精确的成交价格信息完全靠他对信息的掌握程度以及对这种期货商品的了解程度。

2. 作为期货买卖的客户代理

期货佣金商的主要业务是作为客户的代理进行期货交易。代理的事项包括许多方面，其中主要有：

（1）代替客户向清算所保证期货合约的顺利履行；
（2）如果客户要求实际交割，则代客户交货或接受实际货物；
（3）代理客户在交割或平仓时收款和付款；
（4）计算和处理每笔期货交易的押金；
（5）记录客户的盈亏情况等。

3. 向客户提供期货交易的信息和咨询服务

期货佣金商通常都要大量搜集与期货交易有关的信息，分析研究期货市场行情。有的期货佣金商则高薪聘请市场行情分析员（Commodity Analysts），着重分析某项商品期货价格的走势，必要时向客户提供咨询和建议，有的期货佣金商每天或每周定期向客户发送市场信息简报，向大客户提供更详细的商品和市场分析报告。

与一些公开研究机构或新闻媒介提供的信息不同，期货佣金商提供的信息是保密的，而且是针对不同客户提供不同的市场信息和分析。这并不是说期货佣金商对客户的待遇不一样，而是它往往根据不同客户的实际需要来提供信息。

第四节　期货市场交易的参加者

期货市场的特殊交易机制吸引了各行各业、各种各样的人参加交易，有的在交易所场内进行交易，有的不能进入场内，通过会员进行交易，使期货市场富于很强的竞争性和流动性。我们将参加期货交易者按其交易性质的不同划分成以下几类：

一、场内经纪人

在期货交易所，凡是拥有会员资格，进场交易的人员，都称为场内交易者（Floor Traders），我国常称这些人为"出市代表"。他们在交易所的大厅内有自己的交易席位。有些场内交易者为自己的利益进行期货交易；另一些人从交易所外接受大量交易订单,按客户的交易指令进行交易,后者就是场内经纪人(Floor Brokers)。

在交易所的交易厅里,绝大多数的人都是场内经纪人,他们专门代客进行交易,其中有些经纪人从场外几个公司接受交易指令;有些则很专一,只为一个公司代做一种商品的期货交易;另外还有一些场内经纪人则是受雇于期货佣金商,他们通过完成客户的交易指令获取一定的手续费或佣金。

在许多期货交易所里,交易规则允许场内经纪人既为客户代做期货,也可为自己的利益进行交易,这种情况称为"双重身份交易(Dual Trading)"。这种双重身份交易的存在可以调动场内经纪人的积极性,增加期货市场的流动性,对活跃市场有益。但是双重身份交易往往会出现经纪人利益与客户利益相冲突的情况,特别是经纪人会利用客户的订单为自己谋取利润。因此,许多交易所在制定交易规则时都对此有一些特别的规定,防止经纪人滥用双重身份交易,损害客户利益。

例如,芝加哥商品交易所就规定:

(1)经纪人在接到客户市价指令(Market Order)订单时,不能抢先为自己的利益进行交易。

(2)经纪人必须将所有客户的订单进行公开交易,不能将其与自己利益结合起来进行交易,更不能将其与自己的账户进行对冲。

(3)所有客户的订单,在收到和完成时都要打上计时戳。

经纪人必须具有较高的交易技巧。由于每一笔交易的数量和指令都是不同的,他们必须能应付许多不同的交易。他们有时不得不格外注意场内的交易状况,并记住手中的各种交易指令,抓住任何可能成交的机会。在交易繁忙时,他们的交易技巧特别重要。执行指令的速度和准确性是每一位场内经纪人成败的关键,如果在执行交易指令时出了错误,完成交易指令与客户的要求不一致,那么就要由经纪人自己负责,所有的损失都要记入经纪人自己的账户。

二、专业投机商

在期货交易所交易大厅内,只为自己的利益进行期货交易的这部分人被称为专业投机商(Professional Speculators)。国外期货市场专家把他们分成三类:小价位抢帽子者、日交易者和大头寸交易者。

1. 小价位抢帽子者（Unit Change Scalpers）

小价位抢帽子者，有时也被简称为"抢帽子者"，是指那些资金有限、利用期货价格的微小波动赚取蝇头小利的投机者。他们一般是选择合适时机入市，然后再以比上一个市价（Market Price）低一个价位（One Tick）的价格买入期货合约或者以比上一个市价高一个价位的价格卖出期货合约，利用价格的微小变动来取得利润。一个价位指的是交易所规定的价格波动的最小幅度。抢帽子者的交易活动非常快，他们往往保持交易头寸仅几分钟，使得期货市场上的指令或订单完成得非常快，使不同出价者的价格让步最小。抢帽子者的技巧就是要预测一天中最短的价格波动，避免在不利的价格变动中被长时间地套住。他们在市场上不停地变换角色，一会儿是买方，一会儿又变成了卖方。由于抢帽子者的交易行为增加了市场的流动性，所以有的人称他们为"市场制造者"（Market Makers）。

2. 日交易者（Day Trading Scalpers）

日交易者的目的也是投机，但与抢帽子者相比，持仓的数量较大，持仓时间也较长，然而却从来不将交易的头寸保留到第二天。也就是说，日交易者当天入市，当天对冲，当天结算。他们往往具备较高的交易技巧，能预测、解释市场的发展趋势和其他交易者的市场行为趋向。他们往往在判断市场形势的基础上，试图取得套期保值者订单的相反的交易头寸，抓取大量投机者在当天入市前的时间差，在价格上升前购买，在价格下跌前抛售取得成功。

3. 大头寸交易者（Position Traders）

大头寸交易者是专业化很强的投机者，他们经常会在入市时取得较大的交易头寸，而且持仓的时间短则几天，长则一周或两周。他们为了保持相当的灵活性，往往在多个期货交易所进行交易。由于财力雄厚，他们可以在必要时办理实际交割手续。因此，这些人在做期货交易时，对现货市场的情况掌握得也比较熟。

专业投机商对期货市场的运行起着非常重要的作用。他们的交易活动可以增加市场的流动性，填补场外交易者进行交易的时间差。期货市场的成功与否取决于外界交易者的参与深度，以及向场内传递交易指令的数量，而市场的流动性却很大程度上是靠专业投机商取得的。美国期货市场专家沃金曾统计，芝加哥小麦期货交易一天的交易量中，至少有50%是由专业投机商进行的。然而，这些交易却占未平仓数量的14%以下。

三、套期保值者

在期货交易所的交易厅中，有许多交易者代替场外的商业公司或企业进行套期保值。有些公司或企业在交易厅里可能会有好几位场内交易者同时为他们服务。这些套期保值者（Hedgers）根据现货交易市场的活动来进行期货交易，将期货交易与各自所进行或即将进行的现货交易结合起来。他们的交易策略各不相同。有些公司对现货净头寸进行保值；有些则对每一笔现货交易都进行保值。由于大的套期保值订单会引起场内价格的波动，所以许多公司都试图掩盖他们的交易行为，通过不止一位场内交易者来进行交易。

大的套期保值订单在执行时往往会出现价格不一致，因为在订单的执行过程中会影响价格，购入的订单会马上引起价格上涨，出售的订单会马上引起价格下跌。国外有些人称之为套期保值的执行成本（Cost of Execution of Hedging），但对于场内抢帽子者，这却是一大笔收入。在国外的交易所中，投机商的收入水平直接与整个套期保值活动有关，因为市场不能立即将大的套期保值订单吸收掉，而吸收大量套期保值订单的抢帽子者却会利用价格的波动来建立期货交易头寸。

四、大众交易者

参加期货交易的最大个人群体就是通过经纪人代理的广大公众客户。大众投机者解释市场信息，方便套期保值者的风险管理，而且增加了市场的流动性。他们同样是保障期货市场顺利运行的不可缺少的因素。在大众交易者中，一些人凭借自己的判断进行交易；有些人听取账户管理人的建议；还有些参加交易俱乐部（Trading Club）。各种基金（Funds）或有限合伙公司，由组织者来进行交易决策。大众交易者来自各行各业、各地区，他们将期货市场视为投资的场所，其动机通常是取得风险资本的投资利润。目前，在国际期货市场上大众交易者通过有组织的形式，如基金参与期货交易的越来越多，基金投资于期货市场的数额也越来越大，成为国际期货市场不可忽视的一股交易力量。

第四章 期货交易基本制度

为了使期货交易顺利进行，所有的期货交易所都应根据国家有关法律、条例制定自己的期货交易基本制度，它是以交易所为中心的明确的全部交易规范，这实际上是交易所与其会员单位（经纪公司）以及经纪公司与客户之间签订的一种共同契约。

期货交易基本制度包括开市、闭市、报价、成交、记录、停板、交易的结算和保证、交割、纠纷处理及违约处罚等内容，是期货交易一种总的规定，根据业务管理的需要，交易所又制定了各种细则和管理办法，如交割细则、套期保值管理规定、定点仓库管理规定、仓单管理办法等。期货合约也是规则的组成部分。制定期货交易基本制度的目的是为了维持正常交易秩序，保护平等竞争，惩罚违约、制止垄断、操纵市场等不正当的交易行为。

第一节 期货合约

一、期货合约（Futures Contract）的基本概念

期货合约是指由期货交易所统一制定的、规定在将来某一特定的时间和地点交割一定数量和质量的商品的标准化合约。它是期货交易的对象。期货合约是在现货合同和现货远期合约的基础上发展起来的；它们最本质的区别在于期货合约条款的标准化。

在期货市场交易的期货合约，商品的数量、最小变动价位、涨跌停板幅度、质量等级及替代品升贴水标准、交割地点、交割月份等条款都是标准化的，在期货合约中，只有期货价格是唯一变量，在交易所以公开竞价方式产生。

期货合约的标准化，加之其转让无须背书，便利了期货合约的连续买卖，具有很强的市场流动性，极大地简化了交易过程，降低了交易成本，提高了交易效率。

二、期货合约的基本内容（Futures Contract Specification）

期货合约的各项条款设计对期货交易有关各方的利益以及该品种期货交易能否活跃至关重要。期货合约的主要条款如下：

1. 交易品种（Prduct）

合约品种（标的）。以上海期货交易所铜合约为例，合约品种为阴极铜。

2. 交易单位（Trading Unit）

交易单位是指在期货交易所交易的每手期货合约代表的商品的数量。例如，上海期货交易所规定，一手铜期货合约的交易单位为5吨。在交易时，只能以交易单位的整数倍进行买卖。确定期货合约交易单位的大小，主要应当考虑合约商品的市场规模、交易者的资金规模、期货交易所会员结构以及该商品现货交易习惯等因素。一般来说，某种商品的市场规模较大，交易者的资金规模较大，则该合约的交易单位就可以设计得大一些，反之则小一些。我国1994—1995年交易的铜、铝金属合约交易单位是每手25吨（伦敦金属交易所为每手25吨），后来考虑到活跃市场，改为现在的每手5吨。在实际交易中，常以张、手、口来表示买卖的合约数量。

3. 报价单位（Price Quotation Unit）

报价单位是指在公开竞价过程中对期货合约报价所使用的单位，即每计量单位的货币价格。例如，阴极铜的报价单位以元（人民币）/吨表示。

4. 最小变动价位（Tick Size）

最小变动价位是指在期货交易所的公开竞价过程中，对合约商品每计量单位价格报价的最小变动数值。最小变动价位乘以交易单位，就是该合约的最小变动值。例如，上海期货交易所铜合约的最小变动价位是10元/吨，即每手合约的最小变动值是10元/吨×5吨＝50元。

在期货交易中，每次报价必须是其合约规定的最小变动价位的整数倍。期货合约最小变动价位的确定，通常取决于该合约商品的种类、性质、市场价格波动情况和商业规范等。

最小变动价位对市场交易的影响比较密切。一般而言，较小的最小变动价位有利于市场流动性的增加。如果最小变动价位过大，将会减少交易量，影响市场的活跃，不利于套利和套期保值的正常运作；如果最小变动价位过小，将会使交易复杂化，增加交易成本，并影响数据的传输速度。

我国铜、铝最小变动价位是10元/吨；天然橡胶5元/吨；其余的均为1元/吨。

5. 涨跌停板幅度（Daily Price Limits）

涨跌停板幅度指当天相对前一天结算价上下波动最大幅度限制，例如铜的涨跌停板的幅度为上一天结算价格±3%。涨跌停板幅度设计是为了限制当天价格波动的幅度控制期货交易风险。如果连续出现涨跌停板，交易所要扩大涨跌停板的幅度。铜的第二天的涨跌幅度停板为±4%，第三天为±5%，如果连续三天出现单边市（连续涨停板或连续跌停板），交易所实现强制平仓。

我国所有商品期货均有涨跌停板，且均为±3%，而国际上有的交易所有涨跌停板限制，有的则没有涨跌停板的限制，如英国的期货交易所没有涨跌停板的限制，日本东京工业品交易所也没有涨跌停板的限制。

6. 合约交割月份（Delivery Months）

合约交割月份是指某种期货合约到期要交割的月份。期货合约的到期实物交割比例很小，期货合约的交割月份由期货交易所规定，期货交易者可自由选择交易不同交割月份的期货合约。

某种商品期货合约交割月份的确定，一般由其生产、使用、消费等特点决定。例如，许多农产品期货的生产与消费具有很强的季节性，因而其交割的月份的规定也具有季节性特点。此外，合约交割月份的确定还受该合约商品的储藏、保管、流通、运输方式和特点的影响，因此，有些品种的合约交割月份间隔较短，而有些较长。我国上海期货交易所的铜交割月份为1年的每个月，一般来说，交割月份有每月、单月、双月、季月、滚动月份等种类。

滚动交割月份相对而言复杂些，如香港恒生指数期货采取当月、下月及最近两个季月交割月（若1月是现货月，合约交割月份便为1月、2月、3月及6月）的方法，而伦敦金属交易所（LME）则是采取逐日交割的方式，金融期货交割月份一般是季月即3月、6月、9月、12月。

7. 交易时间（Trading Hours）

期货合约的交易时间是固定的，每个交易所对交易时间都有严格的规定。一般每周营业5天，周六、周日及国家法定节假日休息。一般每个交易日分为两盘，即上午盘和下午盘。各交易品种的交易时间安排由交易所公告。

我国交易时间为周一至周五9：00~11：30，13：00~15：00，国外的交易所，不同交易所的交易时间不同，电子交易则是全天候24小时交易。

8. 最后交易日（Last Trading Day）

最后交易日是指某种期货合约在合约交割月份中进行交易的最后一个交易日，过了这个期限的未平仓期货合约（即买进的合约还未卖出，或卖出的合约还没有买进了结），必须进行实物交割。根据不同期货合约商品的生产、消费和交易特点，期货交易所确定其不同的最后交易日。如铜的最后交易为合约交割月份15日（遇法定假日顺延）。

9. 交割日期（Days of Delivery）

交割日期，是指合约商品所有权进行转移，以实物交割方式了结未平仓合约的时间。如铜的交割日期为交割月的16~20日（遇法定假日顺延）。

10. 交割等级（Delivery Grades）

交割等级是指由期货交易所统一规定的、准许在交易所上市交易的合约商品的质量等级。在进行期货交易时，交易双方无须对商品的质量等级进行协商，发生实物交割时按交易所期货合约规定的标准质量等级进行交割。期货交易所在制定合约商品的等级时，常常采用国内或国际贸易中最通用和交易量较大的标准品的质量等级为标准交割等级。铜的标准等级为符合GB/T467—1997标准的阴极铜，其中主成分铜加银含量不小于99.95%。

一般来说，为了保证期货交易顺利进行，许多期货交易所都允许在实物交割时，实际交割的商品的质量等级与期货合约规定的标准交割等级有所差别，即允许用与标准品有一定等级差别的商品作替代交割品。替代品的质量等级和品种一般也由期货交易所统一规定。交货人用期货交易所认可的替代品代替标准品进行实物交割时，收货人不能拒收。用替代品进行实物交割时，价格需要升贴水（即比标准品价格高或低）。替代品的实际价格，一般可按替代品等级是高于还是低于标准交割等级而进行升水（Premium）或者贴水（Discount）。替代品与标准品之间的等级差价，即升贴水标准，也由交易所统一规定，并可根据该合约商品的市场行情适时调整。铜的替代品有两种：第一种为高级阴极铜，符合 GB/T467—1997 高级阴极铜规定；第二种为伦敦金属交易所注册阴极铜，符合 BS EN1978：1998 标准，至 2003 年 7 月，美国、智利等 20 个国家，64 个品牌的注册商标可作为上海期货交易所的替代交割商品，其中智利 15 个品牌，美国 9 个品牌。

11. 交割地点（Delivery Points）

交割地点，是指由期货交易所统一规定的，进行实物交割的指定交割仓库。

由于在商品期货交易中大多涉及实物商品的交割，因此统一指定交割仓库，可以保证卖方交付的商品符合期货合约规定的数量与质量等级，保证买方收到符合期货合约规定的商品，防止商品在储存与运输过程中出现损坏现象。一般来说，期货交易所在指定交割仓库时主要考虑的因素是：指定交割仓库所在地区的生产或消费集中程度、储存条件、运输条件以及质检条件等。负责金融期货交割的指定银行，必须具有良好的金融资信、较强地进行大额资金结算的业务能力，以及先进、高效的结算手段和设备。至 2003 年 7 月底，上海期货交易所铜的交割仓库有上海外高桥保税区联合发展有限公司等 17 个交割仓库。

12. 交易保证金（Trade Margin）

交易保证金是交易所规定的按合约价值一定比例的履约金（在后述保证金制度中详细介绍）。

13. 交易手续费（Trading Fee）

交易手续费是期货交易所按成交合约金额的一定比例或按成交合约手数收取的费用。交易手续费的收取标准，不同的期货交易所均有不同的规定。交易手续费的高低对市场流动性有一定影响。交易手续费过高，会增加期货市场的交易成本，扩大无套利区间，降低市场的交易量，不利于市场的活跃，但也可起到抑制过度投机的作用。铜的交易手续费≤成交金额的万分之二（含风险准备金）。

14. 交割方式（Delivery Methods）

期货交易的交割方式分为实物交割（Physical Delivery）和现金交割（Cash Delivery）两种。在最后交易日结束后，手中还有未平仓合约的买方必须买进相应合约的商品，卖方必须卖出相应合约的商品这是实物交割方式；如果在最后交易日还持有未平仓合约的，不必买入或卖出相应合约的"商品",如利率期货中的国债期货,不必买卖对应的国债现货,按其现货价格折算成现金进行盈亏结算。商品期货通常采取实物交割方式,金融期货大多采用现金交割方式。铜是采用实物交割方式。

15. 交易代码（Trading Symbol）

为便于交易,每一期货品种都有交易代码,如我国期货市场中,大豆合约的交易代码为 S,阴极铜合约的交易代码为 Cu,硬质小麦合约的交易代码为 Wt,铝合约的交易代码为 Al,豆粕合约的交易代码为 M,天然橡胶合约的交易代码为 Ru。如果交割月份是 2003 年 11 月的铜,那么该交易代码是 Cu0311。

三、我国目前上市交易期货合约举例

表 4.1　上海期货交易所阴极铜标准合约

交易品种	阴极铜
交易单位	5 吨/手
报价单位	元（人民币）/吨
最小变动价位	10 元/吨
每日价格最大波动限制	不超过上一交易日结算价±4%
合约交割月份	1－12 月
交易时间	上午 9：00—11：30　下午 1：30—3：00
最后交易日	合约交割月份的 15 日（遇法定假日顺延）
交割日期	合约交割月份的 16 日至 20 日（遇法定假日顺延）
交割品级	标准品：标准阴极铜,符合国标 GB/T467—1997 标准阴极铜规定,其中主成分铜加银含量不小于 99.95%。 替代品：1. 高级阴极铜,符合国标 GB/T467－1997 高级阴极铜规定； 2. LME 注册阴极铜,符合 BS EN 1978：1998 标准（阴极铜等级牌号 Cu－CATH－1）
交割地点	交易所指定交割仓库
最低交易保证金	合约价值的 5%
交易手续费	不高于成交金额的万分之二（含风险准备金）
交割方式	实物交割
交易代码	CU
上市交易所	上海期货交易所

表4.2　上海期货交易所天然橡胶标准合约

交易品种	天然橡胶
交易单位	5吨/手
报价单位	元（人民币）/吨
最小变动价位	5元/吨
每日价格最大波动限制	不超过上一交易日结算价±4%
合约交割月份	1、3、4、5、6、7、8、9、10、11月
交易时间	上午9：00-11：30　下午1：30-3：00
最后交易日	合约交割月份的15日（遇法定假日顺延）
交割日期	合约交割月份的16日至20日（遇法定假日顺延）
交割品级	标准品：1. 国产一级标准橡胶（SCR5），质量符合国标GB/T8081-1999；2. 进口3号烟胶片（RSS3），质量符合《天然橡胶等级的品质与包装国际标准（绿皮书）》(1979年版)
交割地点	交易所指定交割仓库
最低交易保证金	合约价值的5%
交易手续费	不高于成交金额的万分之一点五（含风险准备金）
交割方式	实物交割
交易代码	RU
上市交易所	上海期货交易所

表4.3　上海期货交易所燃料油标准合约

交易品种	燃料油
交易单位	10吨/手
报价单位	元（人民币）/吨
最小变动价位	1元/吨
每日价格最大波动限制	上一交易日结算价±5%
合约交割月份	1-12月（春节月份除外）
交易时间	上午9：00-11：30　下午1：30-3：00
最后交易日	合约交割月份前一月份的最后一个交易日
交割日期	最后交易日后连续五个工作日
交割品级	180CST燃料油（具体质量规定见附件）或质量优于该标准的其他燃料油
交割地点	交易所指定交割地点

续表

最低交易保证金	合约价值的8%
交易手续费	不高于成交金额的万分之二（含风险准备金）
交割方式	实物交割
交易代码	FU
上市交易所	上海期货交易所

表4.4　上海期货交易所锌标准合约

交易单位	5吨/手
报价单位	元（人民币）/吨
最小变动价位	5元/吨
每日价格最大波动限制	不超过上一交易日结算价±4%
合约交割月份	1－12月
交易时间	上午9：00—11：30　下午1：30—3：00
最后交易日	合约交割月份的15日（遇法定假日顺延）
交割日期	最后交易日后连续五个工作日
交割品级	标准品：锌锭，符合国标GB470－1997标准中ZN99.995规定，其中锌含量不小于99.995％。
交割地点	交易所指定交割仓库
最低交易保证金	合约价值的5%
交易手续费	不高于成交金额的万分之二（含风险准备金）
最小交割单位	25吨
交割方式	实物交割
交易代码	ZN
上市交易所	上海期货交易所

表4.5　郑州商品交易所菜籽油期货合约

交易品种	菜籽油
交易单位	5吨/手
报价单位	元（人民币）/吨
最小变动价位	2元/吨
每日价格最大波动限制	不超过上一交易日结算价±4%

续表

合约交割月份	1、3、5、7、9、11月
交易时间	每周一至周五（北京时间 法定节假日除外） 上午9：00－11：30 下午13：30－15：00
最后交易日	合约交割月份第10个交易日
最后交割日	合约交割月份第12个交易日
交割品级	基准交割品：符合《郑州商品交易所期货交易用菜籽油》（Q/ZSJ 003 －2007）四级质量指标及《郑州商品交易所菜籽油交割细则》规定的菜籽油。替代品及升贴水：见《郑州商品交易所菜籽油交割细则》
交割地点	交易所指定交割仓库
最低交易保证金	合约价值的5%
最高交易手续费	4元/手（含风险准备金）
交割方式	实物交割
交易代码	RO
上市交易所	郑州商品交易所

表4.6 郑州商品交易所优质强筋小麦期货合约

交易品种	优质强筋小麦
交易单位	10吨/手
报价单位	元（人民币）/吨
最小变动价位	1元/吨
每日价格最大波动限制	不超过上一交易日结算价±3%
合约交割月份	1、3、5、7、9、11月
交易时间	上午9：00－11：30 下午1：30－3：00
最后交易日	合约交割月份的倒数第七个交易日
交割日期	合约交割月份的第一个交易日至最后交易日
交割品级	标准交割品：符合郑州商品交易所期货交易用优质强筋小麦标准（Q/ZSJ 001－2003）二等优质强筋小麦，替代品及升贴水见《郑州商品交易所交割细则》
交割地点	交易所指定交割仓库
交易保证金	合约价值的5%
交易手续费	2元/手（含风险准备金）
交割方式	实物交割
交易代码	WS
上市交易所	郑州商品交易所

表4.7　郑州商品交易所硬冬白小麦期货合约

交易品种	硬冬白小麦
交易单位	10 吨/手
报价单位	元（人民币）/吨
最小变动价位	1 元/吨
每日价格最大波动限制	不超过上一交易日结算价 ±3%
合约交割月份	1、3、5、7、9、11 月
交易时间	上午 9：00—11：30　下午 1：30—3：00
最后交易日	合约交割月份的倒数第七个交易日
交割日期	合约交割月份的第一个交易日至最后交易日
交割品级	标准交割品：二等硬冬白小麦符合 GB 1351 – 1999 替代品及升贴水见《郑州商品交易所交割细则》替代品：一等、三等硬冬白小麦符合 GB 1351 – 1999
交割地点	交易所指定交割仓库
交易保证金	合约价值的5%
交易手续费	2 元/手（含风险准备金）
交割方式	实物交割
交易代码	WT
上市交易所	郑州商品交易所

表4.8　郑州商品交易所一号棉花期货合约

交易品种	一号棉花
交易单位	5 吨/手（公定重量）
报价单位	元（人民币）/吨
最小变动价位	5 元/吨
每日价格最大波动限制	不超过上一交易日结算价 ±4%
合约交割月份	1、3、5、7、9、11 月
交易时间	星期一至星期五（法定节假日除外）： 上午：9：00—11：30　下午：1：30—3：00
最后交易日	合约交割月份的第 10 个交易日
交割日	合约交割月份的第 12 个交易日
交割品级	基准交割品：328B 级国产锯齿细绒白棉（符合 GB1103 – 1999）替代品及其升贴水，详见交易所交割细则

续表

交割地点	交易所指定棉花交割仓库
最低交易保证金	合约价值的5%
交易手续费	8元/手（含风险准备金）
交割方式	实物交割
交易代码	CF
上市交易所	郑州商品交易所

表4.9　郑州商品交易所白糖期货合约

交易品种	白砂糖
交易单位	10 吨/手
报价单位	元（人民币）/吨
最小变动价位	1元/吨
每日价格最大波动限制	不超过上一个交易日结算价±4%
合约交割月份	1、3、5、7、9、11月
交易时间	每周一至周五（法定节假日除外） 上午9：00—11：30　下午1：30—3：00
最后交易日	合约交割月份的第10个交易日
交割日	合约交割月份的第12个交易日
交割品级	标准品：一级白糖（符合《郑州商品交易所白砂糖期货交割质量标准》（Q/ZSJ002－2005））；替代品及升贴水：见《郑州商品交易所白糖交割细则》
交割地点	交易所指定仓库
最低交易保证金	合约价值的6%
交易手续费	4元/手（含风险准备金）
交割方式	实物交割
交易代码	SR
上市交易所	郑州商品交易所

表4.10　郑州商品交易所精对苯二甲酸期货合约

交易品种	精对苯二甲酸（PTA）
交易单位	5吨/手
报价单位	元（人民币）/吨
最小变动价位	2元/吨
每日价格最大波动限制	不超过上一个交易日结算价±4%
合约交割月份	1、2、3、4、5、6、7、8、9、10、11、12月
交易时间	每周一至周五（法定节假日除外） 上午9：00—11：30　下午1：30—3：00
最后交易日	交割月第10个交易日
交割日	交割月第12个交易日
交割品级	符合工业用精对苯二甲酸SH/T 1612.1-2005质量标准的优等品PTA 详见《郑州商品交易所精对苯二甲酸交割细则》
交割地点	交易所指定仓库
最低交易保证金	合约价值的6%
交易手续费	不高于4元/手（含风险准备金）
交割方式	实物交割
交易代码	TA
上市交易所	郑州商品交易所

表4.11　大连商品交易所最新玉米期货合约（自C0709及其后续合约实施）

交易品种	黄玉米
交易单位	10吨/手
报价单位	元（人民币）/吨
最小变动价位	1元/吨
涨跌停板幅度	上一交易日结算价的±4%
合约月份	1、3、5、7、9、11月
交易时间	每周一至周五　上午9：00~11：30　下午13：30~15：00
最后交易日	合约月份第十个交易日
最后交割日	最后交易日后第二个交易日
交割等级	大连商品交易所玉米交割质量标准
交割地点	大连商品交易所玉米指定交割仓库

续表

最低交易保证金	合约价值的5%
交易手续费	不超过3元/手
交割方式	实物交割
交易代码	C
上市交易所	大连商品交易所

表4.12 大连商品交易所玉米期货合约

交易品种	黄玉米
交易单位	10 吨/手
报价单位	元（人民币）/吨
最小变动价位	1元/吨
涨跌停板幅度	上一交易日结算价的±4%
合约月份	1、3、5、7、9、11月
交易时间	每周一至周五 上午9：00～11：30　下午13：30～15：00
最后交易日	合约月份第十个交易日
最后交割日	最后交易日后第二个交易日
交割等级	符合《大连商品交易所玉米交割质量标准（FC/DCE D001－2004）》
交割地点	大连商品交易所玉米指定交割仓库
最低交易保证金	合约价值的5%
交易手续费	不超过3元/手
交割方式	实物交割
交易代码	C
上市交易所	大连商品交易所

表4.13 大连商品交易所黄大豆1号期货合约

交易品种	黄大豆1号
交易单位	10 吨/手
报价单位	人民币
最小变动价位	1元/吨
涨跌停板幅度	上一交易日结算价的±4%
合约交割月份	1、3、5、7、9、11月

续表

交易时间	每周一至周五 上午9：00—11：30　下午13：30—15：00
最后交易日	合约月份第十个交易日
最后交割日	最后交易日后七日（遇法定节假日顺延）
交割等级	具体内容见附表（略）
交割地点	大连商品交易所指定交割仓库
交易保证金	合约价值的5%
交易手续费	不超过4元/手
交割方式	集中交割
交易代码	A
上市交易所	大连商品交易所

表4.14　大连商品交易所黄大豆2号期货合约

交易品种	黄大豆2号
交易单位	10吨/手
报价单位	元（人民币）/吨
最小变动价位	1元/吨
涨跌停板幅度	上一交易日结算价的±4%
合约月份	1、3、5、7、9、11月
交易时间	每周一至周五 上午9：00—11：30　下午13：30—15：00
最后交易日	合约月份第10个交易日
最后交割日	最后交易日后第3个交易日
交割等级	符合《大连商品交易所黄大豆2号交割质量标准（FB/DCE D001－2005）》
交割地点	大连商品交易所指定交割仓库
最低交易保证金	合约价值的5%
交易手续费	不超过4元/手
交割方式	实物交割
交易代码	B
上市交易所	大连商品交易所

表 4.15　大连商品交易所最新豆粕期货合约（自 M0703 合约起执行）

交易品种	豆粕
交易单位	10 吨/手
报价单位	元（人民币）/吨
最小变动价位	1 元/吨
涨跌停板幅度	上一交易日结算价的 ±4%
合约月份	1、3、5、7、8、9、11、12 月
交易时间	每周一至周五　9：00—11：30　13：30—15：00
最后交易日	合约月份第 10 个交易日
最后交割日	最后交易日后第 4 个交易日
交割等级	大连商品交易所豆粕交割质量标准
交割地点	大连商品交易所指定交割仓库
最低交易保证金	合约价值的 5%
交易手续费	不超过 3 元/手
交割方式	实物交割
交易代码	M
上市交易所	大连商品交易所

表 4.16　大连商品交易所豆油期货合约

交易品种	大豆原油
交易单位	10 吨/手
报价单位	元（人民币）/吨
最小变动价位	2 元/吨
涨跌停板幅度	上一交易日结算价的 ±4%
合约月份	1、3、5、7、8、9、11、12 月
交易时间	每周一至周五 上午 9：00—11：30　下午 13：30—15：00
最后交易日	合约月份第 10 个交易日
最后交割日	最后交易日后第 3 个交易日
交割等级	大连商品交易所豆油交割质量标准
交割地点	大连商品交易所指定交割仓库
最低交易保证金	合约价值的 5%

续表

交易手续费	不超过 6 元/手
交割方式	实物交割
交易代码	Y
上市交易所	大连商品交易所

第二节 保证金制度

在早期商品交易所建立之初，就遇到远期合同履行的保障问题，由此而发展起来一项保证金制度。在美国，芝加哥商品交易所于 1865 年率先实行了保证金制度，由达成交易的双方各自向交易所交纳占总交易额一定百分比的履约保证金，如果一方违约，其所交纳的保证金即作为另一方的补偿。随着标准期货合约的出现，特别是独立的期货交易清算机构的建立，期货市场的运行机制逐渐完善。在现代期货市场中，保证金制度的建立与实施一律由清算所负责，其目的就是要保障期货交易的顺利运行，防止违约现象的出现。

一、保证金制度的含义

保证金（Margin），在期货交易中指期货合约的买方和卖方在达成交易后按期货交易规则向清算所交纳的履约保证金。

清算所要求每一位清算会员都在清算所开立一个保证金账户。每笔交易，无论是买，还是卖，交易者都要根据清算所的规定交纳一定数额的保证金。非会员客户向会员交纳相应的保证金。

收取保证金的目的就是使清算所在任何时候都不负债，保证其在任何时候都能作为第三者向期货交易的所有人负责。因此，保证金制度是维持期货市场正常运行的根本制度之一。

由于保证金是会员以及期货交易参加者确保履约的一种财力保证，因此既可以缴纳现金作为保证金，也可以提供其他财物作为保证金，如可兑换的其他货币、股票、国家债券或国库券等。

二、保证金的种类

期货交易参加者在入市前要与期货佣金商签订代理协议,其中规定交易者要交纳一定数量的交易保证金,作为期货佣金商所掌握的基本财力保证。而真正在交易达成后缴纳的保证金是清算所规定的结算保证金。

清算所规定的结算保证金有如下几种:

1. 初始保证金(Initial Margin)

初始保证金,也被称为原始保证金(Original Margin),是指期货交易的参加者在达成期货交易、建立交易头寸后交纳的保证金。

(1)初始保证金的数额

清算所要求会员交纳的初始保证金一般为每笔期货交易持仓总额的5~10%。清算所规定的保证金的百分比数额是根据期货市场交易风险,以及每日价格波动的极限确定的。也就是说,每笔交易的初始保证金要最大限度地覆盖交易所内期货商品期货价格每天变动的最大幅度。

清算所通常根据交易的不同性质确定初始保证金与持仓总额的比例。对于纯投机者,往往要求交纳较高的初始保证金,而对于套期保值者则要求交纳较少的保证金。清算所还根据交易情况随时对初始保证金的比例进行调整。

总之,进行期货交易往往需要交纳一定的保证金,但初始保证金一般不超过持仓额的20%,而股票市场的保证金一般在50%~100%之间,其主要原因是股票交易的保证金与期货交易的保证金性质不同,股票交易的保证金是为了购买股票而支付的订金,而期货交易的保证金则是交易者良好信誉的保证。

正是因为期货交易所需要的保证金较少,所以期货市场提供的"杠杆效应"(Leveraged Effect)较大。因此,大量的投机者涌入期货市场,试图以小搏大,以较少的资金控制几倍甚至于几十倍的资产,以赚取高额利润,致使期货市场吸收了大量的投机资本,也因此而增加了市场的流动性。

(2)初始保证金的交纳方式

初始保证金是由会员在交易达成后向清算所交纳的,一般的清算所都规定初始保证金必须在下一个交易日开市前拨入会员在清算所的账户。有的交易所规定交纳保证金的时限,如芝加哥商品交易所规定,初始保证金要在交易达成后 24 小时之内存入清算所的账户。

会员公司向清算所交纳的保证金是按净头寸（Net Positions）计算的，也就是按会员持仓的空头和多头交易头寸之差来交纳的。例如，某清算会员有数个客户同时参与交易，有的买进 12 月份的玉米期货合约，有的卖出 12 月份的玉米期货合约，如果多头与空头数量相等，则清算会员就无须再向清算所交纳任何保证金。而清算会员的各个客户，则仍要按各自交易的情况向清算会员交纳相应的保证金。有的会员客户较多，则可将客户交纳的保证金省下来投资于证券或其他领域。

2. 追加保证金（Variation Margin 或 Call Margin）

追加保证金，是参加期货交易者在保证金账户的金额下降时要向清算所补足的保证金。追加保证金也有两种情况：一是清算会员向清算所交纳的追加保证金；另一种是客户向清算会员交纳的追加保证金。

（1）清算会员交纳的追加保证金

清算所为了保证交易顺利履行，杜绝违约现象，清算所对会员的保证金账户采取"逐日盯市"（Marking to Market）的原则，每日核算交易的盈亏状况。具体做法是，清算所将每日的清算价格（Settlement Price）与前一交易日的清算价格作比较，确定每日价格波动的方向和幅度，然后再以清算价格的变化来确定会员是盈利，还是亏损，以及盈利或亏损的幅度。只要会员在清算所有净头寸（未平仓的合约），清算所都要负责记录盈亏，如果盈利，就贷记会员的保证金账户；如果亏损，就借记会员的保证金账户。实际上，清算所每天都将亏损者的保证金转移到盈利者的账户。现举例说明如下：

假如 A、B 为两位清算所的会员，两位会员达成了 5000 蒲式耳的一张小麦期货合约，A 是多头者，B 是空头者，成交时的价格为 2.75 美元，双方各向清算所交纳 2000 美元的初始保证金。第二天价格上涨到 2.77 美元（清算价格），交易者 A 在账面上就有了 100 美元的利润，保证金账户金额增至 2100 美元。而交易者 B 则有 100 美元的亏损，保证金账户的余额减至 1900 美元。第三天，价格继续上涨，清算价格变成 2.78 美元，交易者 A 又盈利 50 美元，保证金账户余额增至 2150 美元；而交易者 B 又亏损了 50 美元，保证金账户减至 1850 美元。第四天，清算价格降低至 2.71 美元，这样交易者 A 当天亏损达 350 美元，而交易者 B 盈利了 350 美元（见表 4.18）。

表4.18 保证金账户变动情况

交易日	清算价格	交易者 A（多头）每日盈亏	交易者 A（多头）账户余额	交易者 B（空头）每日盈亏	交易者 B（空头）账户余额
1	$2.75	$0	$2000	$0	$2000
2	2.77	+100	2100	-100	1900
3	2.78	+50	2150	-50	1850
4	2.71	-350	1800	+350	2200

清算所在核算会员盈亏时，并不只是负责记账，它还要求每位亏损的会员将亏损账户余额补足，以防亏损严重的会员发生违约。因此，清算所每天都要向亏损的会员发出追加保证金的通知（Margin Calls），要求会员及时交纳追加保证金，使会员保证金账户的余额在任何时候都保持在净持仓数额的5%~10%的初始保证金水平，另一方面，盈利的交易者可随时将其盈利转移出保证金账户。

清算会员为了使自己不负债，对于委托交易的非会员客户也要索取相应的保证金。

（2）客户向会员交纳的追加保证金

会员公司（清算会员或期货公司）通常会根据具体情况要求客户交纳相应的追加保证金，有的会员要求客户在一小时之内立即通过银行转账，有的则要求转天交纳。

会员在收取初始保证金时，往往给客户规定一个维持保证金（Maintenance Margin）水平，通常约为交易保证金数额的四分之三。维持保证金是会员要求其客户保持在保证金账户内的最低履约保证金余额。当客户的保证金账户余额低于维持保证金水平时，会员就会发出一个追加保证金的通知，必须将保证金账户余额补足，达到交易保证金的水平。现举例说明如下：

某一客户的保证金账户的变化是这样的（见表4.19）：第一天是以2.75美元的价格买入1个玉米期货的合约，交易保证金为2000美元，期货佣金商（清算会员）规定的维持保证金水平为1750美元。第二天，价格上涨，清算价格为2.76美元，这位客户赚了50美元。第三天价格下跌，至2.73美元，这位客户仍未平仓。第四天价格跌至2.68美元，客户共亏损350美元，账户余额为1650美元，低于维持保证金水平，那么这一天，期货佣金商马上会向客户发出追加保证金的通知，要求客户交纳追加保证金350美元。这样，保证金账户又恢复到交易保证金的水平，但客户的投资总额却增加到2350美元。

表4.19 追加保证金的交纳情况

交易日	清算价格	每天盈亏变化	出资额	账户余额
1	2.75		2000	2000
2	2.76	+50	2000	2050
3	2.73	−150	2000	1900
4	2.68	−250	2000	1650
交纳追加保证金共计350美元			2350	2000

维持保证金的水平是1750美元。

如果客户或清算所会员发生亏损，不交纳追加保证金，那么按交易规则，清算会员和客户将暂停交易，清算所或会员有权代替强行平仓，亏损部分由所交纳的保证金或其他方式来补偿。

第三节 实物交割制

一、实物交割制度的含义

在期货市场上，对于绝大多数的代表实际商品或金融工具的期货合约，交易所或清算所都允许交易者进行实物交割，以此作为买卖双方履行期货合约的一种方式。

尽管清算所本身不接受或交付实际货物，但是它往往建立一种实物交割机制，规定实物交割的程序。清算所的替代功能使清算所有义务将愿意接受实物的多头交易者与愿意交付实物的空头交易者调配在一起。多数交易所和清算所都规定，实际货物往往是交付给那些保持交易头寸时间最长的交易者。当然，清算所只与那些代表持仓最长者的清算会员公司发生实物交割关系。会员公司则在他的内部账户中找到持仓时间最长的客户，并向他进行实物交割。

二、实物交割制度的程序

在期货合约的实物交割中,一般空头者占主动。首先由代表实际交割空头者的会员公司,按照清算所的规定,在限定的时间内向清算所发出交割通知(Delivery Notice)。此交割通知意味着要求清算所在清算账户中调配一名多头者来接受实物交割,而空头者并不知道谁会成为他的对方,交割通知上也没有买方的姓名。然而,在交割通知上往往要列上所有的交割条件,包括交割日期、交割地点、货物的品级、价格,以及其他的一些详细的条款。

清算所收到交割通知后,就会在所有清算会员的账户中找到有义务接受实物的多头持仓者。至于在所有可能接受实物的多头持仓者中,谁来接受实物交割,一般每个不同的清算所都有自己的规则和选择程序。大多数情况下,清算所首先会通知持仓时间最长的会员公司。有些交易所的规则是将交割通知按比例分摊给不同会员的最长多头持仓者。

收到交割通知的多头者如何处理交割通知,则要看各交易所及期货合约条款对交割通知的不同规定。在交割通知的处理上,各交易所或清算所的规定有所不同,但基本上有两种情况:一种是可转让的交割通知;另一种是不可转让的交割通知。

签发可转让的交割通知主要是考虑接受通知的多头者有时并不需要实际货物,因此他可以将交割通知转给另一位买主。例如,在纽约棉花交易所,不愿接受实际货物的多头者只需在交易池内将交货通知转售给其他人,这种转售的交易必须在多头者收到交割通知后的半小时之内达成,否则就被认为已经接受了交割通知,多头者就必须去收取货物。

如果交割通知是不可转让的,接受交割通知的多头者必须将其保留到下一个交易日,并支付多头者实物商品的储存费用。然后,如果交割通知的持有者不愿意收取实际货物,他就会再签发一张新的交割通知给清算所,再由清算所将新的交割通知调配给另一位买者。例如芝加哥商品交易所使用的就是不可转让的交割通知。

一旦有最终买主接受了"交割通知",买卖双方就都被确定了下来,于是买方和卖方按交易所或清算所的规定会调整合约不同规格之间的差价,多头者出具支票向清算所支付货款，用以换取代表实际货物的仓单。

三、实物交割制度的重要性

对于绝大多数期货合约，实物交割制度是非常重要的，这主要是因为实物交割制度可以保证期货市场价格的走势能够充分反映现货市场的基本供求状况，使期货市场与现货市场保持紧密联系。期货市场价格与现货市场价格的走势基本保持一致和趋合。

如果这两个市场出现脱节，期货市场价格与现货市场价格出现严重背离，那么，交易者可以在这两个市场之间进行选择，在价格较低的市场上购进，同时在价格较高的市场上抛售，转移实际货物的所有权，交易者就可不费力气来赚取这两个市场间的差价。因为实物交割使期货市场的多头者或空头者有多种选择权，在任何时候都有可能将期货合约变成类似现货市场的远期交货合同。

因此，期货市场的实物交割制度可以说在根本上保障了期货市场的价格能够与现货市场价格相衔接，保证期货市场上形成的价格是一个"权威价格"，能真实地反映期货商品的供求关系。它是期货市场价格发现机制中不可缺少的重要保证制度之一。

第四节　价格制度

价格是期货市场交易者关心的主要问题。期货市场的价格制度主要指两个方面：一是指期货交易价格的形成制度；二是指期货市场的限价制度。

一、期货价格的形成制度

综观世界上各期货交易所，期货价格形成制度不外乎有三种：一价制、公开喊价制和计算机交易制。

1. 一价制（Group Trade System）

一价制又称为集体交易制。采用这种价格形成制度的交易所是将每个交易日的开市时间分成若干节（Sessions），每一小节进行一种期货合约的交易。在小节开始时，由主持交易的主席（Call Chairman）按铃叫出第一个买卖价。如果场内的交易者认为手中所持交易指令的价位合适，即以手势表示买卖的合约数，主持人逐一宣布买卖的场内交易者的公司代号和买卖合约数。主持人两边的助手分别登记主持人宣布的合约数，并进行计算，得出两个数：一是买入期货合约的总数，一是卖出期货合约的总数。然后，主持人宣布买入总数和卖出总数的差数。若卖出总数大于买入总数，主持把价格调低一个价位报出；若买入总数大于卖出总数，则主持人把价格调高一个价位报出。价格一经报出，场内交易者再以手势表示买入和卖出的合约数，主持人再宣布各位场内交易者的代号和合约数，主持人的助手再记录、再计算，主持人再宣布差数，再报调整价格，直到买入的总数和卖出的总数相等，这时主持人即按铃表示交易完毕。所有参加交易者都以主持人最后在买卖数量相等时报出的价格达成交易。各位场内交易者均要在合约上填上公司名称、交易数量、交货月份等，签名交主持人助手，完成交易程序。

由于期货有不同的交割月份，每一小节的交易，由最近期的月份开始，一个月做完之后按铃开始下一个月份，直至所有月份做完为止。

这种价格形成制度一般适用于一些交易不太活跃的期货交易所。日本和英国等地的一些期货交易所多采用这种一价制。

2. 公开喊价制（Open Out Cry System）

公开喊价制有些类似于街市自由议价的方式，所有的场内交易者都拥挤在交易所的交易池内，用喊价或手势来表示期货交割月份、合约数量及价格。

公开喊价制是一种公开双向的竞价方式，买方和卖方都同时出价，讨价还价也比较激烈，因此要求场内交易者有较高的交易技巧。另外，由于公开喊价制让所有场内交易者公开面对面地激烈竞价，所以期货交易所交易池内的气氛相当热烈，交易时的喊价声响彻整个大厅。这种气氛有助于调动投机者的情绪，增强期货交易的活跃程度。美国各地的交易所基本上都是采取这种公开喊价制。

3. 计算机交易制

期货交易的计算机交易制是随着电子化程度的提高以及保障机制的完善而逐渐出现的。有些新出现的交易所，特别是进行金融期货交易的交易所率先采用计算机交易制。采用这种交易制的交易所，在交易大厅内设置许多电子计算机终端，场内交易者都坐在计算机终端前。场外的客户通过经纪公司将交易指令用电话直接输送给场内交易者，场内交易者将买卖指令，包括期货合约种类、合约数量、交割日期、价格等输入计算机终端，计算机系统以双向竞价方式，根据价格优先、时间优先的原则组合成交。

计算机交易制与前两种价格形成制度相比，成交的速度快，交易程序简便，特别是保证每位交易者能够有绝对平等的成交机会。但不足之处就是缺乏期货交易激烈竞争的那种气氛。目前，我国的上海金属交易所和郑州商品交易所等的期货交易已经采取了计算机交易制。

二、期货市场的限价制度

价格波动对于期货交易来说是至关重要的，为了保证期货市场上激烈的价格竞争正常进行，各交易所对期货价格都作出一系列的规定，其中每日价格波动限制制度（Daily Price Limits）是一个比较重要的价格保障制度。

每日价格波动限制制度，又被称为每日价格停板额制，是指由交易所制定的每一交易商品每日最大价格波动限制。

在期货市场中经常会出现一些突发性的新闻或谣言，使期货市场价格发生大幅度的变化。为了使交易者有机会和时间去判断市场的真实情况，冷静下来思考，交易所要规定一个每天价格波动的极限。如果价格波动超过了这个限度，交易所就要停止交易。一般将每天波动的最大限度称为"停板额"，当价格升高至当天的上限，则叫"涨停板"；相反，如果价格降至当天的下限，则称为"跌停板"。

在期货市场上，停板额的规定往往与这种商品的现货价格波动幅度以及经济状况有关。不同的期货商品，其每日价格限制也不同，例如，在美国的期货市场上，玉米期货的每日价格限制为 0.1 美元；小麦的每日价格限制为 0.2 美元；大豆的每日价格限制是 0.3 美元。每日限价的计算基础以前一交易日的收盘价为标准。

对于有些期货合约，在交割月份交易非常活跃，交易所规定停板额可以扩大。有时当连续 3 个交易日某商品交易价格波动达到停板额时，停板额也可以自动扩大，如郑州商品交易所就规定，在这种情况下可自动扩大 50%。另外，有的交易所还规定，在期货合约的交割月份或在最后交易日取消停板额的限制。总之，限价制度往往会随各种不同的情况而有所变化，但总的目的却还是要防止期货价格发生扭曲，引发过度投机。

第五节 信息披露制度

信息披露制度是指期货交易所按有关规定定期公布期货交易有关信息的制度。它包括即时、每日、每周、每月的交易信息。

一、即时交易信息

是指交易者在交易屏幕上看到的即时行情信息，它包括的信息如下：

（1）商品的名称（Product）：商品的名称用其交易代码表示，如铜为Cu，天然橡胶为Ru。

（2）交割月份（Delivery Month）：交割月份用二位数表示，如2003年12月的铜期货合约，则表示为0312。结合商品名称，则为Cu0312。

（3）开盘价（Open Price）：开盘价是指某一期货合约开市前5分钟经集合竞价产生的成交价。

（4）收盘价（Close Price）：收盘价是指某一期货合约当日交易的最后一笔成交价格。

（5）最高价（High Price）：最高价指当天某一期货合约成交中的最高成交价格。

（6）最低价（Low Price）：最低价指当天某一期货合约成交中的最低成交价格。

（7）最新价：最新价是指当天某一期货合约交易期间的最新成交价格。

（8）涨跌（Change）：涨跌是指当天某一期货合约交易期间的最新价与上一交易日结算价之差。

（9）最高买价：最高买价是当天某一期货合约买方申请买入的即时最高价格。

（10）最低卖价：最低卖价是当天某一期货合约卖方申请卖出的即时最低价格。

（11）申买量：申买量是指当天某一期货合约当日交易所交易系统中未

成交的最高价位申请买入的数量。

（12）申卖量：申卖量是指当天某一期货合约当日交易所交易系统中未成交的最低价位申请卖出的数量。

（13）结算价（Settlement Price）：结算价是指某一期货合约当日成交价格按成交量的加权平均价。

（14）成交量（Trading Volume）：成交量是指某一期货合约在当日交易期间所有成交合约的双边交易量。国际上成交量指的是单边数量，即买进的合约数量或卖出的合约数量。

（15）持仓量（Open Interests）：持仓量是指期货交易者所持有未平仓合约的双边交易数量，国际上持仓量也是取单边数量。

二、每日期货交易信息

交易所在每个交易日结束后发布的有关当日期货交易信息。信息内容主要有：商品名称、交割月份、开盘价、最高价、最低价、收盘价、前一日结算价、当天结算价、涨跌、持仓量、持仓量变化、成交额；所有合约的成交量、持仓量及套期保值持仓量；交易活跃的合约分月份、多头（Long）和空头（Stort）公布当日持仓量的前20名会员名单及对应持仓量、成交量。英美在信息披露制度方面与我国有许多的不同。收市后，芝加哥期货交易所和芝加哥商业交易所并不公布会员成交量和持仓量。芝加哥期货交易所的商品期货交易，就连交易期间，都不公布交易量和持仓量。英国的伦敦国际金融期货期权交易所和伦敦国际石油交易所除了公布成交价格的持仓量，基本上不公布其他交易信息。伦敦金属交易所受"住友事件"的影响，在主管当局的要求下，实施了市场透明度的大户信息披露制度，但是，披露的大户信息仅限于持仓在一定百分比以上的大户数量及其持仓总量。既不公布大户公司名称，也不公布持仓分布。

三、每周期货交易

交易所在每周最后一个交易日结束后公布的期货交易信息。信息内容主要有：商品名称、交割月份、周开盘价、最高价、最低价、周收盘价、涨跌（周末收盘价与上周末结算价之差）、持仓量、持仓量变化（本周末持仓量与上周末持仓量之差）、周末结算价、成交量、成交额；各上市商品标准仓单（交割仓库在完成卖方商品的入库商品验收，确认合格后签发给买方的商品所有权凭证）数量及较上次发布的增减量，已申请交割数量及本周进出库数量；最后交易日后的第一个周五发布交割配对结果和实物交割量。

四、每月期货交易信息

交易所在每月最后一个交易日结束后发布的期货交易信息。信息内容主要有：商品名称、交割月份、月开盘价、最高价、最低价、月末收盘价、涨跌（月末收盘价与上月末结算价之差）、持仓量、持仓量变化（本月末持仓量与上月末持仓量之差）、月末结算价、成交量、成交额；各指定交割仓库经交易所核定的可用于期货交割的库容量和已占用库容量及标准仓单量。

即时期货交易信息是时刻变化的，而每日、每周、每月公布的信息是一次性的，但交易者可从持仓量、交易量、仓单变化中预测期货价格的走势，这些信息对交易者来说非常有价值。

第五章　期货交易流程与结算

期货交易的完成是通过期货交易所、结算所、经纪公司和交易者这四个组成部分的有机联系进行的。首先客户选择一个期货经纪公司，在该经纪公司办理开户手续，然后根据自己的要求向经纪公司发出交易指令，经纪公司接到客户的交易订单后，由出市代表根据客户的指令进行买卖交易。清算所每日都要结算盈亏，直到客户平仓时，再结算实际盈亏额。

第一节　期货交易基本流程

期货市场的交易行为是在规范的固定的商品交易所内进行"集中交易、公开竞价"的规范性的交易行为，期货交易的程序也是规范的程序。

首先，客户在经纪公司办理开户手续。当客户与经纪公司的代理关系正式确立后，就可根据自己的要求向经纪公司发出交易指令。经纪公司接到客户的交易订单后，须立即通知该公司驻交易所的出市代表，并记下订单上的内容，交给该公司收单部。出市代表根据客户的指令进行买卖交易。目前国内一般采用计算机自动撮合的交易方式。结算所每日结算后，以书面形式通知经纪公司。经纪公司同样向客户提供结算清单。若客户提出平仓要求，过程同前。最后，由出市代表将原持仓合约进行对冲（平仓），经纪公司将平仓后的报表送给客户。若客户不平仓，则实行逐日盯市制度，按当天结算价结算账面盈利时，经纪公司补交盈利差额给客户。如果账面亏损时，客户须补交亏损差额。直到客户平仓时，再结算实际盈亏额。

例如：某棉花加工商 A，6 月初打算在 9 月买棉花期货，选取会员经纪公司 B 作为交易的经纪人，签署了保证金协议书，开了账户，交纳了保证金于 6 月 20 日开始交易，交易过程如下：

——A 打电话问 B，9 月棉花期货的现时价格是多少？

——B 答：65.50；65.40（前为要价，后为出价）。

——A发出指令,"以市价买10手9月棉花"。

——B记下指令,立即用电话传发给该公司在交易厅内的交易站(出市代表站)。

——B公司交易站收到指令后标注时间,马上派传送员送交该公司在交易区中的经纪人(红马甲)执行。

——交易区经纪人在交易区交易,成交后在指令上标定时间,再通过传递员送回交易站,交易站报告给B公司,最后要求A公司确认,办手续。

——确认后返商品交易所给结算所清算。

——清单再返回B公司交给A公司。

交易完毕。

一、选择经纪公司

投资者进入期货市场的第一步是选择一家好经纪公司。

在期货交易所进行交易的只能是期货交易所的会员,即指期货经纪公司会员和非期货经纪公司会员。而普通的投资者要进入期货市场进行交易,只能通过期货经纪公司会员。所以选择一个好的期货经纪公司是非常重要的。

根据我国现行的《期货经纪公司管理办法》规定,在我国开展的期货经纪业务是指接受客户委托,按照客户的指令,以自己的名义为客户进行期货交易并收取交易手续费,交易结果由客户承担的经营活动。

除此之外,期货经纪公司还要具备其他相关的基本条件,包括注册资本、从业人员、办公设备、完善的管理制度以及必须提供给客户的基本交易服务等。

期货交易者选择期货经纪公司要注意以下几个方面:

首先,应选择一个资本雄厚、信誉好,能提供准确的市场信息和正确的投资方案的经纪公司。经纪公司提供相关商品的研究资料和交易建议对客户作出准确的交易决策非常重要。例如有些经纪公司与国家部委、统计部门和相关行业建立了良好的协作关系,具有掌握跟踪政策面和基本面变化的有效渠道。

其次,应选择一个能保证资金安全的经纪公司。最好的办法是获得有关资料证明该公司实力雄厚,商业信誉良好,而且在以前的经营中,没有严重的自营亏损，没有经济诉讼案件。

再次，主动向客户介绍有利的交易机会，并且诚实可信、稳健谨慎，有良好的商业形象，能为客户提供理想的经纪人。

最后，应选择一个运作规范的经纪公司。经纪公司应严格按照有关的法律、法规、规则的要求，规范经营行为，不损害客户的利益，保证金和手续费的收取标准合理。

二、开户（Open An Account）

投资者一旦选定了某一个合适的经纪公司，下一步就是在期货经纪公司开一个期货交易账户。所谓期货交易账户是指期货交易者开设的、用于交易履约保证的一个资金使用账户。

对要开户的客户要求应至少具备以下条件：

（1）具有完全民事行为能力；

（2）有与进行期货交易相适应的自有资金或者其他财产，能承担期货交易风险；

（3）有固定的住所；

（4）符合国家、行业的有关规定。

开户的基本程序如下：

1. 签署风险揭示书（Risk Cisclosure Statement）

客户委托期货经纪公司从事期货交易的，必须事先在期货经纪公司办理开户申请。期货经纪公司在接受客户开户申请表时，须向客户提供《期货交易风险说明书》。个人客户应在仔细阅读并理解之后，在该《期货交易风险说明书》上签字；单位客户应在仔细阅读并理解之后，由单位法定代表人或授权他人在该《期货交易风险说明书》上签字并加盖单位公章。

中国的《期货交易风险说明书》的格式和内容是由中国证监会统一制定的。期货经纪公司不得为未签订书面期货经纪合同的客户开立账户。期货经纪公司与客户签订期货经纪合同前，应当向客户说明合同条款的含义。在客户明确理解期货经纪合同约定的双方权利义务后，由客户签字确认。

2. 签署合同

期货经纪公司在接受客户开户申请时，双方须签署《期货经纪合同》。个人客户应在该合同上签字，单位客户应由法人代表或授权他人在该合同上签字并加盖公章。

客户必须以真实身份签订合同。个人应提供本人身份证，留存印鉴或签名样卡。单位开户应提供《企业法人营业执照》影印件，并提供法定代表代码及本单位期货交易业务执行人的姓名、联系电话、单位及其法定代表人或单位负责人及本单位期货交易业务执行人的姓名、联系电话、单位及其法定代表人或单位负责人印鉴等内容的书面材料及法定代表人授权期货交易业务执行人的书面授权书。期货经纪公司应当核查客户身份的真实性，然后客户与经纪公司签订《期货经纪合同》。

期货经纪公司为客户进行期货交易，应当按照期货交易所规定的编码规则为客户分配交易编码，并向期货交易所备案。交易所实行客户交易编码登记备案制度，客户开户时应由经纪会员按交易所统一的编码规则进行编号，"一户一码"，专码专用，不得"混码"交易。期货经纪公司注销客户的交易编码，应当向交易所备案。

3. 缴纳保证金

期货经纪机构为客户提供专门账户，供客户从事期货交易的资金往来，该账户与期货经纪机构的自有资金账户必须分开。客户在与期货经纪公司签署期货经纪合同之后，应按规定缴纳开户保证金，客户必须在其账户上存有足额保证金后，方可下单。期货经纪公司应当在期货交易所指定结算银行开立客户保证金账户，用以存放客户保证金。期货经纪公司应将客户所缴纳的保证金存入期货经纪合同中指定的客户账户中，供客户进行期货交易之用。客户保证金账户应当报中国证监会派出机构备案并依法接受检查。

期货经纪公司可以规定收取客户的交易保证金比例，但该比例应当至少高于期货交易所对期货经纪公司收取的交易保证金比例2~3个百分点。期货经纪公司可以根据交易的风险状况合理调整交易保证金比例，并应当按照期货经纪合同约定的方式通知客户。

根据《期货经济合同指引》中的规定，期货交易者开户的最低保证金标准为5万元，资金不足5万元的，期货经纪公司不得为投资者开户。交易火爆时，经纪公司会提高开户最低保证金标准。

在签订《期货经纪合同》时，投资者与期货经纪公司可以在期货经纪合同中约定交易风险控制条件。一般来讲，当客户保证金不足、达不到交易风险约定的条件时，期货经纪公司应当按照期货经纪合同约定的方式通知客户追加保证金；客户不能按时追加保证金的，期货经纪公司有权对客户的部分或全部持仓强行平仓，直至保证金余额能够满足约定的交易风险控制条件。

4. 客户在入市交易之前，还应做的一些准备工作

（1）心理上的准备。期货价格无时无刻不在波动，判断正确的获利，判断失误的亏损，因此，入市前盈亏的心理准备是十分必要的。

（2）知识上的准备。期货交易者应掌握期货交易的基本知识和基本技巧，了解所参与交易的商品的交易规律，正确下达交易指令，使自己在期货市场上处于赢家地位。

（3）市场信息上的准备。在期货市场这个完全由供求法则决定的自由竞争的市场上，信息显得异常重要。谁能及时、准确、全面地掌握市场信息，谁就能在竞争激烈的期货交易中获胜。

（4）拟定交易计划。为了将损失控制到最小，使盈利更大，就要有节制地进行交易，入市前有必要拟定一个交易计划，作为参加交易的行为准则。

三、下单（Place Order）

客户在按规定足额缴纳开户保证金后，即可开始交易，进行委托下单。所谓下单，是指客户在每笔交易前向期货经纪公司业务人员下达交易指令，说明拟买卖合约的种类、数量、价格等的行为。交易指令的内容一般包括：期货交易的品种、交易方向、数量、月份、价格、日期及时间、开仓或者平仓，期货交易所名称、客户名称、客户编码和账户、期货经纪公司和客户签名等。通常，客户应先熟悉和掌握有关的交易指令，然后选择不同的期货合约进行具体交易。

下单通过交易指令来完成：

1. 国内交易指令

国际上期货交易的指令有很多种，以满足投资者多种交易目的的要求。我国期货交易所规定的交易指令只有两种：限价指令和取消指令。交易指令当日有效，在指令成交前，客户可撤单。

（1）限价指令（Limit Order）

限价指令是指执行时必须按限定价格或更好的价格成交的指令。下达

限价指令时，客户必须指明具体的价位。它的特点是对交易价格要求明确，但能否执行取决于指令有效期内价格的变动。如没有触及限价水平，该指令就没有机会执行。

如"卖出限价为 2200 元/吨的 2007 年 5 月大豆合约 5 手"，当市场的交易价格高于 2200 元/吨的时候，指令成交，而且卖出的价格一定是等于或高于 2200 元/吨。

（2）取消指令（Concealing Order）

取消指令是指客户要求将某一指令取消的指令。通过执行该指令，将客户以前下达的指令完全取消，即实际交易中的撤单。

期货经纪公司对其代理客户的指令，必须通过交易所集中撮合交易，不得私下对冲，不得向客户做获利保证或者与客户分享收益。而国外经纪公司允许客户之间交易指令对冲。

2. 其他交易指令

在国际期货市场上，期货交易的指令还有很多，各种类型的指令作用也不同。现简介如下：

（1）市价指令（Market Order）

市价指令是期货交易中常用的指令之一，它是指按当时市场价格即刻成交的指令。客户在下达这种指令时无须指明具体的价位，而是要求期货经纪公司出市代表以当时市场上可执行的最好价格达成交易。这种指令的特点是成交速度快。

（2）止损指令（Stop Order）

止损指令是指当市场价格达到客户预计的价格水平时即变为市价指令予以执行的一种指令。客户利用止损指令，既可以有效地锁定利润，又可以将可能的损失降至最低限度。这种指令国外投资者经常采用，国内投资者一直呼吁止损指令的出台。

（3）限时指令（Time Limit Order）

限时指令是指要求在某一时间段内执行的指令。如果在该时间段内指令未被执行，则自动取消。

（4）套利指令（Arbitrage Order）

套利指令是指同时买入和卖出两种期货合约月份的指令。一个指令执行后，另一个指令也立即执行。它包括跨商品套利指令、跨期套利指令和跨市场套利指令等。

3. 下单方式

客户在正式交易前，应制定详细周密的交易计划，在此之后，客户即可按计划下单交易。客户可以通过自助下单、电话下单、网上下单、书面下单等中国证监会规定的其他方式向期货经纪公司下达交易指令。

（1）自助下单（An Order of Self – Placing）

客户开户后，期货经纪公司会给客户代号及密码，客户据此在交易厅中的计算机上输入交易的指令，如买卖商品、数量、合约月份等信息。输入交易信息后，可立即查询是否成交、成交价格、成交数量等信息，现在经纪公司基本上采用此类下单方式。

（2）电话下单（Telephone Order）

客户通过电话直接将指令下达到期货经纪公司交易部，再由交易部通知出市代表下单。期货经纪公司须将客户的指令予以录音，以备查证。事后，客户应在交易单上补签姓名。目前此类下单方式适用于本人不在经纪公司的客户。

（3）书面下单（Order in Written）

客户亲自填写交易指令单，填好后签字交由期货经纪公司交易部，再由期货经纪公司交易部通过电话报单到该期货经纪公司在期货交易所场内的出市代表，由出市代表输入指令进入交易所主机撮合成交。2002年以前，中国的期货交易绝大多数采用书面下单这种形式，现在，这种下单方式很少了，但这种方式有助于初学者熟悉期货交易程序。

交易指令单（在案例附件中有交易指令单样本）应填好下列内容：客户编码、交易指令日期及时间、买卖的商品名称、月份、数量、价格、平仓或是新开仓等信息。最后，经纪人和交易指令下达人签字。

（4）网上下单（Wire Order）

随着计算机技术的发展，网上交易得到了广泛应用并逐渐成为发展趋势，网上下单使交易更加方便和快捷，从而大大提高了交易效率。客户通过因特网，使用经纪公司配置的网上下单系统进行网上下单。进入下单系统后，客户需输入自己的客户代号与密码，经确认后即可输入下单指令。下单指令的内容与书面下单交易指令上的内容一致。下单指令通过因特网传到经纪公司后，通过专线传到交易所主机进行撮合成交，客户可以在经纪公司的下单系统获得成交回报。网上下单客户可在单位或家中进行，极大地方便了客户。

四、竞价

期货合约价格的形式方式主要有：公开喊价制、一价制和计算机撮合成交三种方式。

1. 公开喊价（Open Outcry）

公开喊价制是指在交易池内由交易员面对面地公开喊价，表达各自买进或卖出合约的要求。按照规则，交易者在报价时既要发出声音，又要做出手势，以保证报价的准确性。由于价格变化一般是连续、递进的，因此报价商在喊价时通常只叫出价格的一部分即可。价格和数量的喊声还要在报价人和要价人之间进行反馈，以减少误听引起的差错。这种公开喊价对活跃场内气氛，维护公开、公平、公正的竞价原则十分有利。这种方式属于传统的竞价方式，过去在欧美期货市场较为流行，不过现在大部分被电脑竞价取代。

2. 一价制

一价制是指把每个交易日分为若干节，每节只有一个价格的制度。每节交易由主持人最先叫价，所有场内经纪人根据其叫价申报买卖数量，直至在某一价格上买卖双方的交易数量相等时为止。一价制这种叫价方式以前在日本较为普遍。

3. 计算机撮合成交

计算机撮合成交是根据公开喊价的原理设计而成的一种计算机自动化撮合成交方式，是指期货交易所的计算机交易系统对交易双方有效的卖出申报，按申报价由低到高的顺序排列，有效的买入申报按由高至低顺序排列申报价，相同的按照进入系统的时间先后排列。交易系统依此逐步将排在前面的买入申报价和卖出申报价的算术平均价为集合竞价产生的价格，该价格按期货合约的最小变动价位取整。此时集合竞价产生的价格为一天的开盘价，开盘价产生后，计算机自动撮合系统仍根据买卖申报指令按价格优先，时间优先的原则排序，当买入价大于、等于卖出价则自动撮合成交；当成交价等于买入价（bp）、卖出价（sp）和前一成交价（cp）三者中居中的一个价格时，即当 bp≥sp≥cp，成交价 = sp；当 bp≥cp≥sp：则成交价 = cp；当 cp≥bp≥sp，则成交价 = bp。

计算机撮合交易方式相对口头公开喊价来说具有准确、连续的特点。

目前，我国的期货交易都使用计算机撮合交易系统。

计算机期货交易流程如下：

（1）指令下达方式包括当面委托方式、书面委托方式和电话委托方式。

（2）受令人有权利和义务审核客户的指令，包括保证金水平是否足够、指令是否超过有效期和指令内容是否齐全，从而确定指令的有效与无效。

（3）经纪公司的交易指令中心在接到交易单后，在单上打上时间戳记并检查交易单有无疏漏后，以电话方式迅速传给经纪公司在交易所的出市代表。

（4）经纪公司的出市代表收到指令后以最快的速度将指令输入计算机内。

（5）指令中心将反馈回来的成交结果记录在交易单上并打上时间戳记按原程序反馈客户。

（6）原则上说，客户每一笔交易的最终确认是根据结算公司或交易所的结算部门的最终确认为准。

（7）客户每一笔交易都由经纪公司记录存档，且保存期限一般不低于5年。

（8）客户每成交一手合约（买或卖），经纪公司都要收取一定的佣金。

五、结算

1. 交易所对会员的结算

（1）每一交易日交易结束后，交易所对每一会员的盈亏、交易手续费、交易保证金等款项进行结算。其结算结果是会员核对当日有关交易并给客户结算的依据。会员可通过会员服务系统于每交易日规定时间内获得《会员当日平仓盈亏表》、《会员当日成交合约表》、《会员当日持仓表》和《会员资金结算表》。

（2）会员每天应及时获取交易所提供的结算结果，做好核对工作，并将之妥善保存。

（3）会员如对结算结果有异议，应在第二天开市前30分钟以书面形式通知交易所。遇特殊情况，会员可在第二天开市后2小时内以书面形式通知交易所。如在规定时间内会员没有对结算数据提出异议，则视做会员已认可结算数据的准确性。

（4）交易所在交易结算完成后，将会员资金的划转数据传递给有关结算银行。会员资金按当日盈亏进行划转，当日盈利划入会员结算准备金，当日亏损从会员结算准备金扣划。当日结算时的交易保证金超过昨日结算时的交易保证金部分从会员结算准备金中扣出。当日结算时的交易保证金低于昨日结算时的交易保证金全部划入会员结算准备金。手续费、税金等各项费用从会员的结算准备金中直接扣划。

（5）每日结算后，当会员的结算保证金低于交易所规定的最低结算保证金（50万元）时，交易所要按规定方式通知会员追加保证金。会员不能按时追加保证金时，交易所应对会员部分或全部持仓强行平仓，直至保证金余额能够维持其剩余头寸。

2. 期货经纪公司对客户的结算

（1）期货经纪公司对客户的结算与交易所的结算方法一样，即每一交易日交易结束后，对每一客户的盈亏、交易手续费、交易保证金等款项进行结算。

（2）期货经纪公司在每日结算后向客户发出成交与资金状况表（见例表2），客户接到该表在确认无误的情况下，应在24小时内签字确认并回报期货经纪公司。成交与资金状况表一般载明下列事项：账号及户名、成交日期、成交品种、合约月份、成交数量及价格、买入或者卖出、开仓或平仓、当日结算价、实际平仓盈亏、浮动盈亏、保证金占用额和保证金余额、交易手续费。

六、确认

1. 书面下单方式下成交回报与确认

当期货经纪公司的出市代表收到交易指令后，在确认无误后以最快的速度将指令输入交易所计算机终端，当屏幕显示指令成交后，出市代表必须马上将成交的结果反馈回期货经纪公司的交易部；期货经纪公司交易部将出市代表反馈回来的成交结果记录在交易指令单上，打上时间戳记后，将交易指令单交给客户。成交回报记录单应包括如下几个项目：成交价格、成交手数、成交回报时间等，不过此时的回报不具有法律效用，真正具有法律效用是交易所收市后，交易所传给经纪公司的成交清单上的成交内容（因为有时两者有差异，特别是行情火爆时）。

第二天客户得到结算单，如客户对成交与资金状况表记载事项无异议，应当在其上签字确认或者按照期货经纪公司约定的方式确认。客户既未对成交与资金状况表记载事项确认，也未提出异议的，视为对成交与资金状况表的确认。对于客户有异议的，期货经纪公司应当根据原始指令记录和交易记录予以核实。

书面下单方式下成交回报与确认虽然繁琐，但有助于了解每一步操作程序。

2. 自助式和网上下单方式成交回报与确认

自助式和网上下单，成交回报与成交及资金状况表确认程序与以上书面方式下相同，只不过全过程由客户自己在计算机上操作完成。

交易所对会员成交记录至少保存 20 年，经纪公司对客户的成交记录至少保存两年，如果事后有什么法律纠纷，最好争取在以上时间段内取得相关的成交记录。

七、风险管理

风险管理主要介绍经纪公司对客户的风险管理，目前的经纪公司采用风险率来对客户进行风险管理。

1. $风险率 = \dfrac{客户权益}{按经纪公司规定的保证金比例客户所有头寸（持仓）占有保证金总额} \times 100$

客户权益 = 上日资金余额 ± 当日资金存取 ± 当日平仓盈亏 ± 实物交割款项 ± 当日交易手续费 ± 当日浮动盈亏

对于当日资金存取，存入（入金）资金为 +，取出资金（出金）为 -，一般客户实物交割款项没有。

当日实际平仓盈亏指当天所有平仓产生盈亏总和。

当日浮动平仓盈亏指所有未平仓合约（持仓）平仓盈亏总和，这里要注意的是平仓价均采用当日的结算价。

例：某客户在 2005 年 5 月 2 日买入上海期货交易所 7 月份铜 10 手，成交价格 15000 元/吨，当天平仓 5 手，平仓价格为 15200 元/吨，当天的结算价为 14900 元/吨，计算当日实际盈亏和当日浮动盈亏：

实际盈亏：5×5（15200 - 15000）= 5000（元），盈利 5000 元。

浮动盈亏：5×5（14900 - 15000）= -2500（元），亏损 2500 元。

如果同时买卖几种商品期货，分别将实际盈亏和浮动盈亏总和。

2. 风险控制

（1）当风险率＞100%，经纪公司根据客户可用资金量来接受客户的交易指令。

（2）当风险率＝100%，经纪公司不再接受客户的新的交易指令。

（3）当风险率＜100%，经纪公司不再接受客户的申报的交易指令，并按合同约定向乙方发出追加保证金通知（Margin Call），如在下一交易日开市前30分钟客户未及时追加保证金，经纪公司替客户强行平仓，直至客户的风险率≥100%。

第二节　复式竞价规则

期货市场上的交易指令虽然很多，从交易方向看有多头开仓与平仓、空头开仓与平仓，等等，但在竞价成交时，所有的交易指令都分为两种，即买入与卖出。多头开仓、增仓为买，空头开仓、增仓为卖，多头平仓为卖、空头平仓为买。所以，期货交易所采用的竞价成交的方式与股票交易所采用的竞价成交方式大致相同。虽然世界各地还有许多期货交易所采用交易池人工撮合交易方式，但新兴期货市场一般都采用电脑自动撮合交易方式；在电脑自动撮合成交时，复式竞价规则是通常要用的基本的规则。

一、复式竞价的撮合成交过程

标准的复式竞价原理下的撮合是分次进行的，每次撮合都包括如下过程：

1. 按顺序排队

首先，期货交易所对规定时间内接收到的同一期货合约的所有买卖盘（或按时间顺序首先接收到的规定数量的买卖盘）及此前未成交且还未撤销的所有买卖盘进行排队。排队规则如下：

（1）所有买盘按价格从高到低的顺序排成一列（价格优先），价格相同时，按期货交易所收到委托盘的时间先后排列，先收到的买盘排在前面（时间优先）。

（2）所有卖盘按价格从低到高的顺序排成一列（价格优先），价格相同时，按期货交易所收到委托盘的时间先后排列，先收到的卖盘排在前面（时间优先）。

例 5.1：大豆 9 月份交割的合约，某日从上午 9：54—9：57 期货交易所在规定的 3 分钟时间内收到的有效买卖盘为：

时间序号	交易方向	委托数量	委托限价
③	空头平仓	10	2169
④	多头平仓	10	2170
⑤	空头增仓	10	2167
⑥	多头增仓	15	2170

此前未成交且到 9：57 还未撤单的有效买卖盘为：

时间序号	交易方向	委托数量	委托限价
①	空头开仓	20	2168
②	多头开仓	15	2167

按复式竞价原理，上午 9：57 期货交易所的电脑交易主机对上述买卖盘进行排队。排队结果如下：

买盘				卖盘			
时间序号	交易方向	委托数量	委托限价	序号	交易方向	委托数量	委托限价
⑥	多头增仓	15	2170	⑤	空头增仓	10	2167
③	空头平仓	10	2169	①	空头开仓	20	2168
②	多头开仓	15	2167	④	多头平仓	10	2170

2. 撮合配对

对买卖盘排队后，就进行撮合配对。办法如下：

第一次配对。

首先是配对尝试。如果买盘队列中第一个盘的价格大于或等于卖盘队列中第一个盘的价格，则可进行配对。如果买盘队列中第一个盘的价格小于卖盘队列中第一个盘的价格，则配对结束。可以配对时，委托数量较少的一方被完全配对，委托数量较多的一方仅有与数量较少的一方数量相等的部分获得配对，余下的部分参与下一次配对。

例 5.1（续）：例中第一次配以尝试，第一个买盘的价格为 2170，第一个卖盘的价格为 2167，买盘价格大于卖盘价格，可以配对（买者愿以 2170 买，卖者愿以 2167 卖，当然可以成交。实际上 2167 至 2170 的任何价格都是双方可以接受的成交价格）。

现在委托数量较少的一方是卖盘，数量为 10 手，所以，⑤号盘被完全配对，⑥号盘有 10 手被配对，余下 5 手等待下一次配对。首次配对后，买卖盘队列余额为：

买盘					卖盘			
时间序号	交易方向	委托数量	委托限价		时间序号	交易方向	委托数量	委托限价
⑥	多头增仓	5	2170		①	空头开仓	20	2168
③	空头平仓	10	2169		④	多头平仓	10	2170
②	多头开仓	15	2167					

第二次配对。

做法完全同第一次配对一样。

例 5.1（续）：例中可进行第二次配对，第二次配对后，买卖盘队列余额为：

买盘					卖盘			
时间序号	交易方向	委托数量	委托限价		时间序号	交易方向	委托数量	委托限价
③	空头平仓	10	2169		①	空头开仓	15	2168
②	多头开仓	15	2167		④	多头平仓	10	2170

还可进行第三次配对，第三次配对后，买卖盘队列余额为：

买盘					卖盘			
时间序号	交易方向	委托数量	委托限价		时间序号	交易方向	委托数量	委托限价
②	多头开仓	15	2167		①	空头开仓	5	2168
					④	多头平仓	10	2170

已不可以继续配对，至此，配对结束。未成交的买卖盘参与下一次撮合。

3. 确定成交价格

买卖盘中已经成功配对的部分都将成交，问题是成交价格是多少。如果规定一次撮合成交只产生一个成交价格，即所有成功的配对都用一个价格成交（这时，复式竞价规则我们可称为复式竞价单一成交价规则；相应的，如果容许不同次的配对可以有不同的成交价，则复式竞价规则我们可称为复式竞价多成交价规则），那么，由于在配对过程中，所尝试的买价是逐步下降、卖价是逐步上升的，所以，如果一个价格能使最后一次成功配对的买卖双方都满意，那么这个价格就一定能使此前所有成功配对的买卖双方都满意，在这种情况下，一次撮合的成交价格将由最后一次成功配对的买卖双方的价格确定。

（1）当最后一次成功配对的买卖双方的价格相等时，该次撮合的成交价格只能是最后一次成功配对的买卖双方的价格。

（2）当最后一次成功配对的买卖双方的价格不相等时（只能是买价大于卖价），设买价 b > 卖价 a，理论上讲，此时数域 [a, b] 中的任何个数都可作为本次撮合的成交价格。

现实中，在这种情况下，期货交易所都有更详细的规定。一般期货交易所采用的规定是距离最近规则（当然，你也可以采用平均数规则，即成交价为 (a+b)/2 等），即在可行价格域内，与前次撮合成交价最近的那个价格就是本次撮合成交价格。具体规定是：设前次撮合成交的价格为 c（如果本次撮合是当天的第一次撮合——所谓的集合竞价，则 c 为前一营业日的收盘价或结算价），如果 c < a，则数域 [a, b] 中 a 离 c 最近，本次撮合的成交价为 a；如果 c > b，则数域 [a, b] 中 b 离 c 最近，本次撮合的成交价为 b；如果 a ≤ c ≤ b，则数域 [a, b] 中 c 离 c 最近，本次撮合的成交价为 c。

距离最近规则又叫居中数规则，即：a、b、c 三数中哪一个居中，本次撮合的成交价为此数。

例 5.1（续）：上例中，最后一次成功配对的买方的委托价为 2169，卖方的委托价为 2168，a = 2168，b = 2169，所以，本次撮合的成交价在 [2168，2169] 间。具体成交价为何，要看期货交易所的规定。如期货交易所规定采用最近距离规则，并设前次撮合成交价为 2167，则本次撮合成交价为2168。

本次撮合的成交情况如下：

③、⑤、⑥号盘全部成交，成交价格为2168；

①号盘成交15手，成交价格为2168；另有5手未成交；

②、④号盘全部未成交。

可以用数学方法严格证明：第一，用上述方法产生的成交价格是使所有成交盘均可接受的价格。第二，上述撮合方法产生的成交量是在满足价格最优先、时间次优先及使所有成交方限价要求得到满足的前提下的最大成交量。

二、复式竞价规则的应用

1. 在每日开盘价中的应用

期货交易所通常在每日开市前给出一段时间，比如，上午9：00开市前的8：55—8：59之间，在这段时间内，期货交易所的交易主机仅接收从各个期货经纪公司传来的买卖指令，不撮合、不发布行情、也无成交回报。其后在正式开市前（比如8：59—9：00之间），期货交易所的交易电脑对这段时间内（上午8：55—8：59之间）接收到的所有买卖指令按复式竞价单一成交价原理撮合成交，成交价格称为开盘价。这次撮合通常称为集合竞价。

2. 在连续竞价中的应用

开盘集合竞价后，从正式开市时间起（也就是9：30），期货交易所的交易电脑即连续不停地接收从各个期货经纪公司传来的买卖指令、不停地撮合成交、发布成交数据和交易行情，直到收市或停市（如中午可能休市一小时或两小时等）。这段时间内的撮合通常称为连续竞价。连续竞价有多盘撮合和单盘撮合两种基本方式。

（1）多盘单一成交价连续竞价。多盘连续竞价标准的做法是：对同一期货合约，每接收到规定数量的新买卖盘（比如30个新的买卖盘），即将这些买卖盘连同此前未成交且未撤单的买卖盘一起按复式竞价单一成交价原理配对成交；如此不断进行，直到收市。

由凑足规定数量的买卖盘有时要等很长的时间，所以，期货交易所又可规定：在规定的时间内（比如两分钟内），期货交易所在同一合约上接收到的新买卖盘如果不足规定的数量，则无需继续等待，而是将此期间接收到的所有新买卖盘连同此前未成交且未撤单的买卖盘一起按复式竞价单一成交价原理撮合成交。

(2) 单盘单一成交价连续竞价。如果期货交易所规定：每当期货交易所接收到一个新买卖盘（而不是30个或20个），期货交易所的电脑就立即将其连同此前同一合约的未成交且未撤单的买卖盘一起按复式竞价单一成交价原理撮合成交。实际上这是多盘单一成交价连续竞价的特例——期货交易所规定的接收到的新买卖盘的数量为1，每新接收到一个委托买卖盘就撮合一次。

单盘单一成交价连续竞价方式的主要优点是成交快、价格的波幅较大、有利于活跃市场、对交易不活跃的市场较实用。显然，对于投机性较强的市场单盘连续竞价主要的优点也就变成了缺点。

另外，在集合竞价之后连续竞价开始之前可能同一合约就有大量的买卖盘报到期货交易所（或在各个期货经纪公司的报盘电脑中等候申报），而在连续竞价开始瞬间，期货交易所的交易主机很快会逐笔撮合完这些买卖盘，占用的时间实际上就是一瞬间，但由于是逐笔撮合的，各笔成交的价格可能会有很大的差异，虽然成交价格的抖动仅是一瞬间，但对交易者而言显得很不公开。这种情况在日间停市、下午又继续交易（通常不再集合竞价）时也可能出现——从上午停市到下午开市期间，可能同一合约有大量的买卖盘报到期货交易所（或在各个期货经纪公司的报盘电脑中等候申报），开市的一瞬间，成交价格可能出现抖动。笔者建议采用单盘连续竞价的期货交易所上午连续竞价的第一次撮合、下午开盘的第一次撮合均采用多盘单一价格撮合，"多盘"指包括所有此前接收到的未成交、未撤单的有效买卖盘。在第一次多盘单一成交价连续竞价之后再用单盘单一成交价连续竞价。

三、复式竞价多成交价的进一步讨论

复式竞价单一成交价原理实际上是复式竞价多成交价原理的特例。在按复式竞价单一成交价原理进行撮合时，实际上每一次配对都可以有不同的成交价。我们来看前面的例子。

例5.2：这是第一次尝试配对时的买盘与卖盘的情况。

买盘				卖盘			
时间序号	交易方向	委托数量	委托限价	序号	交易方向	委托数量	委托限价
⑥	多头增仓	15	2170	⑤	空头增仓	10	2167
③	空头平仓	10	2169	①	空头开仓	20	2168
②	多头开仓	15	2167	④	多头平仓	10	2170

第一次配对时，买方⑥号盘买价是2170，卖方⑤盘卖价是2167，配对的数量是10手，我们知道这10手最终的成交价是2168，但实际上，对于这10手，数域［2167，2170］中任选一个数均可作为它们的成交价（当然，在期货市场上有时会要求价格是整数），比如我们可以选取2169为这10手的成交价而不是2168，且这样做既完全满足了买卖双方委托限价的要求——对买方⑥号盘而言，要求的最高买价是2170，现在2169成交，应无话可说，对卖方⑤盘而言，要求的最低卖价是2167，现在2169成交，也应无话可言——又绝不会影响其后配对撮合的继续进行。

我们可以看第二次配对的情况。

第二次配对前，买盘与卖盘的情况如下：

买盘				卖盘			
时间序号	交易方向	委托数量	委托限价	时间序号	交易方向	委托数量	委托限价
⑥	多头增仓	5	2170	①	空头开仓	20	2168
③	空头平仓	10	2169	④	多头平仓	10	2170
②	多头开仓	15	2167				

第二次配对时，买方⑥号盘买价是2170，卖方①盘卖价是2168，配对的数量是5手，我们知道这5手最终的成交价也是2168。但实际上，对于这5手，数域［2168，2170］中任选一个数均可作为他们的成交价，比如我们可以选取2170为这5手的成交价而不是2168。同样，这样做既完全满足了买卖双方委托限价的要求，又不会影响其后配对撮合的继续进行。

如此，我们可以对第三次配对的10手在数域［2168，2169］中选定2169为他们的成交价。

这样本次撮合成交情况如下：

①号盘成交15手，其中5手成交价为2170，10手成交价为2169，5手

未成交，等待下次撮合；

③号盘全部成交，成交价为2169；

②号、④号盘全部未成交，等待下次撮合；

⑤号盘全部成交，成交价为2169；

⑥号盘全部成交，其中10手成交价为2169，5手成交价为2170。

需要说明的是，我们这样撮合，价优者先得、相同价格报盘者先得的精神是得到了完全体现的，而且，较之复式竞价单一价格规则下的成交量，这里的成交量一点也没有减少。

至此，我们可以给复式竞价多成交价规则下个定义了。在按复式竞价单一成交价规则进行撮合的过程中，每次本对的成交价格都在满足买卖双方限价要求的前提下独立地确定，这样的撮合原理就是复式竞价多成交价原理。

显然，复式竞价多成交价规则在应用中的主要问题就是如何确定每次配对的成交价格的标准——我们不可能仅在满足买卖双方限价要求的前提下随意选定成交价格。不仅如此，而且还有如下的问题：

当这种成交情况分别传回对应买卖盘的委托人时，相对于他们的委托限价，他们对成交价格不能抱怨——成交价格完全符合他们的限价要求。但如果他们了解整个成交情况，有人也许就要抱怨了——上例中，①号盘委托卖价小于⑤号盘委托卖价，而在⑤号盘全部以2169的价格成交的同时，①号盘为什么有5手以较高的2170的价格成交？同样，⑥号盘买价高于③号盘的买价，当③号盘全部以2169的价格成交时，⑥号盘有5手成交价格为较高的2170，为什么？②号盘与③号盘之间也有这种情况。

这里所有问题归到一点就是：为什么当委托价较优时（更高的委托买价或更低的委托卖价）成交价却较劣（更高或更低的成交价）？

看来，当我们说价格优先时，我们不能不考虑这样一个问题：价格优先是仅指价优者先得呢？还是包括优委托价优成交价——起码是优委托价时成交价不劣？而当我们说时间优先时，我们不能不考虑这样一个问题：时间优先是仅指先到者先得呢？还是包括先到者优成交价——起码是先到者成交价不劣？

当我们采用复式价单一成交价规则时，我们做到了这一点——优委托价者成交价不劣、先到进成交价不劣。但是否是只有采用复式竞价单一成交价原理时我们才能做到这一点？回答是肯定的。因为如果一次撮合产生两个或两个以上的成交价，那么，在买卖的任何一方享受劣委托价优成交价、后到者优成交价的快乐的同时，买卖的另一方一定有人忍受优委托价劣成交价、先到者劣成交价的痛苦。

所以，价格优先、时间优先的内涵包括优委托价成交价不劣、先到者成交价不劣。而当价格优先、时间优先的内涵包括优委托价成交价不劣、先到者成交价不劣的内容时，复式竞价原理就只能是复式竞价单一成交价原理。

四、关于单盘多成交价连续竞价的讨论

有的期货交易所或证券交易所在连续竞价中采用了复式竞价多成交价原理。下面对此作一介绍并略加讨论。

（一）单盘多成交价连续竞价的做法

举例介绍单盘多成交价连续竞价的做法。

例 5.3：设期货交易所前次撮合成交后委托买卖盘的余额为：

买盘				卖盘			
时间序号	交易方向	委托数量	委托限价	时间序号	交易方向	委托数量	委托限价
⑥	多头增仓	5	2170	①	空头开仓	20	2171
③	空头平仓	10	2169	④	多头平仓	10	2172
②	多头开仓	15	2168				

期货交易所新接收到的一个买卖盘为：卖盘，时间序号为⑨号，委托数量为 20 手，委托限价为 2168。

按单盘多成交价连续竞价规定，期货交易所接到该买卖盘后立即进行撮合。过程如下：

1. 按顺序排队。排队结果如下：

买盘				卖盘			
时间序号	交易方向	委托数量	委托限价	时间序号	交易方向	委托数量	委托限价
⑥	多头增仓	5	2170	⑨		20	2168
③	空头平仓	10	2169	①	空头开仓	20	2171
②	多头开仓	15	2168	④	多头平仓	10	2172

2. 撮合配对。

第一次配对是：⑥号买盘，5 手价格 2170，对⑨号卖盘 545 价格 2168；

第二次配对是：③号买盘，10 手价格 2169，对⑨号卖盘 10 手价格 2168；

第三次配对是：②号盘，5 手价格 2168，对⑨号卖盘 5 手价格 2168。

3. 确定成交价格。如果按单一成交价规定，这次撮合所有配对的成交价均应为 2168。

但要按多成交价规定各次配对可有不同的成交价。关键是采用什么规则确定各次配对的成交价。实践中，期货交易所多采用旧盘价规则，即每次配对的成交价为配对双方中时间序号较小的一方的委托价。上述各次配对的成交价为：

第一次配对，因⑥号盘的时间序号 6 小于⑨号盘的时间序号 9，所以成交价为⑥号盘的委托价 2170；

第二次配对，因③号盘的时间序号 3 小于⑨号盘的时间序号 9，所以成交价为③号盘的委托价 2169；

第三次配对，因②号盘的时间序号 2 小于⑨号盘的时间序号 9，所以成交价为②号盘的委托价 2168。

（二）对单盘多成交价连续竞价的讨论

显然，单盘多成交价连续竞价原理是一般复式竞价多成交价原理的特例。因而结论也是明显：（1）虽然一次撮合产生多个成交价，但成交的任何一方对委托价格的限价要求均得到了满足；（2）虽然成交的任何一方对委托价格的限价要求均得到了满足，但优委托价成交价不劣、先到者成交价不劣的精神没有得到体现——实际上成交的一方（旧盘方，也就是时间序号较小的一方）有的成交是优委托价劣成交价、先到者劣成交价。上例中，⑥号买盘委托价为 2170 较③号的 2169、②号的 2168 要高，是较优的委托价格，但成交价为 2170，较③号的 2169、②号的 2168 要劣；同样，③号买盘委托价为 2169、较②号的 2168 要高，是较优的委托价格，但成交价为 2169、较②号的 2168 要劣。

（三）单一成交价撮合的一个特例

通过前面的讨论，可以看出单一成交价的撮合方式较多成交价的撮合方式要公平。以下的例子更值得我们重视。

例 5.4：设集合竞价买卖盘排队结果如下：

买盘				卖盘			
时间序号	交易方向	委托数量	委托限价	时间序号	交易方向	委托数量	委托限价
①		1000	2180	②		2000	2170

前一营业日结算价为 2181。规定有多个可能的成交价时用距离最近原则。显然，成交价应为 2180，①号、②号盘均成交 1000 手。

现在假设，期货交易所在集合竞价时接收到的不是两个买卖盘而是三个，即除了上面的两个买卖盘外还有第③号委托买卖盘：买入限价为 2170，数量为一手。这时集合竞价买卖盘排队如下：

买盘				卖盘			
时间序号	交易方向	委托数量	委托限价	时间序号	交易方向	委托数量	委托限价
①		1000	2180	②		2000	2170
③		1	2170				

显然，现在的成交价应为 2170，①号盘还是成交 1000 手，②号盘成交 1001 手，仅增加 1 手，③号盘成交 1 手。

对于①号、②号盘而言，较之前面的情形成交可以看成没有什么变化，但价格变化却很大。而这样大的成交价格的变化仅仅是因为增加了一个微不足道的买卖盘——③号买卖盘。

第三节　期货交易的结算

期货交易的结算包括期货结算会员与期货结算所之间的结算、客户与期货经纪公司之间的结算等。无论有多少个结算层次，每个层次的结算，其结算方法、结算程序、相关规则等均大同小异。期货经纪公司与客户之间的结算，业内也称作盯市。

一、盯市结算步骤

期货交易结算的第一步是计算当日盈亏。

1. 当日盈亏的计算

对客户当日的每一笔交易（包括未平仓的合约）进行盈亏计算。客户当日的所有交易可分为如下四种情况，计算盈亏时也分别采用对应的方法。要注意的是，计算盈亏时，总是用卖价减买价，结果为正表示赢利，结果为负表示亏损（而如前所述，多头开仓或增仓为买，多头平仓为卖，空头开仓或增仓为卖，空头平仓为买）。

（1）当日开仓或增仓，当日未平仓。

例5.5：客户新开9月份交割的大豆多头合约（当日买进），数量是10手，开仓价格为每手21500元。当日客户未平仓。当日结算价格为每手21550元（结算价的概念我们在稍后做进一步说明）。则该笔交易当日产生的浮动盈亏为：（21550 - 21500）×10 = 500（元）

还需要说明的是：凡当日未平仓的合约，在估算当日盈亏时均认为未平仓合约可用当日结算价平仓。

（2）当日开仓或增仓，当日平仓。

凡当日开仓当日平仓的交易，在计算盈亏时，仅考虑开仓价和平仓价。

例5.6：客户当日新开12月份交割的玉米空头合约，数量是5手，开仓价格是每手16854元。客户当日就平了仓，平仓价是每手16896元。同该笔交易产生的盈亏为：（16854 - 16896）×5 = -210（元）。即亏损210元。

（3）以前未平仓合约，当日平仓。

这时要考虑前一营业日该合约的结算价和当日该笔交易的平仓价，而不管此前该笔合约的开仓价为多少——计算盈亏时我们总认为前一营业日的结算价就是这些未平仓合约的开仓价。

例5.7：客户以前持有9月份交割的大豆多头合约10手，当日平仓，平仓价是每手21650元。昨日期货市场9月份交割的大豆合约结算价为每手21550元。则该笔交易产生的盈亏为：（21650 - 21550）×10 = 1000（元）

（4）以前未平仓合约，当日也未平仓。

这时要考虑前一营业日该合约的结算价和当日该合约的结算价，而不管此前该笔合约的开仓价为多少——在计算盈亏时我们总是认为前一营业日的结算价就是这些合约的开仓价，而当日的结算价就是这些合约的平仓价。

例5.8：客户以前持有9月份交割的大豆多头合约10手，今日未平仓。昨日期货市场9月份交割的大豆合约结算从为每手21580元，今日该合约的结算价为每手21650元。则这10手合约今日产生的浮动盈亏为：（21650

−21580）×10＝700（元）。

涉及未平仓合约的盈亏，我们叫浮动盈亏。

2. 佣金税费的计算

期货交易结算的第二步是计算佣金税费。

无论是开仓还是平仓，客户必须按规定交纳佣金、期货交易所和期货结算所费用、交易税金及风险基金（以后为方便，我们统称为佣金税费）。

（1）佣金。佣金是客户开仓和平仓时向期货经纪公司交纳的代理费，它是期货经纪公司及客户经纪人的主要收入来源。不同的期货交易所、不同的合约、不同的期货经纪公司，佣金计算方式也可能不同。通常有两种计算方式：一种是按成交合约的金额的一定比例计算，价格越高，佣金越高（从价规则）；另一种是按成交合约的数量计算，即规定每张成交的合约交固定数量的佣金，而不管合约金额的高低（从量规则）。无论用哪一种方式，通常单边佣金（一次买或一次卖交纳的佣金）不会超过合约金额的0.1%。收费水平的高低，或由政府主管部门或期货业协会直接规定；或由政府主管部门或期货业协会自定收费上限（不设下限），期货经纪公司自定不超过上限的收费水平；或由政府主管部门或期货业协会发布指导价，期货经纪公司自定收费水平。

（2）期货交易所和期货结算所费用。这是指由期货经纪公司向客户代收的期货交易所和期货结算所费用。这笔费用作为期货交易所和期货结算所维持日常开支的费用。其计算方式也有两种：一种是按成交合约的金额的一定比例（或佣金的一定比例）收取；另一种是按成交合约的张数收取。期货交易所和期货结算所费用依合约不同而有较大的差异。但通常，交易单边费用在合约金额的万分之一至千分之一之间。

（3）交易税金。交易税金是期货经纪公司代收的国家财政收入，用交易税或印花税等名义收取。收费标准由国家财政部规定。

（4）风险基金。风险基金是期货经纪公司代期货交易所和期货结算所收取的风险应付基金。通常是成交合约金额的一个非常小的比例（比如0.005%）。风险基金的管理与使用一般按法律法规进行。通常只有在期货交易所或期货结算所因会员违规而导致巨大损失、用其他办法又不能完全补救时，才能运用期货交易所和期货结算所的风险基金。

需要指出的是，开仓、增仓、平仓的委托，只有在成交的情况下才收取佣金税费。未成交委托，不收佣金税费。但有些期货市场允许期货经纪公司对所有委托（包括未成交委托）收取通信费。

3. 交易账户余额的调整（记加或记减）

期货结算的第三步是调整客户交易账户余额。

计算完每笔交易的盈亏及应付佣金税费后，就立即调整客户交易账户余额，记加赢利、记减亏损、记加开仓及增仓数、记减平仓数。下面是一个交易账户余额调整的例子：

例5.9：结算前，某客户交易账户余额如下：

资　金	合　约	
	9月份交割的小麦	
	多头（手）	空头（手）
￥280000.00	100	—

当日客户平仓20手多头合约，产生亏损75000元，相应的佣金税费为800元。80手未平仓合约产生浮动盈利12000元。客户当日无其他交易。则该客户交易账户余额调整如下：

	资　金	合　约	
		9月份交割的小麦	
		多头（手）	空头（手）
前次余额	￥280000.00	100	—
	−75000.00	−20	
	+12000.00		
	−800.00		
本次余额	￥216200.00	80	

4. 计算保证金占用量及可用资金量

期货交易结算的第四步是计算保证金占用量及可用资金量。

计算保证金时，依据的是未平仓合约量和对应的结算价格。

（1）计算所需维持保证金，看是否应补充保证金，如果要补充，计算应补充多少保证金。

维持保证金是客户持有合约时保证金账户上资金余额的最低数量，当客户账户上的资金少于需要的维持保证金时，客户必须立即补充资金使账户上的资金达到初始保证金的水平（下面我们马上介绍什么是初始保证金）。

当维持保证金是按合约金额的一定比例提取时，维持保证金总量的一般计算公式如下：

$$M_1 = \Sigma Q_i \times P_i \times C_{1i}$$

式中：M_1——维持保证金总量；

　　　Q_i——第 i 种期货合约的持仓量（未平仓合约量）；

　　　P_i——第 i 种期货合约的结算价（现实中这一价格往往取开仓价，这不合理）；

　　　C_{1i}——第 i 种期货合约所需维持保证金占第 I 种期货合约金额的比例。

当维持保证金是按合约数量提取时，维持保证金总量的一般计算公式如下：

$$M_1 = \Sigma Q_i \times D_i$$

式中：M_1——维持保证金总量；

　　　Q_i——第 i 种期货合约的持仓量；

　　　D_i——第 i 种期货期货合约每张合约所需维持保证金金额。

例 5.10：上例中，如果 80 张 9 月份交割的未平仓小麦合约当日结算价为每张合约 30000 元，维持保证金的水平是合约金额的 10%，则当日收市后客户资金账户上的资金数量（即所需维持保证金）最少需要：80 × 30000 × 10% = 240000 元。现在，客户资金账户余额为 216200 元，不足所需维持保证金，所以，客户需立即补充保证金，但不是补充到 240000 的水平，而是要补充到初始保证金的水平。如果初始保证金的水平是合约金额的 12%，则保证金水平应补充到：80 × 30000 × 12% = 288000 元。客户最少要向其账户补充资金：288000 − 216200 = 71800 元。

当然，如果结算账户的资金余额大于 240000 元，客户无须补充保证金。

（2）计算初始保证金水平，看有没有可自由支配的资金，如果有，计算有多少资金可由客户自由支配。

初始保证金是客户开仓或增仓时，账户上资金余额中可由客户自由支配的资金的最低数量。开仓或增仓后，这部分资金作为保证金被占用。所谓计算初始保证金水平，就是计算所有未平仓合约所占用的这些资金的总和。理论上，计算初始保证金水平时采用结算价更为合理，但现实中，多数期货市场采用的是各未平仓合约开仓时的成交价。

当客户开仓或增仓时，账户上可由客户自由支配的资金不能低于初始保证金，客户开仓后，由于亏损或其他原因使得客户账户资金余额下降到不足维持保证金的水平，客户必须立即补充资金，使账户上的资金余额达到初始保证金的水平。

当初始保证金是按合约金额的一定比例提取时，初始保证金累计总量的一般计算公式如下：

$$M_2 = \Sigma Q_i \times P_i \times C_{2i}$$

式中：M_2——初始保证金累计总量；

Q_i——第 i 种期货合约的持仓量；

P_i——第 i 种期货合约的结算价（现实中这一价格往往取开仓价，这不合理）；

C_{2i}——第 i 种期货合约所需初始保证金占第 i 种期货合约金额的比例。

当初始保证金是按合约数量提取时，初始保证金总量的一般计算公式如下：

$$M_2 = \Sigma Q_i \times C_{2i}$$

式中：M——初始保证金总量；

Q_i——第 i 种期货合约的持仓量；

C_{2i}——第 i 种期货合约每张合约所需初始保证金金额。

例 5.11：上例中，如果结算账户当日资金余额是 300000 元，而不是上例中的 216200 元，则客户结算账户资金余额大于所需初始保证金，多余的部分（300000 − 288000 = 12000 元），客户可自由支配——提取、开新仓或增加仓位。

二、结算综合例题

例 5.12：某客户 10 月 5 日开市前，结算账户余额如下：

资　金	合　约			
	明年 3 月份交割的大豆		12 月份交割的玉米	
	多头（手）	空头（手）	多头（手）	空头（手）
￥470000.00	100	—	—	100

10月5日，该客户进行了如下交易：

——大豆多头增仓10张，成交价是每张19600元；

——玉米空头平仓20张，平仓价是每张19800元。

10月4日，大豆结算价为每张20000元，玉米结算价为每张19900元。

10月5日，大豆结算价为每张19700元，玉米结算价为每张19800元。

佣金税费合计买卖单边为成交金额的0.1%。

维持保证金为按当日结算价计算的未平仓合约金额的6%。

初始保证金为按当日结算价计算的未平仓合约金额的8%。

试对该客户10月5日的交易进行结算。

1. 计算盈亏

（1）大豆增仓10张合约，产生浮动盈亏：

(19700 - 19600) × 10 = 1000（元）

（2）大豆100张原有多头合约未平仓，产生浮动盈亏：

(19700 - 20000) × 100 = -30000（元）

（3）玉米空头平仓20张合约，产生盈亏：

(19900 - 19800) × 20 = 2000（元）

（4）玉米80张原有空头合约未平仓，产生浮动盈亏：

(19900 - 19800) × 80 = 8000（元）

2. 计算佣金税费

共计：(10 × 19600 + 20 × 19800) × 0.1% = 592（元）

3. 交易账户余额的调整（记加或记减）

资　金		合　约			
		9月份交割的小麦		12月份交割的玉米	
		多头（手）	空头（手）	多头（手）	空头（手）
10月4日结算余额	¥470000.00	100	—	—	100
10月5日发生额	+1000.00	10			
	-30000.00				
	+2000.00				-20
	+8000.00				
	-592.00				
10月5日结算余额	¥	110	—	—	80

4. 计算保证金占用量及可用资金

（1）计算维持保证金需要量。我们用公式 $M_1 = \Sigma Q_i \times P_i \times C_{1i}$，其中 P_i 是结算当日的结算价，C_{1i} 是维持保证金占合约金额的比例，有：

$$M_1 = \Sigma Q_i \times P_i \times C_{1i}$$
$$= (110 \times 19700 + 80 \times 19800) \times 6\%$$
$$= 343860 \text{（元）}$$

当日结算账户资金余额为￥450408.00，大于维持保证金需要量，所以客户无须追加保证金。

（2）计算初始保证金水平。用公式 $M_2 = \Sigma Q_i \times P_i \times C_{2i}$，其中 P_i 是结算当日的结算价，C_{2i} 是初始保证金占合约金额的比例，有：

$$M_2 = \Sigma Q_i \times P_i \times C_{2i}$$
$$= (110 \times 19700 + 80 \times 19800) \times 8\%$$
$$= 458480 \text{（元）}$$

当日结算账户资金余额为￥450408.00，小于初始保证金水平，所以客户账户上没有资金可供客户自由支配。

三、结算价格和结算业务的进一步说明

1. 关于结算价格

结算价格是由期货交易所根据规则于每日收市后公布的用于结算的价格。它通常与当日最后成交价接近，但多数时候不等于最后成交价。

结算价格的确定通常有两种规则。

一种是时间规则。即规定：每种合约当日结算价格等于当日收市前规定时间内所有成交价格的某种加权平均价格。比如，规定收市前三分钟内所有成交价格按成交量加权的加权平均价格为当日结算价格。

另一种是笔数规则。即规定：每种合约当日结算价格等于当日收市前最后若干笔成交价格的某种加权平均价格。比如，规定收市前最后三十笔成交价格按成交量加权的加权平均价格为当日结算价格。

第一种规则面临的主要问题是：收市前规定的时间内无成交或成交笔数极少怎么办？第二种规则面临的主要问题是：在成交活跃时，收市前最后成交的若干笔可能不能代表收市前市场实际的成交价格。因此，各期货交易所针对不同合约都有较综合也更合理的有关结算价格的规定。比如，

规定收市前三分钟内所有成交价格按成交量加权平均的价格为结算价格,但当收市前三分钟之内成交笔数不足 30 笔时,则以当日收市前最后 30 笔成交价格按成交量加权的加权平均价格为结算价。

另外,期货交易所还必须针对特定意外情况下如何确定当日结算价格事先做好规定。例如,当日无成交时,如何确定当日结算价格?当日无成交,而委托价格已远离前一营业日的结算价格时,如何确定当日的结算价格?当日上午交易正常,而下午因不可抗拒的原因而停市时,如何确定当日的结算价格?

我国上海期货交易所的结算价格是当日所有成交的按成交量加权的加权平均价。

2. 盯市结算业务

就期货经纪公司而言,每日收市后的结算固然重要,但交易时间内的盯市更重要。交易时间内的盯市是指,从开市时起,期货经纪公司就不断按前述结算程序计算每一客户每笔交易的盈亏、账户余额、保证金需要量,计算时以当时市场的实时成交价格代替当日结算价格。如果发现某客户需要追加保证金,就立即提醒客户,而不是等到当日收市结算时发现保证金不足再通知客户。同时,每当客户申请开新仓(包括增加仓位)时,期货经纪公司也要以委托价格作为成交价格,计算初始保证金的需要量,若客户账户上资金余额中可供客户自由支配的资金不足以作为客户开新仓(或增仓)的初始保证金时,期货经纪公司会拒绝客户开新仓(增仓)的要求。

第六章 套期保值

避免风险是期货市场上期货交易最基本的功能，而期货市场上最常用、最基本的回避风险的办法就是套期保值。套期保值操作是期货市场期货交易的基础，没有套期保值操作，期货交易就失去了最重要的支持和存在的理由。

第一节 套期保值的基本理论

一、套期保值的含义

套期保值（Hedging），又被音译为"海琴"，是期货市场交易者将期货交易与实际货物买卖结合起来进行的一种市场行为，就是把期货市场当作转移价格风险的场所，利用期货合约作为将来在现货市场上买卖商品的临时替代物，对其现在买进准备以后售出商品或对将来需要买进商品的价格进行保险的交易活动。

套期保值的基本做法是，在现货市场和期货市场对同一种类的商品同时进行数量相等但方向相反的买卖活动，即在买进或卖出实货的同时，在期货市场上卖出或买进同等数量的期货，经过一段时间，当价格变动使现货买卖上出现盈亏时，可由期货交易上的亏盈得到抵消或弥补。从而在"现"与"期"之间、近期和远期之间建立一种对冲机制，以使价格风险降低到最低限度。

国外许多期货市场专家和学者对套期保值下过定义，但说法不一，概括起来基本上是从三个方面对套期保值进行定义的。

第一，从套期保值的交易步骤看，基于期货市场价格和现货市场价格在一定时期内会呈相同的变化趋势，认为套期保值就是在期货市场上建立与现货市场方向相反而数量相等的交易部位,以此来转移现货交易的价格波动风险,如果交易者在现货市场上签订了购买合同,在期货市场上就要同时建立一个空头的交易部位;反之,如果交易者在现货市场上卖出实际货物,在期货市场上就要同时建立一个多头的交易部位,现货市场上一旦出现价格波动使交易者蒙受损失,交易者即可用期货市场上的盈利来弥补现货市场上的亏损。

第二,从套期保值的结果看,认为套期保值是为了防止商业活动中现货价格变动风险而进行投机,使价格波动的风险局限于对基差变动的投机而进行的一种市场行为,此定义揭示了套期保值行为的最终结果,即交易者进行套期保值,实际上是避免了现货价格变动这一较大风险,而接受了基差变动这一较小的风险。因为在套期保值期间,现货市场价格和期货市场价格的变化趋势和变化幅度往往并不完全一致,套期保值往往不能达到完全转移现货交易风险的目的。其中,对于基差变化的风险,套期保值者是无论如何也无法避免的。因此,套期保值在本质上也可以认为是一种对基差的投机。

第三,从套期保值与企业风险管理的关系看,认为套期保值就是利用期货市场和期货交易来管理实际商品交易和商品价格波动的风险,使企业节省资本,达到利润正常化,或者说是利润最大化。

上述三方面的定义从不同的侧面对套期保值进行了具体的描述,简单地说:套期保值就是其交易者运用期货交易来临时替代正常商业活动中转移一定数量商品所有权的现货交易的做法。一次简单的套期保值行为由三个基本交易行为组成:在期货市场上买或卖(开仓行为)、在期货市场的平仓、在期货市场的买或卖。在期货市场的第一个交易行为是买还是卖取决于未来交易者在现货市场上打算买还是卖,两者交易方向相反,通常情况下交易量也应大致相等。

为了管理期货交易,避免出现过度投机,最大程度地发挥期货市场的风险转移功能,美国商品期货交易委员会(CFTC)对期货交易中的套期保值和投机交易严格予以区别对待。该委员会认为真正的套期保值(Bona Fide Hedging)应是在期货市场上建立交易部位来代替现货市场的实物交易中已经进行的、或即将进行的交易,而且该期货交易部位在经济上是适合于减少如下企业经营和管理风险的:

(1)在拥有、生产、制造、加工,或者预计在未来拥有、生产、制造、加工中的资产价值的潜在变化；

（2）在负债，或预计负债价值的潜在变化；

（3）在提供、购买，或者预计提供或购买劳务中的劳务价值的潜在变化。所以，从上述对套期保值的各种定义可以看出，套期保值从根本上是一个减少风险的过程。

二、套期保值者的动机

单从期货市场交易者的行为看，套期保值者与一般的交易者或投机者的行为是一样的，都表现为买空或卖空一定数量的期货合约，但是进行套期保值的人都是经营具体商品交易的商人，如生产商、经营商、加工商、进出口商等。他们进行期货交易的目的和动机与期货其他交易者不尽相同，他们都是将期货交易与各自经营的现货交易配合起来。然而，在期货市场上的套期保值者也很复杂，同是套期保值者，而利用期货市场的程度却不相同，动机也有一定的差异。国外一些著名学者和专家曾对套期保值者的动机做过大量的分析和研究，其中有代表性的理论有三种。

第一种是传统的套期保值理论，它主要是来自英国著名经济学家凯恩斯（1930）和希克斯（1946）的观点，这种理论认为，套期保值是交易者转移风险的行为，套期保值者进行套期保值只是将他们不愿意承担的现货价格波动的风险转移给期货市场上较愿承担风险的投机者。因此这一传统理论解释了套期保值交易者为什么在期货市场上经常会建立一个与现货市场方向相反、数量相等的交易部位。这种理论认为，交易者做套期保值是出于回避现货交易风险的习惯性行为。是否做套期保值的问题对交易者而言并不重要，他们也不期望不做套期保值可以取得更多的现货交易的收益，进行套期保值只不过是排除了他在现货市场上对价格变动进行投机。因此，传统理论主要强调，套期保值的动机是减少风险和转移风险。

第二种理论是美国著名期货市场专家霍布鲁克·沃金在20世纪50年代提出的观点。沃金在《套期保值市场上的投机》一书中指出，套期保值者的做法并不是出于一种习惯性的市场行为，交易者进行套期保值是有选择的。虽然交易者在期货市场上进行套期保值排除了他在现货市场中对价格进行投机，但套期保值的结果并不一定会将风险全部转移出去。套期保值者要承担期货市场价格与现货市场价格变化不一致时的风险，即基差的变动风险。利用期货市场，套期保值者实际上是避免了现货市场价格变动的这一较大的风险，而接受了基差变动这一较小的风险。因此，为了减少基差风险，甚至从基差变动中获取额外的利益，交易者会选择地进行套期保值。另外，沃金还认为套期保值者除了减少现货交易的风险，保住合理的利润之外，还有其他一些目的，如由于交易风险减少而可以获取更多的贷款，便于交易决策，以及取得现货市场和期货市场这两个市场相配合的最大利润。

沃金的理论实际上是将利润最大化的观点与传统的套期保值理论结合起来的结果。

第三种理论是美国期货市场专家约翰逊（Leland Johnson）和斯特恩（Jerome Stein）在20世纪60年代提出的，他们认为，期货市场是一个投资市场，套期保值者进入期货市场的原因与任何一位投资者进入其他市场一样，目的是为了取得在一定风险水平下的最高收益，套期保值者将期货合约视为一项与现货结合起来的潜在资产。因此，套期保值者除了可以选择性地做套期保值之外，买卖期货合约的数量也不一定要与现货交易的数量一致，可以针对市场的变化，随时调整和改变期货交易的数量，但最终的目的是取得最大的投资收益，并且最小程度地承担投资风险。

第三种理论实际上是继承了前两种理论观点，并从现代资产管理和风险投资的角度对套期保值者的目的和动机进行了解释。

综合上述各种观点，我们认为，套期保值者的基本动机是转移或减少现货交易的价格风险，这也是期货市场为参加交易者提供的一个非常重要的市场功能。然而，随着期货交易制度的完善，新的期货商品在不断出现，交易的范围也在扩大，套期保值涉及各种领域的生产和经营，期货市场在某种程度上已经成为企业或个人资产管理的一个重要工具，套期保值者将期货市场与现货市场看作两个相得益彰的投资市场，把这两个市场结合起来，实现投资利润的最大化。

三、套期保值的种类

我们按套期保值者不同的目的和做法，可将套期保值划分为以下五种：

1. 仓储费用套期保值（Carrying Charges Hedge）。是指与交易者进行商品储存或持有现货有关的一种保值方法。通常交易者购买并储存商品的同时，在期货市场上建立相应的空头交易部位进行保值，并于出售现货时平仓。这种套期保值的主要目的是尽量避免现货与储存商品的价格波动风险，期望从基差的变化中获取利润。

2. 经营性套期保值（Operational Hedge）。是中间商以经营为目的而经常采取的一种保值方法。交易者在期货市场上根据现货经营的具体情况，建立空头或多头交易部位。一旦在现货市场上实现了货物交割或货物采购，就立即在期货市场上对冲平仓。这种套期保值是对现货交易的一种临时替代，目的是方便中间商的交易决策，转移价格波动的风险。通常这种套期保值的时间比较短，交易者经常不考虑基差的变化。

3. 预期保值（Anticipatory Hedge）。是生产者经常采取的一种套期保值方法，是对将来进行现货交易的一种临时替代。交易者在期货市场上建立交易部位时，并不需要购买或出售一定数量的现货与之对应，交易者只是在期货市场上以一定的期货价格提前出售或购买期货商品，待现货交易实现后再平仓。一旦价格发生不利变化，交易者在期货市场上的对冲平仓带来的收益会弥补现货交易可能出现的损失。

4. 选择性套期保值（Selective Hedge）。指交易者在期货市场上做套期保值是有选择性的，交易者是否做套期保值要根据他对价格变化趋势的预测。持有现货的交易者如果预测价格下跌，为了避免损失，他就会套期保值。反之，如果他预测价格上升，现货交易会给他带来更多的收益，那么他就不会做套期保值。另外，套期保值者还会根据他对市场价格变化趋势的预测，选择期货交易的入市时间，以及建立交易部位的数额等。这种选择性套期保值在实际业务中比较常见，交易者并不是每笔交易都做套期保值。然而，这种套期保值给交易者增加了额外的投机性因素。交易者必须有很强的预测价格变化的技巧和能力，才能控制住风险，从而取得最大的收益。

5. 替代保值（Cross Hedge）。是用期货交易的商品来对现货市场中种类不同、但价格相关性较强的商品进行保值的方法。有些商品不存在期货市场，或不存在活跃的期货市场。为了对这些商品进行保值，交易者必须在期货市场中选择一种价格和价值与这种现货商品有较强相关性的期货商品，如在玉米期货市场上做高粱的套期保值；在活牛期货市场上做无骨肉的套期保值。

四、套期保值的基本原理

套期保值之所以能够达到规避价格风险的目的，其基本原理有两个：

1. 同一品种的商品，其期货价格与现货价格受到相同因素的影响和制约，虽然波动幅度会有不同，但其价格的变动趋势和方向有一致性。

如图 6.1 所示，在某段时间，同一品种的现货价格与期货价格走势一致，一旦保值在期货市场上建立了与现货市场相反的头寸，则无论市场价格朝哪一个方向变动，均可避免风险，实现保值。不过，在套期保值中，保值者一般只能做到保值，而不能获利。因为，保值者在一个市场上获得的利润将被另一市场的损失所抵消。

2. 随着期货合约到期日的临近，期货价格和现货价格逐渐聚合，在到期日，基差接近于零，两价格大致相等，如图 1。如果两价格不一致，会引发期货市场与现货市场间的套利行为，众多交易者低买高卖的结果，会大大缩小两市场间的价差。

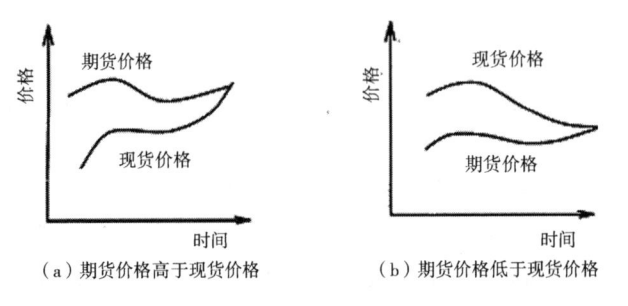

图 6.1 期货价格与现货价格的关系

若假定在交割期间，期货的价格高于现货的价格，这就存在一个明显的套利机会：卖空期货合约买入资产进行交割，这必定会赢利，该赢利额等于期货价格高于现货价格的那部分。一旦交易者发现这一套利机会，期货的价格就会下降。若假定在交割期间，期货的价格低于现货的价格，打算获得该标的资产的公司将会发现，购买期货合约然后等待空头方交割对公司更为有利。一旦公司进行如此操作，期货的价格就会上升。

一个期货品种的成功与否，套期保值能否达到既定目标，取决于该品种的期货价格与现货价格的联动关系，还取决于期货市场与现货市场的市场状况及有关交易规则是否有利于套利行为的发生。

从这两个经济原理出发，套期保值时必须把握以下四个原则：

第一，交易方向相反原则（亦称作反向操作原则）。套期保值必须在两个市场上同时采取相反的买卖行为，进行反向操作。只有遵循此原则，交易者才能取得在一个市场上亏损的同时在另一个市场上盈利。

第二，商品种类相同原则。期货交易商品的选择必须与现货市场的相同，只有种类相同，期货价格与现货价格才有可比较的密切关系。

第三，商品数量相等原则。现货市场上买卖的商品数量等于期货市场上买卖的期货商品的数量；期货市场上先买进（或卖出）的期货商品数量等于后卖出（或买进）的期货商品数量。

第四，月份相同或相近原则。做套期保值交易时，所选用的期货合约的交易月份最好和交易者将要在现货市场上买进或卖出的现货商品的时间相同或相近，因为现货价格与期货价格的趋合性是影响保值效果的因素。

以上四大操作原则是任何套期保值交易都必须同时遵循的原则，忽略了其中任何一个原则都有可能影响套期保值的效果。

第二节　套期保值运作

套期保值的做法有空头（卖出）套期保值和多头（买入）套期保值两种。如果在做套期保值时，交易者先在期货市场上建立空头交易部位（Short Position），然后再以多头平仓（Offset），那么就称之为卖期保值或者空头保值（Short Hedge）；如果在做套期保值时，交易者先建立多头交易部位（Long Position），然后再以空头平仓，那么就称之为买期保值或多头保值（Long Hedge）。至于在期货市场上，什么情况下进行卖期保值，什么情况下进行买期保值，则要根据每个交易者的具体情况。

一、空头（卖出）套期保值运作

1. 空头部位及交易者

所谓空头是指期货市场上交易者所占有的先卖后买的部位，交易者对价格走势预测看跌，看跌即卖期货，这样的交易者称空头交易者，所占的市场位置称空头部位。

空头部位的交易者一般为生产者、批发商、储运商等。

生产者到期货市场进行套期保值是为了保护已生产出来的商品或正在生产中的商品的价值，防止这些商品在正式出售时价格的跌落，往往在期货市场上以卖主的身份售出数量相等的期货占空头部位。

例如：某人种植小麦 6 月收获，预计总产量 50 吨，在 4 月份可售出期货合约，来减低价格风险，在卖出期货合约月份上一般选择 7 月或 7 月以后的期货合约，因为 7 月前的期货合约在小麦收获期前便接近到期，不能提供保障。当这位农民没有自备仓库或有借款需还时，应选定 7 月的期货合约；若有自备的仓库也无欠账，可选 7 月以后的期货合约。这样，期货效益为 360 元/吨，这位农民可能有以下 4 种结果：

A. 期市价与现市价同幅下跌，则可达目标收益。

B. 期市价比现市价下跌大，则农民收益超出目标。

C. 期市价下跌幅度比现市价下跌小，则农民难达目标收益。

D. 如果收割季节天气变坏，期市价与现市价同时上升，农民盈亏相当，则可达目标收益。

具体对冲交易程序如表 6.1：

表 6.1

	现货市场	期货市场
4 月 1 日	每吨 360 元	售出 7 月份合约 5 张，每张 10 吨，每吨 370 元
6 月 10 日至 15 日	收 50 吨	
6 月 25 日	售 50 吨，每吨 340 元	购入 7 月份合约 5 张，每吨 350 元
与目标收益相比	每吨亏 20 元	每吨获利 20 元

A. 期市价与现市价同幅下跌

该农民在现货市场每吨亏 20 元，在期货市场每吨位获利 20 元，盈亏相抵，达到了预期目标 360 元/吨。

B. 期市价下降幅度比现市价下跌大

表 6.2

	现货市场	期货市场
4月1日	每吨 360 元	售出 7 月份合约 5 张,每张 10 吨,每吨 370 元
6月25日	售 50 吨,每吨 350 元	购入 7 月份合约 5 张,每吨 335 元
与目标收益相比	每吨亏 10 元	每吨获利 15 元

这种情况下,该农民的收益超出了目标收益。

C. 期市价下跌幅度比现市价下跌幅度小

表 6.3

	现货市场	期货市场
4月1日	每吨 360 元	售出 7 月份合约 5 张,每张 10 吨,每吨 370 元
6月25日	售 50 吨,每吨 340 元	购进 7 月份合约 5 张,每吨 360 元
与目标收益相比	每吨亏 20 元	每吨获利 10 元

此结果表明农民收益未达到目标收益,期货市场的盈利不能弥补现货市场价格下跌的亏损,但如果不做期货亏损则更大。

D. 如果收割季节天气变坏,期市价与现市价同时上升

表 6.4

	现货市场	期货市场
4月1日	每吨 360 元	售出 7 月份合约 5 张,每张 10 吨,每吨 370 元
6月25日	售出 50 吨,每吨 380 元	购进 7 月份合约 5 张,每吨 390 元
与目标收益相比	每吨盈利 20 元	每吨亏损 20 元

这样该农民仍盈亏相当,通过套期保值仍然达到 3 月目标收益。

批发商、储运商往往也在空头部位进行套期保值。

例如,批发商或储运商从农民那里购进小麦或其他商品立即转售出去,不存在价格风险;如果一时无法立即找到合适的买主,这种大量存货将面临下跌的风险,于是需要空头保值。

表 6.5

	现货市场	期货市场
10月1日	购进1千吨，每吨320美元	出售小麦合约100张，每吨320美元
12月1日	卖出1千吨，每吨305美元	购进小麦合约100张，每吨315美元
与目标收益相比	亏损15000美元	盈利15000美元

这样批发商或储运商均可在空头部位达到套期保值目的。

2. 空头套期保值运作实例

空头套期保值在运作时，主观预计价格会下跌，因而卖出期货合约，但客观形势的发展则并不一定会全按照人们的主观意识，而有可能出现多种情况，从理论逻辑分析应该有以下4种情况：

A. 现货、期货同幅下跌。

B. 现货、期货同幅上升。

C. 现货价升、期货价跌。

D. 现货价跌、期货价升。

下面，结合实例具体分析这4种情况所产生的结果。

A. 现货、期货同幅下跌

例如：某粮食生产者（或批发商）10月3日持有（或购进）50吨小麦，小麦单价为每吨500元，同期期货市场上的小麦单价为每吨510元，该生产者（或批发商）根据市场行情，预测3个月后小麦现货、期货将同幅下跌，假定均每吨跌价50元，小麦12月份到期，试计算套期保值的结果。

（1）绘制对冲程序表（表6.6）

表6.6 现货、期货同幅下跌

	现货市场	期货市场	基差
10月3日	持有（或购进）小麦50吨，单价500元	卖出12月份期货小麦50吨，单价510元	-10元
12月1日	卖出现货小麦50吨，单价450元	补进12月期货50吨，单价460元	-10元
	价跌50元	价跌50元	
	共亏2500元	共盈2500元	相抵

（2）计算盈亏结果

现货市场的盈亏额 =（460 - 500）×50 = -2500（元）

期货市场的盈亏额 =（510 - 460）×50 = 2500（元）

所以现货市场与期货市场盈亏相抵。

B. 现货、期货同幅上升

例如：某生产者（或批发商）10月3日购进或持有小麦50吨，小麦单价为450元，同期期市价为460元，要求测算该生产者（或批发商）卖出对冲后在12月份现货、期货同幅上升50元条件下，平仓了结的盈亏结果。

（1）绘制对冲程序表（表6.7）

表6.7 现货、期货同幅上升

	现货市场	期货市场	基差
10月3日	持有（或购进）小麦50吨，单价450元	卖出12月份期货小麦50吨，单价460元	-10元
12月1日	卖出现货小麦50吨，单价500元	补进12月期货50吨，单价510元	-10元
	价跌50元	价升50元	
	共盈2500元	共亏2500元	相抵

（2）计算盈亏结果

现货市场盈亏额 =（500 - 450）×50 = 2500（元）

期货市场盈亏额 =（460 - 510）×50 = -2500（元）

所以现货市场与期货市场盈亏相抵。

C. 现货价升、期货价跌

例如：某生产者（或批发商）持有（或购进）小麦50吨，小麦单价为每吨450元，同期期货市场小麦单价510元，12月1日，卖出现货小麦50吨，单价500元，同时补进12月期货小麦50吨，单价460元，试测算卖出对冲交易的盈亏结果。

（1）绘制对冲程序表（表6.8）

表 6.8　现货价升、期货价跌

	现货市场	期货市场	基差
10月3日	持有（或购进）小麦 50 吨，单价 450 元	卖出 12 月份期货小麦 50 吨，单价 510 元	-60 元
12月1日	卖出现货小麦 50 吨，单价 500 元	补进 12 月期货 50 吨，单价 460 元	+40 元
	价升 50 元	价跌 50 元	
	共亏 2500 元	共盈 2500 元	总盈 5000 元

（2）计算盈亏结果

现货市场盈亏额 =（500-450）×50=2500（元）

期货市场盈亏额 =（510-460）×50=2500（元）

所以现货市场与期货市场共盈利 5000 元。

D. 现货价跌、期货价升

例如：某生产者（或批发商）10 月 3 日持有（或购进）小麦 50 吨，小麦单价为每吨 500 元，同期期货市场小麦单价为每吨 460 元，12 月 1 日卖出现货小麦 50 吨，单价 450 元，同时补进 12 月份期货小麦 50 吨，单价 510 元，试测算对冲的结果。

（1）绘制对冲程序表（表 6.9）

表 6.9　现货价跌、期货价升

	现货市场	期货市场	基差
10月3日	持有（或购进）小麦 50 吨，单价 500 元	卖出 12 月份期货小麦 50 吨，单价 460 元	+40 元
12月1日	卖出现货小麦 50 吨，单价 450 元	补进 12 月期货 50 吨，单价 510 元	-60 元
	价跌 50 元	价跌 50 元	
	共亏 2500 元	共亏 2500 元	总亏 5000 元

（2）计算盈亏结果

现货市场盈亏额 =（450-500）×50=-2500（元）

期货市场盈亏额 =（460-510）×50=-2500（元）

所以，现货市场和期货市场共亏损 5000 元。

再如：4 月份籼米现货市场上的价格为每吨 2800 元（10 吨为 28000

元），农民认为这个价格是可以接受的价格——希望今年收割的籼米也能卖这个价格，但今年7月份才能收割籼米。为防止现货市场的价格下降，农民于4月份就在期货市场上卖出籼米期货合约。按其预期产量，农民卖出了2张（每张10吨）9月份交割的籼米期货合约，成交价格为每吨2900元（每张合约29000元）。到了7月份，籼米现货市场上的价格下降到每吨2600元，期货市场上9月份交割的合约价格是每吨2700元。农民收割了籼米后，按当时期货市场上的价格平掉两张期货空头合约，在现货市场按当时现货市场上的价格卖出现货。无论我们是以每吨的价格计算还是以每张合约的数量10吨的价格计算，本例题中，基差没有变化（每吨籼米现时基差，也就是4月份基差是100元，后来的基差，也就是7月份的基差也是100元），在不计持有成本、交易成本（佣金税费、资金成本）时，农民的综合收入是现时现货市场上的价格56000元（两张共20吨，现时，也就是4月份，现货市场的总价格为56000元）。

事实上，农民在期货市场每张合约盈利为：

$F_1 - F_2 = 29000 - 27000 = 2000$（元）

两张合约赢利为：

$2000 \times 2 = 4000$（元）

在7月份现货市场上20吨籼米实际的卖出价格为：

$S_2 \times 2 = 26000 \times 2 = 52000$（元）

农民综合收入为：在期货市场的盈利+实际在现货市场上的卖出价格，即为：$(F_1 - F_2) \times 2 + S_2 \times 2 = 4000 + 52000 = 56000$（元）

按现时，也就是4月份的现货市场上的价格，农民卖出20吨籼米所能获得的收入也是$2800 \times 2 = 56000$（元）。

即农民套期保值获得成功——实现了现时现货价格（4月份现货市场上的价格）。

当然，我们可以将这一结果与农民没有进行套期保值操作的结果进行比较。如果农民没有进行套期保值操作，那么7月份农民收获籼米后，只能按当时的现货市场价格每吨2600元出售，只能获得52000元的收入。由于现货市场价格下降而少收入的4000元就无处弥补。而如果农民进行了上述套期保值操作，那么，在现货市场上由于现货市场价格下降而少收入的4000元，就可以由期货市场上由于价格下降而获得的赢利来弥补。

二、多头(买入)套期保值运作

1. 多头部位及交易者

所谓多头是指期货市场上交易者所占的先买后卖的部位,交易者对价格走势预测看涨,看涨则买期货,这样的交易者称多头交易者,所占的市场位置称多头部位。

多头部位的交易者一般为加工商。加工商或称制造商,购进加工用的原材料经加工制成产品来赚取加工费,加工商为了在每一生产阶段所需原材料得到保证的前提下减小价格风险,防止因原材料的价格上涨而引起损失,锁牢加工利润,往往有用多头部位的套期保值。

例如:石油加工商预计4月份购进1500吨原油,1月份现货价为880元/吨,期望每吨获20元利润,购进原油的目标价格为895元/吨。若1月份购进,从1月至4月,3个月的库存费按1%计算需8.8元/吨,银行贷款利息1.8%,需15.48元/吨,这样实际使用这批原油,价格904.64元/吨,超过了原目标价格,于是进行套期保值。

该加工商实际购入价格为800+92=892元/吨,若不做套期保值进价少80元/吨,看起来吃亏了,但仍实现了目标价格,锁牢了加工利润,更何况,这种情况是极特殊、极少的。

表6.10

	现货市场	期货市场
1月份	每吨880元	购进4月份原油合约60份,每吨892元
3月底	购进原油1500吨,每吨995元	售出4月份原油合约60份,每吨995元 盈利103元

该加工商通过期货市场的运作盈利103元,弥补了现货市场的亏损。

若预测反向,到了3月底,石油价格不是上升而下跌,其结果见表6.11所示。

表 6.11

	现货市场	期货市场
1月份	每吨 880 元	购进 4 月份原油合约 60 份，每吨 892 元
3 月底	购进原油 1500 吨，每吨 800 元	售出 4 月份原油合约 60 份，每吨 800 元
		亏损 92 元

2. 多头套期保值运作实例

多头套期保值在运作时，主观预计价格会上涨，因而购进期货合约，但客观形势的发展则有可能出现多种情况，从理论逻辑分析应该有以下 4 种情况：

A. 现货、期货同幅上升。

B. 现货、期货同幅下跌。

C. 现货价升、期货价跌。

D. 现货价跌、期货价升。

下面结合实例具体分析这 4 种情况所产生的结果。

A. 现货、期货同幅上升

例如：某制造商从事买入对冲交易，在现货市场 10 月 3 日卖出小麦 50 吨，单价 450 元，同期期货市场小麦单价 460 元；该制造商于 12 月 1 日购进现货小麦 50 吨，单价 500 元，同时卖出期货小麦 50 吨，单价 510 元，试测算其对冲盈亏额。

（1）绘制对冲程序表（表 6.12）

表 6.12　现货、期货同幅上升

	现货市场	期货市场	基差
10 月 3 日	卖出小麦 50 吨，单价 450 元	购进期货小麦 50 吨，单价 460 元	-10 元
12 月 1 日	买进小麦 50 吨，单价 500 元	卖出期货小麦 50 吨，单价 510 元	-10 元
	价升 50 元	价升 50 元	
	共亏 2500 元	共盈 2500 元	相抵

（2）计算盈亏结果

现货市场 =（450 - 500）× 50 = -2500（元）

期货市场 =（510 - 460）× 50 = 2500（元）

所以期货市场的盈利与现货市场的亏损相抵，达到了套期保值的目的。

B. 现货、期货同幅下跌

例如：某制造商从事买入对冲交易，在现货市场10月3日卖出小麦50吨，单价500元，同期期货市场小麦单价510元；该制造商于12月1日购进现货小麦50吨，单价450元，同时卖出期货小麦50吨，单价460元，试测算盈亏结果。

（1）绘制对冲程序表（表6.13）

表6.13 现货、期货同幅下跌

	现货市场	期货市场	基差
10月3日	卖出小麦50吨，单价500元	购进期货小麦50吨，单价510元	-10元
12月1日	买进小麦50吨，单价450元	卖出期货小麦50吨，单价460元	-10元
	价跌50元	价跌50元	
	共盈2500元	共亏2500元	相抵

（2）计算盈亏结果

现货市场 =（500 - 450）× 50 = 2500（元）

期货市场 =（460 - 510）× 50 = -2500（元）

所以，现货市场的盈利弥补了期货市场的亏损。

C. 现货价升、期货价跌

例如：某制造商从事买入对冲，在现货市场10月3日卖出小麦50吨，单价450元，同期期货市场小麦单价510元；该制造商于12月1日购进现货小麦50吨，单价500元，同时期货市场卖出期货小麦50吨，单价460元，试测算盈亏结果。

（1）绘制对冲程序表（表6.14）

表6.14 现货价升、期货价跌

	现货市场	期货市场	基差
10月3日	卖出小麦50吨，单价450元	购进期货小麦50吨，单价510元	-60元
12月1日	买进小麦50吨，单价500元	卖出期货小麦50吨，单价460元	-40元
	价升50元	价跌50元	
	共亏2500元	共亏2500元	总亏5000元

(2) 计算盈亏结果

现货市场 = （450 - 500）×50 = -2500（元）

期货市场 = （460 - 510）×50 = -2500（元）

所以，现货市场与期货市场共亏损5000元，当然套期保值者一般不会作出这类的业务。

D. 现货价跌、期货价升

例如：某制造商从事买入对冲交易，在现货市场10月3日卖出小麦50吨，单价500元，同期期货市场小麦单价460元；该制造商于12月1日购进现货小麦50吨，单价450元，同时卖出期货小麦50吨，单价510元，试测算其结果。

（1）绘制对冲程序表（表6.15）

表6.15 现货价跌、期货价升

	现货市场	期货市场	基差
10月3日	卖出小麦50吨，单价500元	购进期货小麦50吨，单价460元	-40元
12月1日	买进小麦50吨，单价450元	卖出期货小麦50吨，单价510元	-60元
	价跌50元	价升50元	
	共盈2500元	共盈2500元	总盈5000元

(2) 计算盈亏结果

现货市场 = （500 - 450）×50 = 2500（元）

期货市场 = （510 - 460）×50 = 2500（元）

所以，现货市场与期货市场均获利5000元，这是很难碰到的特殊情况。

再如：10月18日小麦现货市场上的价格为每吨2000元（10吨为20000元），面粉加工商认为这个价格是可以接受的价格——他希望以后买入小麦的综合支出在这个水平。但由于仓库容量有限，他要到明年1月18日才能再次购入小麦。为防止现货市场上的小麦价格上升，面粉加工商于10月18日就在期货市场上买入小麦期货合约。按其预期需要，他买入了10张（每张10吨）明年3月份交割的小麦期货合约，成交价格为每吨2300元（每张合约23000元）。到了1月18日，小麦现货市场上的价格上升到每吨2200元，期货市场上3月份交割的合约的价格也上升到每吨2440

元，面粉加工商按当时期货市场上的价格平掉两张期货空头合约，在现货市场按当时现货市场上的价格买入现货小麦。由于面粉加工商未在 10 月 18 日买小麦，而是在来年 1 月 18 日买，因而节省了 3 个月的仓储保管费用。小麦的仓储保管费用大约是每月每吨 20 元。

无论我们是以每吨的价格计算还是以每张合约的数量 10 吨的价格计算，本例题中，基差的减少量刚好等于期间的持有成本（以吨计算，每吨小麦现时基差，也就是 10 月份基差是 300 元，后来的基差，也就是来年 1 月份的基差也是 240 元，基差减少 60 元；从 10 月 18 日到来年 1 月 18 日，每吨小麦的仓储保管费用也是每吨 60 元）。不计交易成本（佣金税费、资金成本），面粉加工间在 1 月 18 日在现货市场买入小麦的实际支出是 220000 元（1 月 18 日现货价，每吨 2200 元，共 100 吨），当日平掉期货仓位，所得为 14000 元（每吨 140 元），所以 1 月 18 日其账面支出为 206000 元。如果减去 3 个月的仓储保管费用 6000 元（每吨 60 元，100 吨共 6000 元），则其综合支出为 200000 元，正是 10 月 18 日现货市场价（每吨 2000 元，100 吨共 200000 元）。计算过程综合如下：

面粉加工商在现货市场上 100 吨小麦实际的买入价格为：

$S_2 \times 10 = 22000 \times 10 = 220000$（元）

面粉加工商在期货市场 10 月份合约共赢利为：

$1400 \times 10 = 14000$（元）

面粉加工商账面支出为：

$220000 - 14000 = 206000$（元）

面粉加工商节省了仓储保管费用共：

$100 \times 60 = 6000$（元）

面粉加工商综合支出为：

$206000 - 6000 = 200000$（元）

即面粉加工商期货套期保值获得成功——实现了现时现货价格（10 月份现货市场上的价格）。

当然，我们也可以将这一结果与面粉加工商没有进行套期保值操作的结果进行比较。如果面粉加工商没有进行套期保值操作，那么 1 月份他只能按当时的现货市场价格每吨 2200 元买入小麦，总支出是 220000 元。他同样节省了仓储保管费用 6000 元，所以，由于现货市场价格上升而多支出的 20000 元中，有 6000 元反映的是仓储保管费用的节省，但另 14000 元的损失就无处弥补了。如果进行了上述套期保值操作，那么，这14000元就可以由期货市场上由于价格上升而获得的赢利14000元来弥补。

三、交叉套期保值

当用来套期的与期货合约对应的商品是不可交割的时，保值者同样面临商品价格风险。如果用来套期的商品不可交割，由于现货价格与期货价格在期货合约到期时不一定收敛，那么商品的价格风险就不能彻底消除。

交叉套期保值（Cross-hedging）是指将期货合约用于不可交割商品的套期保值。在实际中，许多情况都是交叉套期保值，比如在甲地的小麦持有者可能拥有可交割的小麦期货，但由于运输到交割地方的成本很高昂使其成为不可交割期货合约。这就意味着在甲地和乙地的小麦价格不收敛，而且由于两个市场不确定的需求状况导致甲地和乙地两地小麦价格差也可能不确定。这就要使用交叉套期。交叉套期包括：1. 在白金的头寸上用银的期货进行套期保值。2. 使用股票指数期货对单个股票头寸进行套期保值。3. 使用国债期货对公司债进行套期保值。4. 使用甲地小麦期货对储存于乙地的小麦进行套期保值。5. 外汇的套期保值等。

例如：日本一家公司在某年7月10日预计一个月后将收到一笔200万加元的款项。如果在此一个月中，加元对日元的汇率下跌，则该公司在收到这200万加元后将兑得较少的日元。为规避这种风险，该公司自然应该利用外汇期货交易实行套期保值。然而，目前在各外汇期货市场却没有以日元兑换加元，或以加元兑换日元的期货合约可供该公司进行直接的套期保值。所以，它只能通过日元期货合约与加元期货合约实行交叉套期保值。

假设在7月10日时有如下汇率：US $ 0.008 20/J￥，US $ 0.800 0/C $；故得到交叉汇率：C $ 0.010 25/J￥ （=0.008 20/0.800 0）。

据预测，一个月后汇率将变动为：US $ 0.009 00/J￥，US $ 0.750 0/C $；交叉汇率将变为：C $ 0.012 00/J￥ （=0.009 00/0.750 0）。显然，日元将升值，而加元将贬值。

因此该公司实行交叉套期保值的具体办法是：一方面做日元期货的多头，另一方面做加元期货的空头。如果一个月后市场汇率果然如预测的那样变动，则该公司即可在日元期货的多头交易中获益，又可以在加元期货的空头交易中获利。此两种货币期货交易中的获利可部分或全部地抵补该公司在现货市场所受的损失（表6.16）。

表6.16 现货、期货同幅下跌

		7月10日	8月10日	损 益
汇率		US＄0.00820/J￥ US＄0.8000/C＄ C＄0.01025/J￥	US＄0.00900/J￥ US＄0.7500/C＄ C＄0.01200/J￥	
现货市场		预计收入：2 000 000 加元 ＝195 121 950 日元	实际收入：2 000 000 加元 ＝166 666 667 日元	－28 455 283 日元
期货市场	日元期货	买进16张9月份日元期货合约，合约总值1 640 000美元	卖出16张9月份日元期货合约，合约总值1 800 000美元	160 000 美元折合 17 777 778 日元（以 8 月 10 日汇率计算）
	加元期货	卖出20张9月份加元期货合约，合约总值1 600 000美元	买进20张9月份加元期货合约，合约总值1 500 000美元	100 000 美元折合 11 111 111 日元（以 8 月 10 日汇率计算）
套期保值结果				433 606 日元

当进行交叉套期时，要注意相关头寸的价格变化的比例关系。如果在某种程度上这种关联是稳定的，你就可以调整套期的规模，提供更好的交叉套期。

四、制定套期保值策略的方法

投资者在制定套期保值策略的时候，首先要了解所交易的商品的现货市场供需状况以及影响其价格的主要因素，做好该商品的供给和需求计划安排；要弄清所交易商品的性质、生产特点和市场构成，确定出合理的目标利润和目标成本。其次，要了解所交易的商品在期货市场上的交易状况，交易所的有关规则，注册仓库的地点，尤其要弄清需保值商品的规格品质与期货合约规格的差异，以明确质量升、贴水额。然后遵循以下程序，结合生产、经营情况做出套期保值的决策：

1. 利用基本分析或技术分析等各种分析价格的方法，估计价格变动的可能性有多大，变动的幅度是多少，并计算出净风险额。比如，某出口商预计3个月后出口商品，现在的总价值为100万美元，假设通过分析认为价格下降的可能性是60％，下降幅度为10％，则净风险额为6美元（＝100万美元×60％×10％）。

2. 计算保值的各项成本费用，包括保证金利息、佣金、手续费、交割费用等各项支出。

3. 将净风险额与保值费用做对比，若净风险额大于保值费用，且净风险额自己不愿或无力承担，就应该进行套期保值。

4. 在保值过程中，要根据价格长期趋势制定长期保值计划，也要根据价格短期走势预测确定入市和平仓的有利时机。

5. 要对基差变量做出预测，估计保证金的需求量，并根据市场情况灵活地选择对冲方式。

6. 根据运输情况、交割特点灵活决定是否进行实物交割，若不准备或不能够进行实物交割，就不要在即将期满的合约上操作。

套期保值原理在实际应用时，效果也许并不理想，也就是说，没有达到持平保值的完美状态。影响保值效果的主要原因是：（1）由于期货商品的品种限制，需要对冲其价格风险的资产与期货合约的标的资产可能并不完全一样；（2）套期保值者可能并不能肯定购买或出售资产的确切时间；（3）由于期货合约的交割月份标准化的限制，套期保值可能要求期货合约在其到期日之前就进行平仓；（4）由于期货合约的交易单位标准化的限制，需要保值的资产的现货交易数量和期货交易数量也许不能相等。由于保值策略的局限性，需要引入基差分析的方法。

第三节　基差交易

从理论上讲，期货价格是在未来的时点进行交割的商品的价格，或者说，它是对未来现货市场上商品价格的预测值，因而反映了现货市场上商品价格的未来走势。因此，期货价格与现货价格有着十分密切的联系，而两种价格的走势也对这两个市场产生着重大影响。此外，根据期货价格和现货价格之间的差额计算出来的基差（basis）还是套期交易的重要依据和基本交易方式。

一、期货价格与现货价格

在期货交易中，买卖双方进行交易的只是观念上的商品，只要实际交割实物的期限未到，交易双方在交易所内买进或卖出的只是一张张期货合约。因此，期货合约作为交易的对象或客体似乎便有了自身的价格或价值，只要交易者交纳一笔保证金，便可通过经纪人频繁地进行期货合约的买进或卖出。

人们对于期货合约的价值或价格的认识在很大程度上存在一种误解，因为作为一种深受投资者重视的新兴投资方式，其交易客体——期货合约本身并无任何价值，换言之，其价值永远等于零。原因很简单，在期货合约尚未满期的合同期内，买方无须支付货款，合约中规定的商品价格只是对合约满期这一时点上实物交割的约束，而期货合约一旦期满并进行实物交割，则已不在现代期货交易的考虑范围之内，因为期货投资者的兴趣在于期货合约的买卖而不在于实物交割，后者目前仅占全部合约总数的1%左右。至于保证金，它作为交易者履行合约的信用保证，在未发生违约的情况下，原则上仍属于交易者所有，因而保证金也不能视为期货合约的价格。总之，期货合约充其量不过是信用交易的载体和工具，它本身并无任何价值，当然也不会有价格。

然而现代商品市场上，期货价格是存在的，并且还对经济生活产生重要的影响。现实中的期货价格是商品交易所内各类上市期货商品的价格，如前所述，它反映现货市场上商品价格未来走势的预测值，因而是以现货价格为基础的。具体地说，在期货价格与现货价格之间存在以下理论关系，即：

$$期货价格 = 现货价格 + 总维持费用 \pm 各种市场要素 \qquad ①$$

对式①稍加变形，即为：

$$期货价格 - 现货价格 = 总维持费用 \pm 各种市场要素 \qquad ②$$

式②表示期货价格与现货价格之间的差价，这个差价反映着期货市场与现货市场之间的时间因素，即将现货贮存到未来某一时点（期货合约的交割日）的各项成本，这包括贮藏费用、损耗、保险费以及利息（占用资金成本）等。如果考虑到期货市场与现货市场的空间关系，即两个市场处于不同的空间地点，那么上述差价中还应包括运输成本，即：

$$期货价格 - 现货价格 = 总维持费用 + 运费 \pm 各种市场要素 \qquad ③$$

从以上各式可以清楚地看出，虽然期货合约作为信用交易的工具而本身不具有价值或价格，期货价格却是以现货价格为基础的，它大体上包括了生产领域的各种费用以及流通领域里的一些必要的流通费用和风险成本，是现货交易在流通领域里的进一步延伸。不言而喻,期货价格会受到与现货市场相同的各种市场要素,如供求关系的影响而不断波动,但是,期货市场作为有别于现货市场的独立市场还会受到一些特殊的自身市场要素的影响,比如,由于期货市场的投机性特点,期货市场的波动往往更频繁也更剧烈。

期货价格既然以现货价格为基础,那么在期货市场和现货市场中的供求关系等市场要素处于正常状态的情况下,期货价格与现货价格的走势和波动幅度会大致相近,两者之间会有一个稳定的价差。由于期货价格中包含有总维持费等流通费用在内,因而它总是高于现货价格。但是随着合约期限的接近,这部分流通费用会逐渐减少乃至消失,从而使两者间的差价趋于零。当然,两种价格的走势也可能相反或波动幅度过于悬殊,从而出现期货价格低于现货价格的现象,但这种情况较为少见。

二、基差

基差是指某一特定商品在某一特定时间和地点的现货价格与该商品在期货市场的期货价格之差,即:基差=现货价格-期货价格

例如,假设9月28日黑龙江省的一个大豆产地现货价格1810元/吨,当日的下年度3月份大商所大豆期货合约价格是1977元/吨,则基差是-167元/吨。又如,9月28日上海地区的油脂厂买进大豆,当地的现货价格是2080元/吨,那么,基差为+103元/吨。

由此可知,基差可以是正数也可以是负数,这主要取决于现货价格是高于还是低于期货价格。

在正常市场条件下,期货价格会高于现货价格,基差呈负值,称为远期升水;反之,则呈正值,称为远期贴水。由于基差主要由总维持费用、运输费用和其他市场要素构成,因而对同一地点的基差来说,合约期限越长,基差的绝对值就越大,反之则较小。

基差包含着两个成分,即分隔现货与期货市场间的"时"与"空"两个因素。因此,基差包含着两个市场之间的运输成本和持有成本。前者反映着现货与期货市场间的空间因素,这也正是在同一时间里,两个不同地点的基差不同的基本原因;后者反映着两个市场间的时间因素,即两个不同交割月份的持有成本,它又包括储藏费、利息、保险费和损耗费等,其

中利率变动对持有成本的影响很大。

由此可知，各地区的基差随运输费用而不同。但就同一市场而言，不同时期的基差理论上应充分反映着持有成本，即持有成本的那部分基差是随着时间而变动的，离期货合约到期的时间越长，持有成本就越大，而当非常接近合约的到期日时，就某地的现货价格与期货价格而言必然几乎相等，而农产品、矿产品等的基差将缩小成仅仅反映运输成本。

基差在期货交易中具有十分重要的作用，它常常成为交易者正确确定目标利润和目标价格的参考指标。交易者能否达到预期目的，与其说取决于现货市场和期货市场的价格波动，不如说取决于基差的变化。比如某个交易者在开始进行套期交易时，现货价格和期货价格之间的基差是5美分，在经过一段时间之后，他进行反向买卖时基差若仍旧是5美分，那么他总是能抵消其在现货市场和期货市场的盈亏而达到保值的目的；但若此时基差大于或小于5美分，则这个交易者或是部分实现保值目标，或是在完全实现保值目标之上还能获得额外的利润。

三、影响基差的因素

基差是指某种特定的商品在某一特定地点的现货价格与该商品的期货价格之差，是当地现货价与要对冲的某个月份期货价的差额。

用公式表示：基差 = 现货价格 - 期货价格

若结果为"+"，表明现货价高于期货价。

若结果为"-"，表明现货价低于期货价。

基差为负值时，称为溢价市况，又称作正常市况、升水市况、加码市况、栈储市况，即指期货价高于现货价位时的市场状况。

基差为正值时，称为削价市况，又称作反向市况、贴水市况，即指某商品在现货市场发生短缺时，现货价格时常比期货价格高，因为交易者认为等期货到交收期时，商品的供应会增加故能使价格下跌。只要交易者确认供应短缺的现象会逐渐缓解，通常近档月份的期货比远档月份的期货价格要高。

基差为0时，称作价位相等市况。从理论上讲，无论期货在开始时与现货差距有多大，它们总有一天会相等。当期货合同到交割时，期货中远期因素就消失了。

基差包含市场时空两个因素，即交运成本和持有成本。

交运成本即指商品的运杂费，反映了现货市场与期货市场的空间上的差异，故在同一时间内，不同地点的商品价格也有差异。

持有成本即指商品的仓储费、保险费、利息费等，反映了现货市场与期货市场时间上的差异，故在同一地区，离合约到期的时间越长持有成本越大，反之则越小，当非常接近到期日时，当地的现货价与期货价的差值就是交运成本，见图6.2。

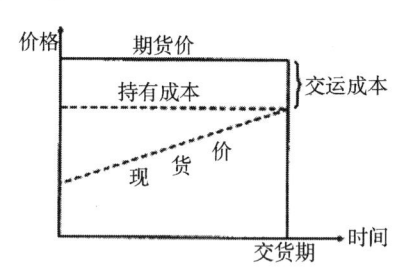

图6.2 交运成本与持有成本关系图

基差除了用于判断市况外，还可用于交易者下达指令或进行商品报价。

例1：某交易者下达指令为："12月期货－5美分"。此指令的含义是，买入基差比12月份期货便宜5美分或低于12月5美分。

例2：某交易者在商品报价时说："卖出高于3月8合约3手"或"购进低于8月3合约2手。"前者意为：卖出现货价高于3月份期货价的基差为8的合约3手；后一句是说购进现货价低于8月期货价的基差为3的合约2手。

基差是期货交易的一个核心概念。基差是决定期货市场交易状况的中心内容。基差的状况受许多因素的影响，这些因素是：

1. 当地现货市场与期货市场之间的运输费用及使用价值的不同；
2. 当地现货商品相对于期货商品所处的供求关系；
3. 现货商品与期货商品的品质差异；
4. 当地现货商品的储存价值和期货市场价值的差异；
5. 代用商品的价格水平；
6. 价值预测值等。

四、基差图的三种表示方法

1. 现货价和期货价画在同一张图上,二者之间的间隔就是基差。

图 6.3 表示出现货价、期货价以及差值,但基差的变化未表示出来。

2. 以期货价作为一个基准,把现货价画在期货价以下。

图 6.4 虽未表示出期货的实际价格,但却反映出基差的变化。

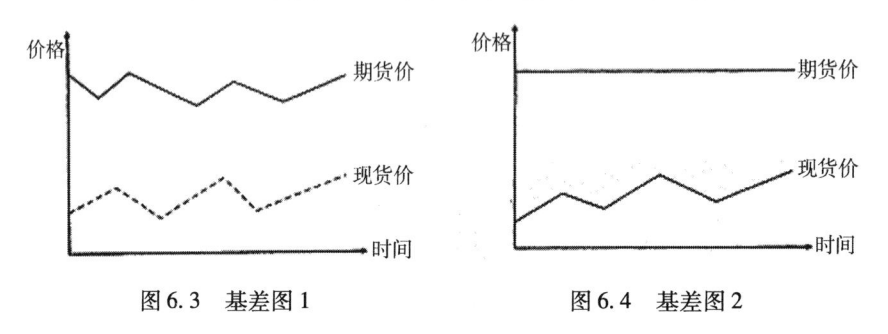

图 6.3　基差图 1

图 6.4　基差图 2

3. 以现货价格为基准,把期货价画在现货价以上。

此图可以同时表示几个不同交割期的基差。

基差的计算有两种方法:

一是从历史价格的关系来计算。由于每种商品每年都存在相对的销售旺季和销售淡季,价格走势会年年出现重复,只要得到历年期货价格,了解每年现货价格,即能预测估算未来某时间的基差。

二是在掌握各种实际成本(包括生产成本、交易成本、流通费用等)的基础上进行计算。

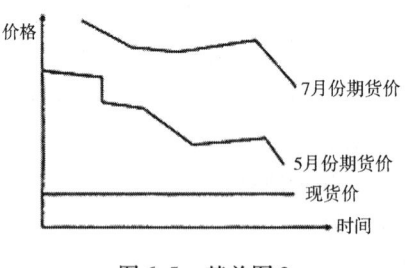

图 6.5　基差图 3

五、基差风险

基差的变化就是套期货保值的利润。基差的变化是不确定的,这种基差变化的不确定性被称为基差风险(Basis Risk)。

我们使用以下一些符号来检验基差风险的本质:

S_1——在 t_1 时刻现货的价格;

S_2——在 t_2 时刻现货的价格;

F_1——在 t_1 时刻期货的价格;

F_2——在 t_2 时刻期货的价格;

b_1——在 t_1 时刻的基差;

b_2——在 t_2 时刻的基差。

假定保值者在 t_1 时刻入市开仓建立第一个期货头寸,在 t_2 时刻平仓出市。根据基差的定义,$b_1 = S_1 - F_1$,$b_2 = S_2 - F_2$。

对于空头套期保值者,平仓时在现货市场的损益为 $S_2 - S_1$,在期货市场的损益为 $F_1 - F_2$,这时候的保值利润是:

空头套期保值者的利润 = $(S_2 - S_1) + (F_1 - F_2) = (S_2 - F_2) - (S_1 - F_1) = b_2 - b_1$

若 $b_2 - b_1 = 0$,则为持平保值;若 $b_2 - b_1 > 0$,则为有盈保值;若 $b_2 - b_1 < 0$,则为减亏保值。保值者卖出套期保值资产获得的有效价格是:

空头套期保值资产的有效价格 = $S_2 + F_1 - F_2 = F_1 + (S_2 - F_2) = F_1 + b_2$

在 t_1 时刻,F_1 是已知的,若 b_2 也是已知的,就可以进行完全的套期保值,也就是说,套期保值可以消除价格的所有不确定性。

对于多头套期保值者,上述情形就要反过来,平仓时在现货市场的损益为 $S_1 - S_2$,在期货市场的损益为 $F_2 - F_1$,这时候的保值利润是:

多头套期保值者的利润 = $(S_1 - S_2) + (F_2 - F_1) = (S_1 - F_1) - (S_2 - F_2) = b_1 - b_2$

若 $b_1 - b_2 = 0$,则为持平保值;若 $b_1 - b_2 > 0$,则为有盈保值;若 $b_1 - b_2 < 0$,则为减亏保值。保值者买入套期保值资产实际支付的有效价格是:

多头套期保值资产的有效价格 = $S_2 - (F_2 - F_1) = F_1 + (S_2 - F_2) = F_1 + b_2$

现在，我们得出结论，在现货与期货数量相等的情况下，基差变强对空头套期保值有利，这意味着卖出现货收到的有效价格升高；基差变弱对多头套期保值有利，这意味着实际支付的有效价格降低。另外，还要注意，套期保值时会产生期货交易成本，如保证金、手续费、佣金等。如果持有资产，还要发生储存成本，如仓储费，这些成本会降低利润。

六、基差交易

由于有基差风险的存在，套期保值交易并不能完全抵消价格风险。一般来讲，基差变动的风险比单纯价格变动的风险要小得多，但毕竟还是会给交易者、消费者和生产者带来不利影响。基差交易策略是提高套期保值效果的较好的方法。

基差交易是指为了避免基差变化给套期保值交易带来不利影响，所采取的以一定的基差和期货价格确定现货价格的方法。通常基差交易的双方至少有一方进行了套期保值，但其最终的实际现货交易价格并不是交易时的市场价格，而是根据下面这一公式确定的：

交易的现货价格 = 商定的期货价格 + 预先商定的基差

基差交易成功的关键在于确定合理的对冲基差，估计的原则有：1. 必须保证收回成本；2. 能够确保合理的利润；3. 充分研究基差的变动规律以找到合适的交易对手。我们以一个空头套期保值者的基差交易为例，说明基差交易策略的操作。

例：某食品批发商在1月份以2000元/吨的价格购入白糖若干吨，欲在5月份销售出去，同时，该批发商以2100/吨的价格做了空头套期保值，基差为 -100。据估计，在对冲时基差至少要达到 -50 才可以弥补仓储、保险等成本费用，并可保证合理利润，即根据空头套期保值者的利润 = $b_2 - b_1$，有

批发商的赢利 = （-50） - （-100） = 50（元/吨）

考虑到若以后基差变弱会于己不利，该批发商保值后便考虑是否寻求基差交易以避免基差变动造成的不利影响。

如果不进行基差交易，5月份的现货价格、期货价格分别为2010元/吨和2000元/吨，该批发商在现货上的赢利为10元/吨（2010 - 2000），加上期货合约对冲赢利20元/吨，则卖出现货实际收到的有效价格为2030元/

吨，即根据空头套期保值资产的有效价格 = $F_1 + b_2$，有

  卖出白糖的有效价格 = 2100 + （-70） = 2030（元/吨）

该批发商仍然面临风险，不能达到预先制定的 50 元/吨的赢利目标。

若批发商能够找到一家食品厂，进行基差交易，也就是说，双方在 5 月份按当时的期货价格和 -50 的基差成交现货，即

  成交价格 = 2080 + （-50） = 2030（元/吨）

则可以完全实现既定目标（见表 6.17）。在本例中，食品厂愿意以"5 月份期货价格 -50"定价，而不直接以 2030 元/吨定价，是因为该厂通过分析认为白糖价格将下跌，且 5 月份基差将弱于 -50 元/吨。如果先将价格固定下来不一定有利，按基差定价，比较灵活机动，富有弹性。这样，既保证了有可靠的白糖供应来源，又有可能使价格向有利于己的方向转化。

表 6.17 基差交易

		现货价格	期货价格	基差	交易赢利
1 月		2000	2100	-100	
5 月	不做基差交易	2010	2080	-70	30
	做基差交易	2030	2080	-50	50

第七章　投机与套利

远期合同方式一产生，就出现了大量的转让，参与转让的人们并不都是商品的需求者或供应者，也不全是价格风险的回避者，他们中许多人参与远期合同的转让仅是为了获取转让合同带来的价差，为了在开仓平仓之间获取价差利润，这些交易者被称做期货投机者。一般来说，人们把在期货市场上进行的广义投机分为两类：一类是正常的单项式投机，即普通的买空卖空活动，纯粹利用单个期货品种价格的波动进行的投机交易；另一类是利用期货合约之间、现货和期货之间反常的价格关系进行的投机，也就是套利交易。

第一节　投机交易

投机是一个很敏感的词，由于中国特殊的历史环境，它一直被列为贬义词；而在西方，投机在英语中是"Speculation"，原意是指"预测"，是一个中性词。在中国，投机一直含有玩弄手段之意，有违中国人的做人原则，同时中国人一直崇尚"人勤百业兴"，投机有不务正道之嫌。在期货市场上，很多成功的事例说明，不管你怎么想，怎么看，投机都是市场经济发展的一种自然选择。投机者在进行投机的过程中，不仅需要许多有关商品的知识，更重要的，投机是对一个人的个性、信心、胆量、判断力等综合素质的考验。要想成功，就必须随时准备接受失败的厄运，因此，每个投机者都必须全力以赴，无可选择的努力争取。

一、投机交易的含义

投机实质上是投机者参与某种商业活动的一种投资行为。投机者自愿承担一定的风险，参与某项交易，希望行情发生对其有利的变化，从而获得巨额利润。

期货投机就是指期货市场上投机者对某些期货合约未来价格的变化趋势或多种期货合约价格关系未来的变化趋势有一个预测,根据这个预测,投机者设计出一系列期货交易并加以实施,如果预测正确,这一系列的期货交易就会给投机者带来预期的收益;反之,投机者将不能获得预期收益甚至会亏损。

期货市场上的投机交易就是利用市场价格的频繁波动,根据行情预测来买空、卖空,期望以小搏大,获取高额利润。

因此,投机交易可以分成买空投机和卖空投机两种。

1. 买空（Long）投机指的是某投机商预测价格可能会上涨,于是在价格上涨之前买入期货合约,然后,在价格达到一定水平时平仓了结。例如:交易者预计纽约商品交易所的铜期货价格会上涨,于是就先以 84.7 美分/磅的价格买入 10 张 7 月份的铜期货合约。由于铜的市场供应量减少,价格上扬,一周后,该交易者平仓时价格已经上涨至 85.7 美分/磅。如果 1 张合约为 25000 磅,该投机者这笔买空投机共赚 2500 美元（见表 7.1）。

表 7.1

5 月 10 日	买入 10 张 7 月份铜期货合约,价格为 84.7 美分/磅
5 月 17 日	卖出 10 张 7 月份铜期货合约,价格为 85.7 美分/磅

$10 \times 25000 \ (85.7 - 84.7) = 2500$（美元）

2. 卖空（Short）投机指的是某投机商预测价格可能会下降,于是在价格下降之前卖出期货合约,然后在价格达到一定水平时平仓了结。例如:交易者预计纽约期货交易所 10 月份原油期货价格会下跌,于是先以 20 美元/桶的价格卖出 10 张 10 月份的期货合约（一份合约为 1000 桶）。一周后,原油价格果然下跌,该商人以 18 美元/桶价格平仓了结,这样该交易者共赚 20000 美元（见表 7.2）。

表 7.2

8 月 20 日	卖出 10 张 10 月份原油期货合约,价格为 20 美元/磅
8 月 27 日	买入 10 张 10 月份原油期货合约,价格为 18 美元/磅

$10 \times 1000 \ (20 - 18) = 20000$（美元）

二、投机交易的特点

期货交易一向被认为是投机意识十足的投资工具，由于这种交易采取保证金方式，吸引了大量只想赚取价差，根本没有套期保值需求的投资者。投机交易与套期保值交易相比，具有以下特点：

1. 以获利为目的

投机者在期货市场上，试图低价买进高价卖出或高价卖出低价买进来赚钱，他们的根本目的是获利，这是投机者与套期保值者的根本区别。

2. 不需实物交割而买空卖空

投机者并没有什么商品需要保值。一般讲，他们只关注期货合约的买卖价差，频繁买进卖出合约（买空卖空）以赚取价差，他们并不关心实货交割。

3. 承担风险，有盈也有亏

期货市场中的风险是客观存在的，套期保值者需要转移价格风险，投机者便成为这种风险的承担者。投机者大量介入，使期货市场的流动性大大增加，又使套期保值成为可能。买空卖空的风险是很大的，因而投机交易有盈也有亏。

4. 经常利用合约对冲技术

期货投机的操作条件在于期货合约的对冲性。投机者在发现价格变化有利时，可以方便地对冲已有头寸，以获取价差带来的盈利。投机者在价格发生不利变化时也可以方便地对冲已有头寸，迅速退出市场避免更大损失。另外，对冲技术的应用方便投机者加快交易频率，加速资金周转，从交易量的增加中获得更多的收益。

5. 交易量一般较大，交易比较频繁

投机为市场提供了大量交易资金，同时降低了市场的交易成本。这样又吸引新的投机者加入，从而市场的交易量大为增加，交易比较频繁，使市场具有更大的流动性。

6. 交易方式多种多样

由于买空和卖空的风险太大，因而投机交易发展了各种套利交易方式，企图将交易风险限定在一定程度内。

投机交易除了上述主要特点外，还有交易时间短、住处量大、覆盖面广的特点。这些为投机交易的迅速发展奠定了基础,也为期货市场的发展创造了条件。

三、投机交易的分类

投机交易的具体操作手法多种多样,现按不同的分类方式阐述如下:

1. 按操作方法不同可分为多头投机与空头投机

多头投机俗称"做多头",其操作手法是"买空"(Long)。它是指投机者预测期货行情上涨时买进期货合约,希望等它上涨后平仓获利。多头投机者在期货市场上处于多头部位。

例如,某投资者预测国内铜价将受国际铜价趋势的带动而上涨,于是做了多头投机,以19800元/吨入市,买入铜期货合约4手,每手5吨。一个月后,铜价上涨,投资者以20200元/吨平仓获利,共获利(20200 - 19800)×5×4 = 8000元。

空头投机也叫做"做空头",其操作手法是"卖空"(Short),这是指投机者预测期货价格行情将下跌而先卖出期货合约,希望等价格下跌后平仓获利。空头投机者在期货市场上处于空头部位。

例如,某投机者对国内大豆期货交易进行分析预测,认为大豆价格即将从高位下跌。于是果断入市,以2950元/吨的价格卖空;一个星期后,大豆价格跌至2750元/吨时平仓,每吨获利200元。

2. 从投机的原理不同来看,可分为正常性投机和反常性投机

正常性投机是指纯粹利用单个期货品种价格的波动进行投机。包括一般头寸投机(Position trade),当日投机(day trade),逐小利投机即抢帽子(scalp)。

一般头寸投机者持仓时间较长,他们以多种商品期货为对象,一般利用较长时间的价差来获利,交易量较大。当日投机者只进行当天平仓期货交易,交易对象为他们认为有利可图的各种商品期货,希望利用较大差价获利。逐小利投机者是随时买进或卖出,赚取很小差价的投机者,他们交易频繁,往往一天内买卖合约数次,其交易商品期货品种较为单一,但交易量一般较大。逐小利投机者对于增强市场流动性具有十分重要的意义。

反常性投机者是指利用期货合约之间、现货和期货之间反常的价格关系进行投机,也就是通常所说的套利交易。

四、期货投机的作用

1. 积极作用

期货市场为投机者创造了许多条件，使投机活动在期货市场上占据重要地位，我们可以这样认为，投机和投机者的存在是期货市场存在的基本条件和前提之一，它们在期货市场中起了巨大的作用。具体表现如下：

（1）投机者自愿承担市场风险，提供市场所需的风险资本

商人们在期货市场中套期保值，目的就是为了减少和消除价格波动风险，然而，要达到这一目的，便需要有人自愿承担风险，提供所需的风险资本。恰恰是投机者出面承担了这一责任。当然，投机者投机时，早已作了周密的行情预测，希望价格趋势会走向于他有利的一面，从而使他的风险投资能够得到加倍的报偿。根据美国期货市场资料统计，期货市场上的套期保值业务大部分为卖期保值，也就是商人在套期保值时多为卖出期货来对库存存货或预售货物进行保值，减少价格下跌的风险，而买期保值的业务量却很少。因此，买入期货与卖出期货很难相抵。所以，如果没有投机交易，没有投机者出资填补这一空缺，卖期保值势必会由于买期保值太少而不得不减少，从而也就不能使期货市场转移风险的作用发挥出来。

（2）大量投机活动增加了市场的流动性

由于大量投机者参与期货交易，增加了期货市场的交易量，从而也就增强了期货交易的流动性，为期货市场交易的进行提供了方便，市场上的套期保值业务也能随意变更买、卖方向而不致过分地影响市场的整个价格水平。比方说，某期货市场日交易量为10000手，某商人欲卖出50手以套期保值，显然，由于合约数量与整个交易量对比悬殊，此商人的订单将不会对市场价格水平构成很大影响。但是，如果没有投机者存在而使市场日交易量减少至200手，那么，该例的结果就不一样了，卖出50手就会使市场价格水平受到严惩的影响。可见，投机活动所提供的市场流动性对期货市场的经济效益的形成起着至关重要的作用。

（3）投机者判断市场价格走势，解释市场信息，有利于市场价格的稳定

投机者在进行期货交易时，都是想尽办法搜集市场信息，分析和判断市场的价格走势，在价格处于低水平时增加买进，扩大需求；在价格处于

高水平时增加卖出，扩大供给。投机者的这种精明的投机活动却客观上使市场价格趋于稳定，使期货市场价格能真实地反映出实际商品的供求关系。可见，期货市场正常的投机行为不但没有搅乱市场，反而对期货市场的顺利运行起到了充分的保障作用。

2. 消极作用

在期货市场上凡影响市场正常运转、有损期货市场正常功能发挥的投机活动，均属于非正常的投机活动。

非正常投机在市场上主要集中表现在两个方面：一是过度投机；二是大户垄断与操纵。

（1）过度投机

所谓过度投机是指在期货市场上投机活动占主导地位，期货市场价格的涨落受投机活动影响较大，致使套期保值活动无法正常进行。期货市场的参加者由两种人组成，一种是套期保值者，一种是投机者。成功的期货市场应该使这两种人有机地结合在一起，相互提供发展的机会。如果期货市场由其中一种人占据主导，而排斥另一部分人，那么这个市场就不能发挥积极有益的社会功能。在期货市场近百年的发展历史中，期货市场为投机者提供了充分的便利条件，投机过度，即投机者在市场中占主导地位的情况屡见不鲜。

毫无疑问，投机占主导地位的期货市场会影响期货市场正常功能的发挥。但这里要指出的是期货市场投机过度的责任并不在于合法投机者或投机活动本身。投机过度往往是由期货市场运行不规范或现货市场发育不完善造成的。例如期货市场与现货市场严重脱离、现货市场信息闭塞、正常商品流通不畅、现货交易极不规范等都会造成期货交易者与现货交易者各行其是，其结果期货市场不可能有效地吸引现货交易者参与套期保值，一旦这个市场中套期保值者所占比例过小，那么随着投机活动控制市场，所剩的很少一部分套期保值者也会退出市场，这个市场就成为纯粹的投机场所，多空双方的资金博弈就成为决定期货市场价格的主导因素。期货市场价格就会严重地背离现货市场。日本在建立期货市场初期曾规定大米期货合约不允许实物交割，结果大米期货合约就像一张虚值的有价证券，其价格被投机商炒作得完全脱离了实物市场。

（2）大户垄断与操纵

一些财力雄厚的大投机商为了达到影响市场价格，并从中牟取暴利的目的，便运用各种手段对市场进行垄断或操纵，其中包括使市场价格上升或下降、阻止价格按供求关系变动等行为。大户垄断与操纵会使市场价格急剧变动，市场稳定性遭到破坏。人们就会对期货市场的充分竞争性和其社会作用产生怀疑。

大户垄断与操纵市场主要有两个途径：一是投机商在期货市场上持有投机交易部位过大，以至于能够影响整个市场的价格水平；二是在现货市场上垄断商品的供给，以达到影响期货市场价格的目的。这两种方法的最终目的都是试图操纵市场价格，使市场价格朝着有利于自己的方向发展。

期货市场上的大户垄断与操纵形式主要有逼仓和轧空头两种。

逼仓（Market Corner）指期货交易大户或几家大户联手通过大量控制期货交易头寸或垄断现货可交割商品的供给来操纵期货市场价格的交易行为。逼仓的直接后果是使期货市场价格严重地背离现货市场的真实供求价格。逼仓可以通过做多头实现，也可以通过做空头实现。其具体做法如下：如果做多头逼仓，那么期货交易者大量买进近期月份的期货合约，其多头的数量要超过现货可供交割的数量，并试图保持多头交易头寸到最后交易日，必要时可要求实物交割。这样就使该商品的现货和期货价格都升高，迫使空头者不得不以更高的价格平仓。如果做空头逼仓，那么期货交易者大量囤积期货商品，并在期货市场上大量出售该期货合约，其空头的数量可能要超过现货可供交割的数量，迫使期货市场价格急剧下跌，最终迫使大量多头者不得不放弃多头的部位，跟随抛空平仓，使期货价格进一步下跌。

轧空头（Market Squeeze）指的是在期货市场上可交割的期货商品发生短缺时，期货交易的多头者利用该时机大量购入期货合约，持仓不售，迫使空头者接受多头者所出的较高价格进行平仓。在期货市场中，有时可交割的特定等级的期货商品突然出现短缺，或者由于自然灾害等原因农作物突然歉收，或者运输出现阻塞，致使期货讳莫如深的实物交割出现困难，市场上就会出现大量的多头者，并大量购入期货合约，驱使期货价格急剧上涨。而这时，空头者不得不以高价平仓，退出市场。

在期货市场建立和发展过程中，大户垄断与操纵是市场管理者不可回避的重要问题。在历史上曾经出现过多起大户垄断与操纵的案例。垄断与操纵一直也是期货交易法中的一个敏感性的问题。美国商品期货交易委员会也曾试图对"市场操纵"作明确的定义，以便让"操纵者"来承担搅乱市场的责任，但却始终没有成功。这里不是说操纵者（大户）与破坏市场稳定性就没有任何关系，而是"操纵"的责任并不在操纵者一方。期货交易的竞价是公开进行的，能否达成交易要由买卖双方来决定，一方的价格只有被另一方接受，交易才能达成。所形成的期货市场价格是由整个市场的参加者决定的，因此，操纵也需要所有的市场参加者的参与。

由此看来，确定垄断与操纵并不能仅从某些大户的交易行为对价格的控制和影响来判断，期货市场管理者应制定严谨的、可操作的管理规范，创造公平、充分竞争的环境，并对所有期货交易者实施平等有效的监督管理措施。只有建立可操作的预防性监督体制和风险防范机制，依据严格公平的管理规范，才能有效地防止期货市场上的垄断与操纵。

五、对期货市场投机的管理

由于非正常投机活动破坏市场稳定性，抑制期货市场社会功能的发挥。为了最大限度地抑制非正常投机，发挥投机的正常、积极作用，市场管理者应对市场投机行为加以规范和管理。

在期货市场上，管理者主要通过以下手段对投机交易进行管理。

1. 期货品种上市的审查批准制度

期货品种上市审查和批准制度是期货市场的基本管理制度。在国内外期货市场的发展中，这一审批制度一般都要由法律所认定的权威机构来负责执行。上市品种至少应满足一些基本条件：如符合公众利益，满足套期保值者的经济需要，以及保证期货市场与现货市场的有效衔接。对不满足期货商品上市条件的期货品种，或尚不具备条件的应坚决有效地制止上市。

2. 交易报告和监督制度

这也是期货市场的基本管理制度。由于期货市场交易过程环节多，交易报告和监督是必不可少的，特别是对投机交易，应规定必须申报，随时接受管理部门的监督和审查。该交易报告和监督制度有三个层次：一是市场管理机构，如美国的商品期货交易委员会和期货协会对交易所、清算所以及与交易有关的人士进行管理；二是期货交易所、清算所对会员进行管理；第三是拥有客户的经纪公司对客户的管理。

3. 期货价格波动限额制度

该制度是由交易所来实施的防止过度投机的限价制度。该制度又称为停板额制度，也就是由交易所对每一种期货品种都规定一个每日价格上涨或下跌的界线，一旦达到这个界线，就停止交易。这种限价制度是交易所对价格剧烈波动所采取的有效控制手段。

4. 期货头寸限额制度

该制度是指由市场管理者依法实行的某一市场参与者最多可持有的期货合约数量的规定。一般在期货市场中，这一规定只是针对投机者，套期保值者可不受此限制。以美国期货立法中有关头寸限制的规定为例：1936年商品交易法决定对期货合约实行头寸限制（仅针对投机者）。1938年确定对小麦、玉米燕麦、黑麦等头寸限制为200万蒲式耳。1940年棉花头寸限制为300包。1964年对土豆规定为150车皮。1971年对大豆和玉米的限额为300万蒲式耳。

期货头寸限额制度是对投机进行管理的最直接的管理制度。它必须建立在法规对期货套期保值和投机概念的严格区分上。该制度的根本目的就是要使交易尽量地分散化，排队垄断，减轻个别投机者对整个市场的冲击。

5. 保证金管理制度

保证金管理制度是期货市场运行的根本保证制度之一。该制度的实行既可有效地吸引大量的投机者参与期货投机，同时也可以有效地控制市场上过度投机的出现。其关键就在于制定保证金的交收比例。如果市场投机过度，那么，交易所或者市场管理者可以通过提高保证金比例的方法来削弱投机者参与期货交易的程度。从国内外期货市场的管理经验看，各交易所和市场管理者都根据市场投机程度规定相应的保证金比例。有些期货交易所特别对投机者规定较高的保证金比例，对套期保值者却规定较低的保证金比例，从而抑制过度投机，鼓励套期保值。

第二节 套利交易

一、套利交易的含义

套利（Spread, Straddle 或 Switch）指期货交易者在期货市场上买进一定数量期货合约的同时，卖出一定数量其他相关的期货合约，然后在适当时候对两种期货交易部位进行平仓，从中赚取一定利润的做法。

与一般的期货交易不同，套利交易由两个相关的部分组成。一笔套利交易涉及在期货市场上同时建立两个相反的交易头寸，一个多头，一个空头，在价格变化后，同时对这两个交易头寸进行平仓，以期赚取这两个交易头寸之间的价差。

套利时，交易者关心的是两种合约之间的相互价格关系，而不是绝对的价格水平。套利者往往是在价格关系出现异常时建立交易头寸，等价格恢复正常再分别平仓。

二、套利交易的原理

在期货市场上，不同交割月份之间、不同期货交易所之间，以及相关期货商品之间的价格存在着一定的关系。套利交易之所以能取得盈利，就是因为期货市场的各种价格关系虽然是相对固定的，但这种关系有时也会发生变化，特别是在不正常的价格关系出现时，进入市场进行套利，获利的可能性就非常大。

套利（Arbitrage）是指人们利用暂时存在的不合理的价格关系，通过同时买进和卖出相同或相关的商品或期货合约，以赚取其中的价差收益的交易行为。其中，不合理的价格关系包括多种不同的情况：（1）同种商品或期货合约在不同市场之间的不合理的价格关系；（2）同种商品或期货合约在不同市场不同交割月份之间的不合理的价格关系；（3）同一市场、同种期货合约在不同交割月之间的不合理的价格关系；（4）同一市场、同一交割月的不同期货合约之间的不合理的价格关系。所有这些不合理的价格关系一般只存在于一个较短的时间中，套利者的套利活动将很快矫正或拉平这些不合理的价格关系。

套利的实质是对不同的合约（包括现货）的价差进行投机，分别建立正反两方向的头寸，这两种合约的联动性很强，所以套利的原理与套期保值的原理很相似。

（1）两合约的价格大体受相同的因素影响，在正常情况下价格变动趋势相同，但波幅会有差异。

（2）两合约间应存在合理的价差范围，在这个范围之外（超过或小于）是受到了外界异常因素的影响，影响消除后，最终还是会恢复到原来的价差范围。

（3）两合约间的价差变动有规律可循，价差的运动方式是可以预测的。

由于套利策略所关心的是合约间的价差变动问题，所以套利的报价也是利用价差报价的。交易者下指令时，并不注明特定的买价和卖价，只指定价差是多少，这样可以加大成交的机会。例如，入市时交易者下达这样的指令："买7月大豆合约、卖11月大豆合约各一张，价差0.6美元/蒲式耳"，平仓时，交易者再下这样的指令："卖7月大豆合约、买11月大豆合约各一张，价差0.8美元/蒲式耳"。

一般情况下，合约间价差的变化比单一合约的价格变化要小得多，且获利大小和风险大小都较易于估算，所以套利交易颇受投资基金和风格稳健的交易者青睐。另外，套利交易对整个期货市场的良好运行也有很大的贡献。

（1）有利于不合理的价格关系恢复正常。当市场价格不合理时，相关合约价差波动往往超过正常范围，这时就会引发大量的套利交易，大量的交易者低买高卖行为的结果往往会将价格拉回到正常水平。

（2）有利于抑制过度投机。欲操纵市场，进行过度投机的交易者往往利用各种手段将价格拉抬或打压到不合理的水平，以便从中获利。如果期货市场上有大量的理性套利者存在，过度投机行为就会被有效地抑制。

（3）有利于增强市场流动性。套利者一般交易量较大，通过在不同合约上建立正反头寸，可以有效地增强市场的流动性，并带动远月合约的交易。

三、套利活动的操作方法

从套利活动的操作方式来看，套利可分为期现套利、跨期套利、跨市套利和跨商品套利，后三种也被称为套期图利或差价套利。

（一）期现套利

期现套利是指在期货市场和现货市场间套利。若期货价格较高，则卖出期货同时买进现货到期货市场交割；当期货价格偏低时，买入期货在期货市场上进行实物交割，接受商品，再将它转到现货市场上卖出获利。这种套利通常在即将到期的期货合约上进行。大量的期现套利有助于期货价格的合理回归。

期现套利一般仅涉及现货商人。因为涉及期货、现货两个市场，如果实物交割，还要占用大量的资金且需要有相应的现货供、销渠道来买进或卖出现货。这样的条件一般投机者不具备，所以一般的投机者很少在即将到期的合约上操作。而期现套利者却最关注进入交割月份的期货合约品种，只要基差足够大，超过预期投机成本，套利者就会入市，最终再根据市场情况灵活选择在期货市场平仓或是进行实物交割。

例 7.1：3 月 28 日，苏州商品交易所 4 月（交割月）豆粕期货价格为 3520 元/吨，大连大豆市场现货价格为 2800 元/吨，而苏州商品交易所规定大连交割异地贴水 180 元/吨，所以基差很大。大连某粮库分析后认为这是很好的套利机会，于是果断入市，以 3520 元/吨卖出 500 手（1 手 = 10 吨）豆粕期货。结果期货价格向现货价格回归，最后苏州商品交易所 4 月份豆粕跌至 2630 元/吨，粮库决定不再交割实物，而是抓住机会在 2700 元/吨左右平仓出市，赚得利润 4 100 000 元 [（3530 - 2700）×500×10]。当然，若粮库选择实物交割，效益也将十分可观，为 3 550 000 元 [（3520 - 2630 - 180）×500×10]。

（二）跨期套利

跨期套利是指在同一交易所同时买进和卖出同一品种的不同交割月份的期货合约，以便在未来两合约价差变动于己有利时再对冲获利。跨期套利在套利交易中最为常见，有三种最主要的交易形式：买近卖远套利、卖近买远套利和蝶式套利。

1. 买近卖远套利

买近卖远套利，也叫牛市套利或买空套利，是指入市时买进近期月份期货合约，同时卖出远期月份合约的跨期套利形式。比如，在价格看涨的市场上，若同一种商品不同时间的期货合约之间的价格差距也看涨，也就是说，近月合约的价格上涨幅度大于远月合约的价格上涨幅度，则对冲手中的合约便会获利；在价格看跌的市场上，近月合约的价格下跌幅度小于远月合约的价格下跌幅度，则对冲手中的合约也会获利。举例说明这一策略的运用。

例 7.2：3 月 10 日，某投资者认为 7 月份大豆期货价格与新豆上市后的 11 月份大豆期货的价格差距将出现异常。当时，现货大豆价格看涨，他估计会带动期货价格上涨，且 7 月期货价格将比 11 月期货价格上涨快，于是决定进行买近卖远套利，以价差 0.6 美元/蒲式耳成交，成交价：7 月份合约价格 5.5 美元/蒲式耳，11 月份合约价格 4.9 美元/蒲式耳。

5月20日，7月份大豆期货价格升至5.74美元/蒲式耳，11月份价格升至5.02美元/蒲式耳。该投资者将手中合约全部平仓，共赚得6000美元（CBOT大豆合约规模为5000蒲式耳/手），见表7.3。

表7.3 买近卖远套利

	7月份期货合约	11月份期货合约	价差
3月10日	买进10手，价格5.5美元/蒲式耳	卖出10手，价格4.9美元/蒲式耳	0.6
5月20日	卖出10手，价格5.74美元/蒲式耳	买进10手，价格5.02美元/蒲式耳	0.72
赢利	0.24	−0.12	
套利结果	赢利（0.24−0.12）×5000×10＝6000（美元）		

我们用以下符号来分析买近卖远套利的盈亏状况：

F_1——开仓时，近月合约的成交价格；

F_2——开仓时，远月合约的成交价格；

F_1'——平仓时，近月合约的成交价格；

F_2'——平仓时，远月合约的成交价格；

B——开仓时，近月合约与远月合约的价差；

B'——平仓时，近月合约与远月合约的价差。

买近卖远套利的赢利 $= F_1' - F_1 + F_2 - F_2' = (F_1' - F_2') - (F_1 - F_2) = B' - B$
(7.1)

用实例来检验：

$B' - B = 0.72 \times 5000 \times 10 - 0.6 \times 5000 \times 10 = 6000$（美元）

可见，买近卖远套利的盈亏实际上取决于两次交易的价差变化：若开仓价差小于平仓价差，即价差上涨，则赢利；或开仓价差大于平仓价差，即价差下跌，则亏损。

2. 卖近买远套利

卖近买远套利又叫熊市套利或卖空套利，是指入市时卖出近期月份期货合约，同时买进远期月份合约的跨期套利形式。与买近卖远套利相反，投资者希望看到价差的缩小，即在看涨的市场上，远月合约价格的上涨幅度大于近月合约价格的上涨幅度；在看跌的市场上，远月合约价格的下跌幅度小于近月合约价格的下跌幅度。举例如下：

例7.3：1997年由于厄尔尼诺现象影响了全球气候，媒体普遍认为，大豆将减产近一成，使得大豆期货合约的价格高涨。某公司经过在大豆产地调查了解，认为大豆将有好收成，并带来未来大豆的价格下跌，而且近期期货下跌将会比远期更快，于是做了卖近买远套利。交易情况见表7.4。

表7.4 卖近买远套利

	5月期货合约	7月期货合约	价差
开仓	卖出价3100	买进价3150	-50
平仓	买进价2700	卖出价2800	-100
盈亏	400	-350	
套利结果	赢利400-350=50		

沿用上面的符号：

卖近买远套利的赢利 = $F_1 - F_1' + F_2' - F_2 = (F_1 - F_2) - (F_1' - F_2') = B - B'$ （7.2）

可以验证：

$$B - B' = -50 - (-100) = 50（美元）$$

所以说，卖近买远套利的盈亏也只取决于两次交易价差的变化，实际收益为入市价差减去出市价差，换句话说，卖近买远套利是对下降的价差进行投机。表7.5是根据近、远期价格的关系，选择套利形式的总结。

表7.5 价差变动与套利策略选择

价格变动情况		价差变动	策略选择
近、远月合约均上涨	近月上涨更快	上涨	买近卖远套利
	远月上涨更快	下跌	卖近买远套利
近、远月合约均下降	近月下降较慢	上涨	买近卖远套利
	远月下降较慢	下跌	卖近买远套利
近月合约近似持平	远月合约下降	上涨	买近卖远套利
	远月合约上涨	下跌	卖近买远套利
远月合约近似持平	近月合约下降	上涨	买近卖远套利
	近月合约上涨	下跌	卖近买远套利
近月合约上涨，远月合约下降		上涨	买近卖远套利
远月合约上涨，近月合约下降		下跌	卖近买远套利

3. 蝶式套利

蝶式套利是由买近卖远套利和卖近买远套利变化而来的，是指由两个共享居中交割月份的买近套利和卖近套利组成的跨期套利方式。它的典型形式为"买7月铜5手/卖8月铜10手/买9月铜5手"以及"卖3月绿豆5手/买5月绿豆10手/卖7月绿豆5手"。前者依次是由一个买近套利"买7月铜5手/卖8月铜5手"和一个卖近套利"卖8月铜5手/买9月铜5手"组成；后者依次是由一个卖近套利"卖3月绿豆5手/买5月绿豆5手"和一个买近套利"买5月绿豆5手/卖7月绿豆5手"组成。所以，蝶式套利总可以被拆分成一个卖近套利和一个买近套利来进行盈亏分析。

设入市时蝶式套利近月合约与居中月份合约价差为 B_1，居中月份合约与远月合约价差为 B_2；相应的出市时价差分别为 B_1'，B_2'。则对于前买近后卖近组成的蝶式套利方式而言，套利者的实际收益为：

实际收益 = 买空套利收益 + 卖空套利收益 = $(B_1' - B_1) + (B_2 - B_2')$

(7.3)

套利者若想赢利，则最好前一个价差变强，后一个价差变弱。对于前卖近后买近组成的蝶式套利方式而言，套利者的实际收益为：

实际收益 = 卖空套利收益 + 买空套利收益 = $(B_1 - B_1') + (B_2' - B_2)$

(7.4)

套利者若想赢利，则最好前一个价差变弱，后一个价差变强。

4. 跨期套利的套利机会选择

跨期套利者选择恰当的入市机会，应综合考虑各种因素。首先，要选择好合约；其次，分析价格和价差的变化趋势；再次，灵活选择机会，若预测价差将上升，采用牛市套利策略，若预测价差将下降，则采用熊市套利策略。

例7.4：12月1日某套利者欲在美国猪腹肉期货上进行跨期套利，并观察到各月份期货合约的报价如下：

2月62.65　3月62.77　5月63.85　7月63.72　8月61.10

要求：设计最佳的买近卖远套利机会与卖近买远套利机会。

分析：根据式7.1买近套利的赢利 = $B' - B$ = 出市价差减入市价差，由于出市价有效期要待日后才会确定，所以套利者要选择的是入市价差。牛市套利若想赢利，应在价格看涨阶段，选择较弱的入市价有效期，以待价差增大时平仓获利。见表7.6中对比。

表7.6 牛市套利入市机会对比表

策略	入市价差	月入市价差*
买2月/卖3月	62.65 - 62.77 = -0.12	-0.12
买3月/卖5月	62.77 - 63.85 = -1.08	-1.08/2 = -0.54
买2月/卖5月	62.65 - 63.85 = -1.20	-1.20/3 = -0.40

*考虑到可比性因素，应将入市价差换算成月价差。

从表中可以看出，最佳牛市套利的入市机会是买3月/卖5月。

根据式7.2卖近买远套利的赢利 = $B - B'$ = 入市价差出市价差，熊市套利若想获利，应在价格看跌时选择较强的入市价差，以待价差减弱时平仓，见表7.7。

表7.7 熊市套利入市机会对比表

策略	入市价差	月入市价差
卖5月/买7月	63.85 - 63.72 = 0.13	0.13/2 = 0.065
卖7月/买8月	63.72 - 61.10 = 2.62	2.62
卖5月/买8月	63.85 - 61.10 = 2.75	2.75/3 = 0.92

由表中结果可以得出，最佳的熊市套利入市机会是卖7月/买8月。

（三）跨市套利

跨市套利是指在两个不同的期货交易所同时买进和卖出同一品种同一交割月份的期货合约，以便在未来两合约价差变动于己有利时再对冲获利。跨市套利的风险及操作难度都比跨期套利更大，因为它涉及不同的交易所，交易者必须同时考虑两个市场的情形和影响因素。有时，虽然是同一品种，但各交易所的交易规则、交割等级、最后交易日、交割期的规定都有差异；期货市场上的流动性也不一样。若是做不同国家的跨市套利，还要考虑汇率变动的影响，如果对汇率的变动估计不足或估计错误，则投资者将面临严重的汇率风险，所以必须全面考虑各种因素，才能使套利取得成功。因此在国外一般是大的投资基金、投资银行才进行跨市套利交易。

同一品种在不同交易所存在价差，主要是由于地理空间因素所造成的，也有品质规格不一样等因素在起作用。正常情况下，市场应有一合理的价差。一般来说，出现比价不正常的持续时间较短，套利者必须抓住时机入市。从实际情况来看，那些在不同交易所都有场内经纪人的投资机构最善于抓住这样的时机，他们交易量往往很大，在几分钟之内便可获巨利。

例7.5：11月初，受利空因素影响，苏黎世市场黄金1月期货价格为395美元/盎司；同时伦敦市场1月黄金期货价为400美元/盎司。某投资基金注意到了这一反常价差情况，并判断不久价格还将下降，于是果断入市进行套利操作。一周后，两市场的价格均降为394美元/盎司，其盈亏结果如表7.8所示。

表7.8 跨市套利

伦敦市场	苏黎世市场	价差
11月初某日卖黄金期货合约400	买黄金期货合约395	5
一周后平仓394	平仓394	0
+6	−1	5

结果赢利为5美元/盎司。跨市套利的盈亏结果可分析如下：

设A，B两交易所都交易同一品种，若投资者注意到A交易所价格相对偏高（注意，是相对于正常价差偏高，而不是实际价格高），则可在A交易所卖出，B交易所买进，定义符号如表7.9所示。

表7.9 跨市套利符号

	A交易所	B交易所	价差
入市	F_A	F_B	B
出市	F'_A	F'_B	B'

$$套利结果 = F_A - F'_A + F'_B - F_B = (F_A - F_B) - (F'_A - F'_B) = B - B' \tag{7.5}$$

可见，跨市套利的最终结果也取决于合约间的价差变动。

（四）跨品种套利

跨品种套利是指在同一交易所同时买入和卖出同一交割月份的不同品种的期货合约，选择的两种不同合约应在价格变动上有较强的联动性。跨品种套利可以分为相关商品套利和可转换性商品套利两种形式。

1. 相关商品套利

相关商品套利就是利用两种不同品种，但价格又相互关联的期货之间的差价变动进行套利。若两商品期货的价差为正，当预计价差扩大时，可采用这样的策略：入市时，买进价高商品期货，同时卖出价低的商品期货；当预计价差缩小时，则可采用相反的策略，即入市时卖出价高商品期货，同时买进价低的商品期货。比如在美国，玉米和燕麦之间的套利交易十分流行，这是因为二者用途相似且具有相互替代性。

例7.6：燕麦与玉米价差变化有一定的季节性，一般来说，燕麦价格高于玉米。每年的5、6、7月是冬小麦收割季节，小麦价格降低，价差缩小；每年9、10、11月是玉米收获季节，玉米价格下降，价差扩大。某套利者认为，今年燕麦与玉米价差变化还将遵循这一规律，于是像往年一样入市进行套利，其操作如表7.10、表7.11所示。

表7.10　7月份入市套利——价差扩大的策略　　　　　美元/蒲式耳

	燕麦期货	玉米期货	价差
7月×日	买进12月期货，价4.4	卖出12月期货，价3.4	1
9月×日	平仓4.8	平仓2.85	1.95
结果	+0.4	+0.55	0.95

表7.11　3月份入市套利——价差缩小的策略　　　　　美元/蒲式耳

	燕麦期货	玉米期货	价差
3月×日	卖出6月期货，价4.5	买进6月期货，价3.5	1
5月×日	平仓4.1	平仓3.3	0.8
结果	+0.4	-0.2	+0.2

7月份入市套利的结果，赢利为0.95美元/蒲式耳；3月份入市套利的结果，赢利为0.2美元/蒲式耳。

可见，相关商品套利的结果也正好是入市、出市时价差的变动额，因此交易者交易时只需注重价差的变化，不用十分在意具体的成交价格。

2. 可转换性商品套利

可转换性商品指的是原材料与制成品，比如大豆、豆油、豆粕三者。大豆是生产豆油的原材料，豆油是制成品，豆粕是制油时产生的副产品，可以用来做饲料。利用可转换性商品期货间的价差进行的套利即为可转换性商品套利。由于大豆、豆油、豆粕在期货市场上都有交易，进行套利就非常方便，大豆的加工商经常利用这种套利来防止大豆价格的上涨及豆油和豆粕销售价格的降低。

具体做法如下：

计算三种商品之间的转换差额，即价格判别公式如下：

转换差额 =（A×每磅豆油期货价格）+（B×每磅豆粕期货价格）-（C×每磅大豆期货价格）

其中，A、B、C 的含义是，在现有的社会平均加工水平下，C 磅大豆可以榨取 A 磅豆油，并生产出 B 磅豆粕。在美国，这三个值分别取 11、49、60，在中国，大豆、豆油、豆粕的成分比例为 1∶0.156∶0.78。

如果转换差额经计算为负数，则说明大豆原料价格过高，则套利者预测大豆的需求及价格可能相对下降，豆油和豆粕的需求和价格可能相对上升。于是，卖出大豆期货，同时，买进豆油、豆粕期货。当大豆价格下跌，豆油、豆粕价格上涨时，对冲获利。

如果转换差额经计算为正数，则说明大豆价格偏低，交易者可买进大豆期货，同时卖出豆油、豆粕期货，待大豆价格上涨，豆油、豆粕价格下跌时，再对冲获利。

第三节 投机与套利交易的策略

在期货交易中，信息是制胜的重要因素，但掌握信息也并非一件易事，长期的搜集，广泛的调查，独具慧眼的分析，无需要丰富的经验、知识及勤奋、耐心，因此，要在期货市场上做好投机和套利，就要制定一整套的交易策略。

一、资金管理策略

资金的管理是指资金的配置问题，其中包括投资组合的设计。交易品种多样化，各市场的资金比例等。交易者应将期货市场的投资限于其全部资本 50% 以内，余额用来保护可能出现的损失。在单个期货市场中所投入的资金应限制在总资本的 10%～15% 以内，其最大亏损额应限制在总资本的 5% 以内。在相关商品期货市场上投入的资金应限制在总资本的 20%～

25%以内。

二、入市时机的选择

在对商品的价格趋势作出估计后,就要慎重地选择入市时机。有时虽然对市场的方向作出了正确的判断,但如果入市时机选择错误,也会蒙受损失。在选择入市时机的过程中,应特别注意使用技术性分析方法。一般情况下,应顺应中期趋势的交易方向,在上升趋势中,趁跌买入;在下降趋势中,逢涨卖出。如果入市后行情发生逆转,可采取不同的方法,尽量减少损失。

三、制定盈利目标和亏损限度

在进行期货交易之前,必须认真分析研究,制定切实可行的计划。并对预期获利和潜在的风险作出较为明确的判断和估算。一般来讲,应对每一笔计划中的交易确定利润风险比,即预期利润和潜在亏损之比。通用的标准是3:1。也就是说,获利的可能应3倍于潜在的亏损。在具体操作中,除非出现预先判断失误的情况,一般应注意按计划执行,切忌由于短时间的行情变化或因传闻的影响,而仓促改变原定计划。同时,还应将亏损限定在计划之内,特别是要善于止损,防止亏损进一步扩大。另外,在具体运作中,还切忌盲目追涨杀跌。

四、制定期货交易计划

期货交易是一项风险性很高的投资行为,参加期货交易一定要事先制定妥善的交易计划,主要包括:自身财务抵御风险的能力、所选择的交易商品、该商品的市场分析、该商品的持有期限等。

1. 自身的财务状况

投资者自身的财务状况决定了其所能承受的最大风险,一般来讲,期货交易不应超过投资单位流动资产的四分之一。因此,交易者应根据自身的财务状况慎重决策。

2. 所选择的交易商品

不同的商品期货合约的风险也是不一样的。一般来讲，投资者入市之初应当选择较为熟悉的商品和合约。

3. 商品市场分析

交易者应依据基本分析法和技术分析法，对所交易的商品期货进行分析，即对可能产生的损益进行推算，在预期收益扣除交易成本后仍数倍于亏损的情况下，才决定入市。

不论是纯长线交易还是套利交易，期货交易真正的难点在于入市。图表和计算也许显示各种投机、套利策略能带来丰厚的收益，但除非在正确价格入市，否则不论资料看起来有多么完善，最终只能获得一份低收益，甚至亏损。入市是一种融技巧与艺术灵感为一体的繁琐工作，由于心理和技术等方面的许多原因，订单下达成为阻碍交易成功的最大障碍。从发现信号到真正入市的时间间隔非常重要。

交易策略是一门艺术，交易者应灵活使用各种策略，以实现"让利润充分增长，把亏损限于最小"的目的。

第八章 期货价格分析和预测

进入期货市场，掌握价格的变动及其规律性十分重要，能否正确地分析和预测期货价格的变化趋势，是期货交易成败的关键。因此，每一个期货交易者都必须十分重视期货价格变化趋势的分析和预测。分析和预测期货价格走势的方法很多，但基本上可划分为基本因素分析和技术分析两种。本章介绍这两类分析方法。

第一节 基本分析法

基本分析法是指根据商品的供给和需求关系以及影响供求关系的期货基本因素，来预测商品价格走势的分析方法。基本分析法主要是用来研判期货价格的中、长期走势。基本分析法企图回答和解释价格为什么会发生变化。采用这种方法分析价格走势的人，一般被称为基本面分析派。基本分析法包括的分析因素，除了供求因素以外，还有其他一些经济因素、政治因素、自然条件因素以及投机因素等。

一、期货商品的供给与需求

商品的价格是由供给和需求的变化来决定的，供求的均衡形成商品的市场价格。商品的供求关系变化与商品价格变化是相互影响互为因果的。商品的价格与供给呈正比关系，价格越高，供给量越大；商品价格与需求呈反比关系，价格越低，需求量越大。反过来，供求关系的变化对价格也有影响，供给量变动与价格变化成反比，需求量变化与价格变化成正比。

对不同的商品，价格变化引起供给量变化的幅度不同，这种供给量对价格变化反应的灵敏程度，称之为价格供给弹性。同样，需求量对价格变化反应的灵敏程度，称之为价格需求弹性。不同的商品，这两种弹性不同。

有些商品供给弹性大,价格稍有变化,则供给量变化很大。

1. 期货市场的供给

供给是指假定其他条件不变,在一定时期内,各种不同的价格水平下生产者愿意向市场提供的某一商品的总数量。期货市场的供给量主要是前期库存量、期货期限内可能提供的生产数量和进口量三部分组成。

(1)前期库存量,又称期初存量。是指上期(年、季、月)积存下来可供社会消费的商品实物量。库存量包括生产供应商存货、经营商存货和政府存货。其中,前两类存货的持有者是以赢利为目的,价格上涨,随时会引发存货的上市供给,故这两类存货可认为是市场商品供给量的实际组成部分。而政府控制的那一部分存货,是为满足社会整体性消费目的而进行的,且有社会保险作用和平抑物价功能的商品储备。这部分存货不会因价格的一般波动原因而轻易投放市场变成实际的供给。但是如果某种商品价格波动相当大,而这种商品又是关系到国计民生的大宗商品,国家很有可能动用其库存储备来干预市场、平抑物价。一旦政府出于此类目的而动用存货时,国家的库存也就成为市场实际的供给量。由于动用量往往相当大,故对现货市场和期货市场价格产生举足轻重的作用。

(2)期内生产量。期内生产量是一个变量,期货合约所交易的未来商品是在合约成交时刚投入或即将准备投入生产的产品,在此期间,商品生产者可能受各种因素的影响而改变其生产计划,或其他原因影响产量。这一点对于受自然因素影响大的农产品,表现得尤为明显。农产品期内生产量改变,其原因一般有两种:一是由于种种原因生产者临时改变生产计划,增加或减少生产量;二是原生产计划不变,而受自然因素的影响,其产量增加或减少,从而造成期内生产量增加或减少。所以,对于期内生产量,交易者根据情况变化,正确预测实际期内生产量。

(3)期内进口量。是指某种商品在一定时期内可能进口的数量。一般而言,某种商品供给缺口大,而这种商品在整个国家社会消费的比重也大,那么这种商品的进口量相应也大,自然该种商品进口量对商品供应量影响也就大。在实际工作中,往往由于某种经济原因或政治原因,使商品的实际进口量与原计划进口量产生很大的偏差,从而影响商品期货价格。因此,必须尽可能及时地掌握和了解国家进口政策的变化,国际政治局势的发展,国际市场上该商品供应状况,以及价格水平和替代商品的供应情况。

2. 期货市场的需求

需求是指假定其他条件不变，在一定时期内各种不同价格水平下，消费者愿意从市场中购买某种商品的总数量。期货市场的需求是由期内国内消费量和期内出口量组成。

（1）期内国内消费量。同期内国内生产量一样，期内国内的消费量也是一个变量。影响期内消费量的因素有：政府收入分配政策、就业政策、消费者储蓄动机、人口的增长、消费者购买力的变化、商品新用途的发现、替代品的增减及替代品价格水平等。期内国内消费量是商品需求量的主要组成部分。特别是对于出口不大甚至需要进口的那些商品，对需求量的分析几乎都集中在期内国内消费量上。

（2）期内出口量。在产量一定的情况下，某种商品出口量的变化会引起商品价格的波动。在预测出口量对商品期货价格影响时，不仅要分析国内年度出口计划的变化趋势，更重要的是密切注意分析已签订合同的实际出口量与计划出口量之间可能发生的差额大小、方向及出口商品合同的订约期和交货期。除此以外，尽可能掌握国家出口政策、国际市场商品供求趋势、进口国外贸政策、其他同类产品出口国供应量的变化及其产品的竞争力的变化。如果说国内消费量的分析集中在国内的影响消费量的各种因素上，那么期内出口量分析的重点则是集中在影响出口量的国际市场各种因素上。

二、经济因素

国内和国际经济状况会影响期货市场的价格。商品期货价格与经济因素有着密切的联系。这些经济因素有货币供应量、利率、贴现率、汇率等。

1. 货币供应量

货币量的多少决定商品期货价格的大体走势。当货币供应量增加时，商品价格随之上升；反之亦然。货币供应量与商品价格成正比关系。

货币供应量对金融期货的影响最大，货币供给量的多寡直接影响金融期货的价格。如股指期货，货币供应量增加，股指期货价格上扬；反之，则下跌。因为货币供应量增加，说明社会上的游资相应增加。股价则随之上扬，处于牛市的股指期货价格自然会向上攀升。社会上的游资常用马歇尔系数 K 来衡量。

$$K = \frac{M}{Y} \tag{8.1}$$

式中：M——居民手中持有的金融货币总额；

Y——国民生产总值；

K 值越大，游资越多；反之，K 值越小，游资越少。

2. 利率

调整利率可以扩张及紧缩一国的经济，同时也会对商品的现货和期货价格产生影响。当提高利率时，一部分做多的投机者会因利息负担过重，交易成本增加而抛出期货平仓出场；另外提高利率也给投机者一个信号：政府将采用紧缩的经济政策，这势必会使商品价格普遍下跌，从而可能引发期货价格下跌，投机者因此会卖出期货平仓了结，或减少新的做多头寸和增加新的做空头寸。因此，提高利率会引起期货价格下跌。相反，如果降低利率，低的利息负担及期货价格有可能上涨的预期，使得投机者纷纷涌入期货市场，买进期货合约，促进期货价格上涨。

期货价格下跌或上涨的幅度与利率调高或调低的幅度成正比关系，一般说来，利率调整的幅度大，期货价格变化的幅度相应也会增加。这点，在金融期货及与国民经济发展息息相关的商品期货（如铜、铝、橡胶等）表现的尤为明显。

3. 贴现率

贴现率提高，从事期货交易的成本高，另外贴现率提高预示着市场利率的提高，经济趋于紧缩，期货价格下跌；调低贴现率，资金成本低，且经济趋于扩张，期货价格上涨。

4. 汇率

世界贸易中，主要的工业原材料、能源和绝大部分的农产品的价格是参照世界上商品期货交易所的相应的期货价格来确定的。而世界贸易中大约70%是以美元计价的，因此，美元对各国货币汇率的变化，对世界上具有一定影响的国际化的商品交易所的期货价格具有重要的影响。如某国的货币贬值，即美元升值，那么，贬值国的商品在美国商品交易所中的期货价格因美元升值而下跌。而在国内商品交易所本币表示相应商品的期货价格则上涨。例如1967年11月11日英镑被迫贬值14.3%，1968年3月份羊毛的期货价格在纽约商品交易所由原来的每单位羊毛114美元下降至每单位羊毛102美元，而在伦敦商品交易所则由贬值前的每单位羊毛97英镑上升到贬值后的每单位羊毛103英镑。

三、政治因素

政治因素是影响期货价格的主要因素之一，期货价格对于政治因素变化的反应非常敏感。期货价格尤其是金融期货价格、黄金价格及与世界经济紧密相连的主要工业原材料（如铜、铝、石油等）价格对政治局势的变化十分敏感，而其他的商品期货对政治因素也有着不同程度的反应。一般来说，如果期货商品与整体国民经济及世界经济相关度大，那么，该种商品期货价格对政治因素反应大；如果期货商品与整体国民经济及世界经济联系不是很紧密（如我国绿豆等小品种期货），那么，该种商品期货价格不会因政治因素而发生很大的变化。

政治因素通常分为国内和国际两大部分：国内方面包括各种政治动荡和局势的变化。例如：政变、内战、罢工、大选、劳资纠纷等；国际方面包括战争、冲突、经济制裁、政坛重要人物逝世或遇刺等。例如，1980年9月21日，伊朗和伊拉克爆发战争，人们预期美国不会无动于衷，美国的介入将会使国际经济形势动荡不安，故人们抛售美元抢购黄金。1980年9月22日，纽约商品交易所的金价涨至涨停板。一天之内，每盎司黄金上涨了25美元。又如，美国总统里根遇刺的消息使得黄金价格发生巨大的波动。里根遇刺的消息一传开，在短短几分钟内，纽约黄金市场金价以每盎司780美元上涨到每盎司800美元的天价，短短几分钟内，金价上涨了20美元。当里根经抢救脱离危险后，金价以每盎司800美元下泻到原来每盎司780美元的水平。期货市场对政治因素反应十分敏感和强烈，特别是短期期货价格，它可能完全被政治因素所左右，短期内发生暴涨暴跌。对期货交易者来说，当政治因素引起期货价格巨幅波动时，一定要沉着冷静，正确预测期货价格变动的方向和幅度，利用政治因素对期货价格的影响而获取价格波动带来的丰厚利润。但是，各种政治性事件的发生是很难预测的，因此，在分析政治因素对期货价格的影响时，特别需要注意的是期货市场价格的操纵者，利用一些偶发性的政治事件或政治新闻操纵价格，对这种情况，期货交易者就应广泛搜集、整理有关的资料、信息，全面系统地加以分析，以把握政治因素可能给期货价格带来的真正影响，避免上操纵大户的圈套，造成不可估量的损失。

四、投机心理因素

期货交易者有两大类：一类是套期保值者，他们利用期货市场转移现货价格波动风险；另一类则是投机者，投机者利用期货价格波动，"高出低进"或者"低进高出"，赚取价格波动差价。投机交易者的投机心理，对期货市场的价格波动起了推波助澜的作用，进一步加大了期货价格的波动幅度，在预测期货价格时，必须在研究其他因素的同时，充分注意投机心理对期货价格变动的影响。在期货市场上，投机者占的比率相当大。投机者的投机行为对价格的影响自然是很大的。当市场价格看涨时，投机者预测价格将进一步上涨，迅速买进期货合约，而原来做空的投机者则买进期货合约止损平仓离场，或反手做多，买进新的期货合约，大量的投机者买进期货合约，又促使期货价格进一步攀升。价升量增，又引发场外的投机者不断涌入期货市场买进期货合约，致使期货价格呈现强劲的上升行情。当期货价格上升到一定幅度，投机者预测期货价格不久将会下跌，故纷纷卖出期货合约。而原来做多的投机者，在一片看空的市场气氛中，也卖出期货合约认赔离场，或加入空头行业，卖出新的期货合约，以图期货价格下跌后获利弥补原来多头合约的亏损。大量的卖出期货合约，使得期货价格下跌。期货价格的上涨及下跌是以现货价格为参照物上下波动的。在期货市场中，这种正常的投机行为是允许的，但是一些市场价格操纵大户经常夸大某些消息，甚至利用虚假信息，凭借自身在通信及资金上的优势人为地进行过度投机性的大量买进或卖出期货合约，操纵市场价格从中获取暴利，这种操纵市场价格的投机行为是期货市场不允许的。

五、自然因素

商品期货，尤其是农产品的价格与自然条件有着密切联系。自然因素主要是指严寒、干旱、洪涝、台风、虫灾等方面因素。自然因素通过影响农产品的收成和供给直接影响其期货价格。自然因素对非农产品的其他商品（如能源、工业原料）期货价格也有着一定程度的影响，相对于农产品而言，这类商品期货受自然因素影响小。对于这些商品期货，自然因素主要通过运输、仓储而影响需求从而影响商品价格。一般说来，自然因素对农产品价格的影响是长期的，而对非农产品的期货价格影响是短期的，一旦自然因素的影响消失，非农产品的需求就会马上恢复到原来的水平，从而使期货价格恢复到原来价格附近。对于农产品而言，自然条件恶劣时，农作物的产量就会受到影响，从而使期内生产量减少而造成实际供给的减少，期货价格上涨；反之，亦然。例如，1994年，由于暴发历来少有的大洪灾，原郑州商品交易所及原北京商品交易所绿豆连续几天涨停板，当时做空的一些期货交易者，短短几天，遭受巨大的亏损。

六、基本分析法的应用

应用基本分析法预测价格走势时，必须注意到基本分析法的科学性和局限性。

基本分析法的科学性，主要体现在，它是直接运用经济学的原理，通过演绎推理和定性分析，预测价格走势。它首先分析影响商品供给和需求的因素的变化，分析这些变化对商品供给和需求的影响，在此基础上预测商品市场价格的走势。其结论容易为人接受。

但基本分析法的局限性也是有目共睹的。1. 影响供给和需求的因素太多，我们很难全面分析所有这些因素的变化，我们甚至很难知道哪些是影响供求的主要因素、哪些是次要因素。2. 就算我们知道了主要因素的变化，甚至知道了供给和需求的变化趋势，我们未必能预测价格的走势。如，我们知道了供给和需求都是增加的，我们却不能断定价格是要上升还是要下降。3. 一些因素发挥作用前，我们很难预测这些因素会发挥作用。如，自然灾害、国际政治冲突等，突发性强，很难预测；心理和投机因素发挥作用前也很难预测。4. 基本分析所需信息量大、难以收集，时间和资金的支出很大，这使得基本分析法难以应用于短期的、交易量较小的交易上。

由于基本分析法的科学性和局限性，基本分析法在预测价格长期走势、进行价格走势的定性分析方面较有优势；而在预测价格短期走势、进行价格走势的定量分析方面它就不一定是合适的工具。较之在成熟、规范的市场上，基本分析法在不成熟、不太规范的市场上更有适用性。

第二节 技术分析法

技术分析法要回答的问题是：价格是如何变动的？

一、技术分析法的理论前提

技术分析法的理论基础是建立在三条假设之上的：一是市场行为包容消化一切，所有的影响价格因素都反映在其价格之中；二是价格以趋势方式不断演变；三是历史会重演，过去出现过的价格形态今后也可能重现。

1. 市场行为包容消化一切

"市场行为包容消化一切"构成了技术分析的基础。技术分析者认为，能够影响某种商品期货价格的任何因素——基础的、政治的、心理的或任何其他方面的——实际上都反映在其价格之中。由此推论，我们必须做的事情就是研究价格变化。这句话乍一听也许过于武断，但是花工夫推敲推敲，确实如此。这个前提的实质含义其实就是价格变化必定反映供求关系，如果需求大于供给，价格必然上涨；如果供给大于需求，价格必然下跌。供求规律是所有经济预测方法的出发点。把它倒过来，那么，只要价格上涨，不论是因为什么具体的原因，需求一定超过供给，从经济基础上说必定看好；如果价格下跌，从经济基础上说必定看淡。归根结底，技术分析者不过是通过价格的变化间接地研究基本面。大多数技术派人士也会同意，正是某种商品的供求关系，即基本面决定了该商品的看涨或者看跌。

图表本身并不能导致市场的升跌，只是简明地显示了市场上流行的乐观或悲观的心态。图表派通常不理会价格涨落的原因，而且在价格趋势形成的早期或者市场正处在关键转折点的时候，往往没人确切了解市场为什么会如此这般古怪地动作。恰恰是在这种至关紧要的时刻，技术分析者常常独辟蹊径，一语中的。所以随着市场经验日益丰富，遇到上边这种情况越多，"市场行为包容消化一切"这一句话就越发显出不可抗拒的魅力。

顺理成章，既然影响市场价格的所有因素最终必定要通过市场价格反映出来，那么研究价格就够了。实际上，图表分析师只不过是通过研究价格图表及大量的辅助技术指标，让市场自己揭示它最可能的走势，而并不是分析师凭他的精明"征服"了市场。今后讨论的所有技术工具只不过是市场分析的辅助手段。技术派当然知道市场涨落肯定有缘故，但他们认为这些因素对于分析预测无关痛痒。

2. 价格以趋势方式演变

"趋势"概念是技术分析的核心。研究价格图表的全部意义，就是要在一个趋势发生发展的早期，及时准确地把它揭示出来，从而达到顺着趋势交易的目的。事实上，技术分析在本质上就是顺应趋势，即以判定和追随既成趋势为目的。从"价格以趋势方式演变"可以自然而然地推断，对于一个既成的趋势来说，下一步常常是沿着现存趋势方向继续演变，而掉头反向的可能性要小得多。这当然也是牛顿惯性定律的应用。还可以换个说法：当前趋势将一直持续到掉头反向为止。虽然这句话差不多是同语反复，但这里要强调的是：坚定不移地顺应一个既成趋势，直至有反向的征兆为止。

3. 历史会重演

技术分析和市场行为学与人类心理学有着千丝万缕的联系。比如价格形态，它们通过一些特定的价格图表形状表现出来，而这些图形表示了人们对某市场看好或看淡的心理。其实这些图形在过去的几百年里早已广为人知、并被分门别类了。既然它们在过去很管用，就不妨认为它们在未来同样有效，因为它们是以人类心理为根据的，而人类心理从来就是"江山易改本性难移"。"历史会重演"说得具体点就是，打开未来之门的钥匙隐藏在历史里，或者说将来是过去的翻版。

技术分析法的效用，取决于市场的有效性：在有效市场中，价格波动完全是一种随机漫步行为，这时技术分析法将失去作用。根据我们的研究认为，当前期货市场，特别在我国，弱型有效还没有达到。技术分析法可划分为图形分析和指标分析两大类。

图形分析是技术分析最常用的方法，技术分析派认为，记录期货价格的图表是技术分析的基础。具体方法是将历史价格按时间序列数据绘成图形，从图形表现的价格波动形态和趋势来判断未来价格走势。图形方法有：线条、缺口、波浪理论、反转形态及整理形态等。

二、K线分析

K线又叫蜡烛图,是日本人在200年前发明的用来记录米价变化情况的工具。现在是应用最为广泛的技术分析工具之一。可以对每日的价格变化情况作一个K线,得到日K线图;也可以对每周、每月、每季、每年的价格变化作一K线,分别得到周K线图、月K线图、季K线图和年K线图。

图8.1是一个日K线图。记录了反映市场价格变化情况的四个主要价格:当日最高价、当日最低价、当日开盘价、当日收盘价。当日开盘价与当日收盘价之间的距离叫该K线的实体,当日最高价到实体的距离叫上影,当日最低价到实体间的距离叫下影。收盘价大于开盘价的K线叫阳线(实体用红色或空白表示),收盘价小于开盘价的K线叫阴线(实体用绿色或阴影表示)。

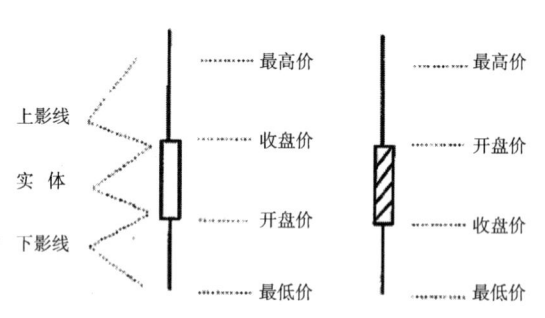

图8.1 阳线(左)和阴线(右)

K线分析法主要有两个方面的思路。一是通过分析独立的K线,判断市场多空力量的对比情况,据此预测市场价格的走势;二是通过分析K线组合,判断多空力量的变化,据此预测市场价格的走势。

就独立K线而言,有许多形态。主要的如:光头阳线、光头阴线、带下影的阳线、带上影的阳线、带下影的阴线、带上影的阴线、十字星、一字线、大阳线、大阴线、小阳线、小阳线等(见图8.2)。

分析独立K线时,一般原则是:光头大阳线,表示买方力量十分强,光头大阴线表示卖方力量十分强;阳线实体越长买方力量越大,阴线实体越长卖方力量越大;上影越长卖方阻截力量越大,下影越长买方阻截力量

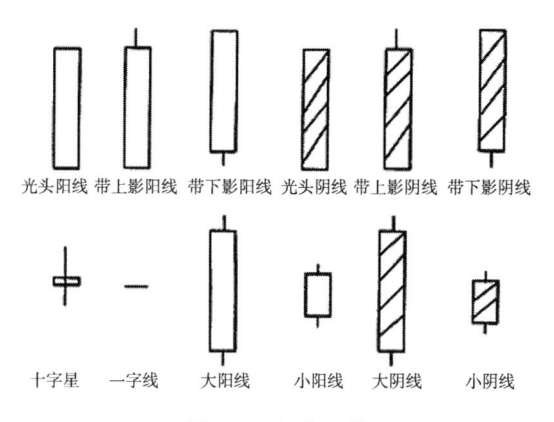

图 8.2　各种 K 线

越大；十字星，多意味着买卖双方犹豫不决，对目前价格走势难做定论——但高价区出现十字星和低价区出现十字星，多意味着价格走势将逆转。

在 K 线分析中，人们应用得较多的是 K 线的组合分析。有两根 K 线组合分析、三根 K 线组合分析，等等。此处不一一介绍。图 8.3 是一个较典型的两根 K 线组合的形态和一个较典型的三根 K 线组合形态。

图 8.3　典型的两根 K 线相组合（左）和典型的三根 K 线相组合（右）

三、切线分析法

1. 趋势线

趋势线反映期货价格的基本走势。预测价格走势，首先应了解价格处于上升趋势还是下降趋势。趋势线有上升趋势线和下降趋势线。将波谷最明显的两个谷点连接起来且向上倾斜的直线称之为上升趋势线（见图 8.4）。将最明显的两个波峰顶点连接起来且向下倾斜的直线称之为下降趋势线（见图 8.5）。当一条趋势线，在时间上涵盖了长达数月之久，可以称之为主要趋势线或长期趋势线，较短时间的趋势线，则称之为次要趋势线或短期趋势线。

图 8.4　上升趋势线　　　　图 8.5　下降趋势线

对于趋势线，在实际运用过程中，有如下几个要点：

（1）当期货价格跌破上升趋势线时，就是一个卖出信号（见图 8.4）。在没有跌破之前，上升趋势线就是每一次价格回落的支撑。当期货价格向上突破下降趋势线时，就是一个买入信号（见图 8.5）。在没有突破下降趋势线之前，下降趋势线就是每一次价格回升的阻力。

在运用以上要点时，要特别注意价格突破趋势线的可信度。实际操作时，其可信度可从以下几个方面去判断：

①假如在一天交易时间突破过趋势线，但收市价并没有超出趋势线的外面，这并不是突破，可以忽略它，而这条趋势线仍然有用；

②如果收市价突破了趋势线，必须要超越 2%～3% 才可有效；

③当突破趋势线出现缺口，这种突破将是有效的，且是强有力的。

（2）如果期货价格随着固有的趋势线移动的时间愈久，这条趋势线愈有效。

（3）期价沿趋势线运行时，期价每次变动都配合成交量的增加，当有巨大的成交量出现时，可能是中期行情终了的信号，紧随着而来的将是反转行情的出现。

（4）趋势线与水平线形成的角度愈陡，愈容易被一个短的横向整理所突破，因此趋势线愈平，愈具有技术意义。

（5）期价的上升与下跌，在各种趋势末期，均有加速上升与加速下跌的现象。因此，趋势反转的顶点或底部，大都远离趋势线。

2. 支撑线和阻力线

在价格波动的过程中，将图中的两个或两个以上的价格最低点连接起来所形成的直线即支撑线。在此附近,且有相当大的买盘,支撑价格。在价格波动过程中,将图中的两个或两个以上的价格最高点连接起来所形成的直线即阻力线。在此线附近,具有相当大的卖盘,阻止价格上涨(见图8.6)。

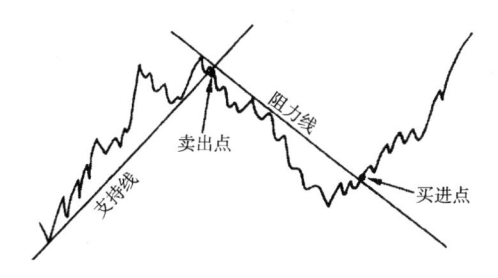

图 8.6　支撑线和阻力线

对于支撑线及阻力线,在实际运用过程中,有如下几个要点:

(1) 当价位向下跌破支撑线时,出现卖出信号,可作空头。当价位向上突破阻力线时,应平仓空头头寸,同时可反手做多头。

(2) 按以上方法操作时,特别注意"跌破"及"突破"的有效性。一般认为,阻力线的突破或支撑线的跌破,必须有2%~3%以上的幅度才视为有效。

(3) 水平的支撑线及阻力线一般出现在整数价位上,这个价位线亦可称之为"关卡价"。当关卡阻力被突破以后,即为买进信号,此时阻力线变成支撑线(见图8.7)。当支撑线被跌破后,即为卖出信号,此时支撑线反成为阻力线(见图8.8)。

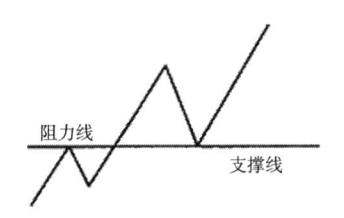

图 8.7　阻力线变成支撑线　　　图 8.8　支撑线变成阻力线

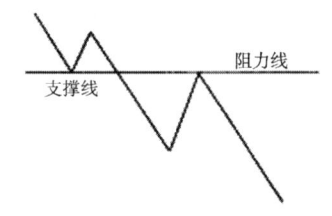

四、形态分析法

如果价格曲线出现某种典型的形态，那么，接下来价格曲线就会出现特定的走势——因为历史会重演。价格曲线的典型形态有：头肩顶、头肩底、双重顶、双重底、三重底、三重顶、圆弧底、圆弧顶、三角形、矩形、喇叭形、菱形、旗形、楔形等。以下简要介绍头肩底和头肩顶，以进一步解释形态分析法的应用。

如果价格曲线形成类似图 8.9 的头肩顶形态，那么，通常情况下，价格曲线将向下波动（图中虚线）——因为历史上多数情况下如此。

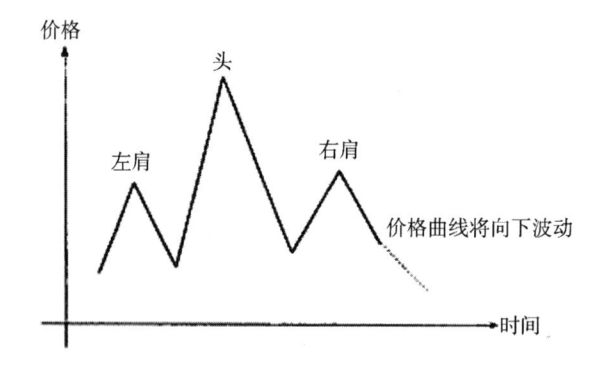

图 8.9 头肩顶

如果价格曲线形成类似图 8.10 的头肩底形态，那么，通常情况下，价格曲线将向上波动（图中虚线）——原因也是历史上多数情况下如此。

必须指出，典型形态的判定是一件十分依赖经验的工作；判定了价格曲线的波动方向后，要确定运动的幅度，在很大程度上也依赖经验。

五、波浪分析法

波浪理论是技术分析大师艾略特所发明的一种预测价格趋势分析工具。它是期市、股市分析上运用最多，而又最难于了解和精通的分析工具。

艾略特认为，不管是期货价格还是股指的波动，都与大自然的潮汐、波浪一样，一浪跟着一浪，周而复始，具有一定的规律性，表现出周期循环的特点，任何波动均有规律可循。因此，从事期货的交易者可根据这些

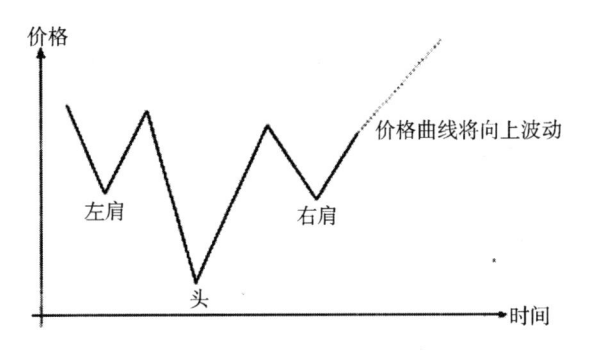

图 8.10 头肩顶

规律性的波动来预测价格未来的走势，从而决定自己的买卖行为。

1. 波浪理论的基本形态

波浪理论认为：价格的波动周期，从"牛市"到"熊市"的完成，包括了 5 个上升浪与 3 个下降波浪，总计有 8 浪（见图 8.11）。

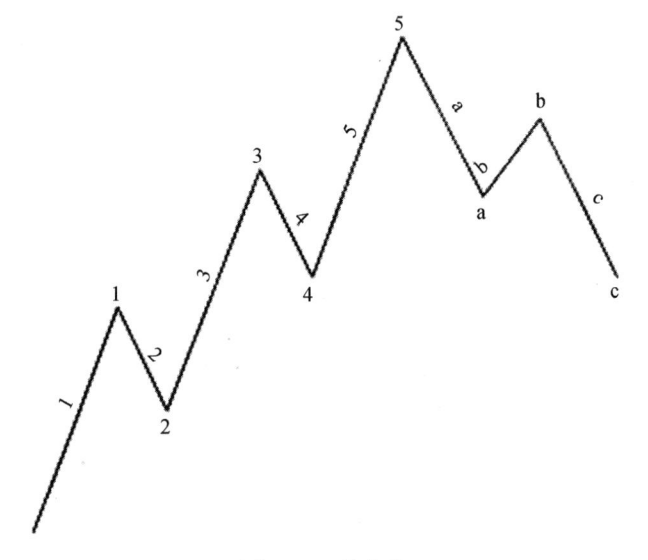

图 8.11 基本浪

每一个上升的波浪，称之为"推动浪"，如图 8.11 中的第 1、第 3、第 5 浪。每一个下跌波浪，是为前一个上波浪的"调整浪"，如图 8.11 中第 2、第 4 波浪。第 2 浪为第 1 浪的调整浪，第 4 浪为第 3 浪的调整浪。

对于整个大循环来讲，第 1 浪至第 5 浪是一个"大推动浪"；a、b、c

三浪为"大调整浪"。

在每一对上升的"推动浪"与下跌的"调整浪"组合中，大浪中又可细分小浪，亦同样以 8 个波浪来完成较小的级数的波动周期。图 8.12 在一个大的价格波动周期涵盖了 34 个小波浪。

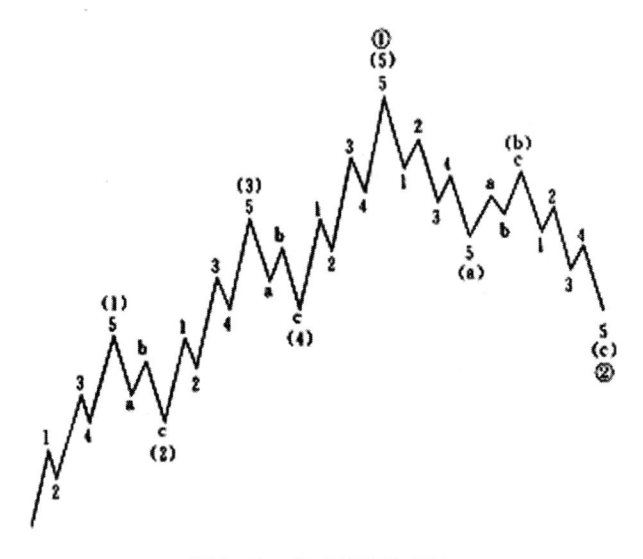

图 8.12 艾略特波浪理论

六、指标分析法

技术指标分析法认为，成交量和未平仓合约量的变化会对期货价格产生影响，而期货价格的变动也会引起成交量和未平仓合约量的增减。因此，只有将成交量和未平仓合约量的变化联系起来进行分析时，才有预测期货市场价格变化的价值。这种把期货价格同成交量、未平仓合约量三个技术指标有机结合起来，预测期货市场价格未来走势的方法是分析期货价格走势非常重要的技术指标分析法。

1. 成交量与价格关系分析

由于每笔期货交易包括买入合约和卖出合约，交易量只计算买入合约或卖出合约的数量，而不是两者的总和。成交量的增减变化反映了市场对商品期货合约的供求关系的一个方面，但要真正把握期货合约的供求关系，还需进一步研究未平仓合约量。

成交量与期货价格走势的关系可以描述为：

（1）成交量增加，价格同步上升，表明期货交易继续看涨，目前价格趋势可望维持。

（2）成交量增加，价格下跌，表示原来做多的交易者急于对冲而抛出已购买的合约，说明市场看跌，预示着价格还会维持下跌趋势。

（3）价格上升而成交量大减，表示期货市场缺乏新的做多的交易者，卖空者急于补货平仓而使得价格短期内上升，一旦做空者平仓完毕价格将会回落。

（4）价格和成交量都下跌，表示该商品期货市场进入调整期，短期内价格可能继续下降；但也表明，该商品期货价格已跌入或正在跌入谷底，一段时间后价格将可望回升。

2. 未平仓合约量与价格关系分析

未平仓合约量，是指尚未对冲仍在期货市场上流通的某商品的期货合约数量，故也称持仓量或空盘量。未平仓合约量只计未对冲的买方合约数量或卖方合约数量，而不是两者的总和。因而，只有新买家和新卖家成交后，未平仓合约量才增加；如果买方是第一次成交，而卖方为对冲以前买进的期货合约，即卖出以前买的合约，未平仓合约量不变；反之，亦然。如果买卖双方都是为对冲而成交，未平仓合约量就减少，当一次新购买的合约数同对冲交易合约相等时，未平仓合约量不变；反之，亦然。成交量往往是一天内的成交量的累计而未平仓量则是从合约开始交易到某一天未平仓量的总和。

在一定时期内，通过对未平仓合约量的变化分析可推测资金在期货市场流向的变化，当未平仓合约量增加时，说明资金涌入期货市场。反之，当未平仓合约减少时，说明资金正从期货市场流出。

未平仓合约量与期货价格走势的关系可表述为：

（1）未平仓合约量增加，价格上升，表明做多者增多，预示着价格还将上升。

（2）未平仓合约量增加，而价格下跌，说明做空者积极性高，估计价格还会下跌。

（3）未平仓合约减少，价格下跌，表示做多者大量平仓，意味着价格还要继续下降。

（4）未平仓合约减少而价格反而上升，表示卖空者急于补货平仓，预示着价格可能还会上升一段时间。

利用未平仓合约数进行价格预测时，必须重视现有未平仓合约量与过去历年来未平仓合约平均量的比较，如未平仓合约量高于过去任何时刻的记录，则说明进入期货交易的人数激增，从而也会使价格上下波动的幅度大于过去的正常范围。

3. 成交量，未平仓合约量与价格的关系分析

在期货交易中，期货成交量，未平仓合约量和期货价格是一个有机的系统。它们之间的关系可表述为：

（1）成交量、未平仓合约量增加，价格上升，表示新的做多交易者大量增加，近期内价格还可能继续上升。

（2）成交量、未平仓合约量减少，价格上升，表示做空的交易者大量补货平仓，价格短期内向上，一旦平仓完毕不久价格将可能回落。

（3）成交量、价格上升，而未平仓合约量减少，表示做多的交易者利用做空的交易者补货平仓推动价格上升的机会，继续售出以前购入的期货合约，故价格马上会下跌。

（4）成交量、未平仓合约量增加，价格下跌，表示大量出售期货合约，短期内价格还可能下跌。

（5）成交量、未平仓合约量减少，价格下降，表示大量做多的交易者急于售出以前所买的期货合约来对冲平仓，故短期内价格将继续下降。

（6）成交量增加，未平仓合约量和价格下降，表示做空的交易者利用做多的交易者售出以前购入合约平仓导致价格下跌之际，陆续补货平仓获利，故价格很可能转为回升。

综合上述内容可知，在一般情况下，如成交量、未平仓合约量增减（幅度不太大）与价格升降同方向变化，则目前的价格趋势可继续维持一定时间；如成交量、未平仓合约量增减与价格升降呈反方向变化时，目前的价格走势则会转向。当然，在实际运用时还必须根据具体情况作进一步的详细分析。分析成交量、未平仓合约量及价格三者之间关系，可以获取许多有用的信息：如资金流进、流出及其变化量的大小；大户大致的建仓成本及做多做空的动向等。在具体期货交易操作中，这三者关系的分析是交易者运用得最为广泛的分析工具。

第三节 期货定价理论

期货定价问题实际上是在理论上寻找合约商品现货价格与其对应的期货合约价格之间的关系问题。

一、古典期货价格理论

古典期货价格理论是现货价格理论的分支,从经济学的角度上看,其发展进程与微观经济学的价格理论大体一致。古典期货价格理论主要有持有成本理论和均衡价格理论,它们分别从商品的变动成本和供求均衡方面探讨期货价格的形成。

1. 持有成本理论

持有成本理论,或称仓储价格理论,是由美国著名的期货研究专家沃金(Working)在其经典著作《仓储价格理论》一文中提出的。持有成本理论是以商品持有(仓储)为中心,分析期货市场的机制,论证期货交易对于供求关系产生的积极影响。

持有成本理论认为,期货交易平抑价格波动的功能是建立在正仓储报酬和负仓储报酬的基础上。正仓储报酬是期货价格高于现货价格,又称正向市场(Contago Market)。负仓储报酬是现货价格不正常地上升,从而超过了期货价格,负仓储报酬市场又称反向市场(Inverted Market)。当仓储报酬为正数时,整个社会将会保持一个相当大的仓储量,持有成本较大;而当现货供给不足,仓储报酬呈负数时,仓储商减少仓储,使供给不足的现象尽可能地得到缓解。期货市场正是利用仓储报酬的这种现象有力地调节不同时间的供给分配,从而减缓了价格波动的幅度,引导市场走向均衡。

持有成本理论是早期的商品期货价格理论。由于当时的商品期货基本上都是农产品,生产极具季节性,从生产到销售要经过相当长的时间,而此期间价格可能有较大的波动,给生产者和消费者造成损失。持有成本价格理论正是为了稳定农产品价格,在比较合理的现货价格基础上提出的。由于储存商品需要支付一定的费用,且储存时间越长,成本越高,假设收获期的商品现货价格为 P,储存期为 t,储存成本为 C,期货价格为 F,

则有：
$$F = P + C_t \tag{8.2}$$

即商品期货价格等于即期现货价格加上合约到期的储存费用（即持有成本）。持有成本包括储藏费用、利息、保险费、损耗费。

持有成本理论是期货价格理论的基础，并对后期的期货价格理论产生了重大的影响，其主要的贡献可归纳为以下两点：第一，它能够解释基差的经济含义。第二，它能够说明期货调节现货供求的原因所在。

当然，持有成本理论也有局限性，归纳起来有如下四点：第一，"负仓储费用"问题。按正常理解，仓储费用是大于零的正数，不会出现负仓储费用现象。但是，根据持有成本理论公式，如果期货价格小于现货价格，仓储费用只能为负，怎样在仓储理论的框架内说明负仓储费用问题，有两种不同的解释。较早流行的一种看法认为，市场上存在对未来农作物丰收的预期使得交易者对期货看空，故期货价格下降，并低于现货价格，出现负仓储费用现象。但是，沃金在实证研究的基础上给出了不同的解释。他认为，现货价格之所以高于期货价格是由于上一个或更早年份农作物歉收或库存太少导致的。尽管沃金的解释符合事实，但负仓储费用还是难以被直接理解。第二，适用范围有限。按持有成本理论假设，相应商品是集中时间供给而均匀消费的，且主要针对农产品，但实际上，目前国际期货品种中存在大量的非农产品商品期货，这些产品均匀生产和消费，仓储费用便不像农产品那样明显且有规律性，比如石油、铜、铝期货等。第三，解释期货价格形成要素不充分，在现货市场不发达条件下，仓储费用和基差对应关系并不紧密。实际上，持有成本理论仅考虑了仓储费用与期货和现货价差的关系，而排除了许多其他因素对基差的影响，因此无法全面地解释期货价格变动。第四，未考虑预期仓储的影响。一些研究证明，现实的仓储量和费用对近期现货和期货价格的影响是明显的，但对远期的影响则不太明显。所以，在决定期货价格时，还应考虑预期的仓储数量和费用。鉴于这种认识，威马（Waymar, F. H）在1966年对沃金的理论进行了修正，提出应将预期仓储作为决定基差的因素。其表达式是：
$$P_t - P_0 = F(I) \tag{8.3}$$

这里 I 是预期储存量。

2. 均衡价格理论

均衡价格理论是持有成本理论的进一步发展。均衡价格理论假定期货市场是完全竞争的市场，存在着众多的期货买方和卖方，双方对市场行情和各种信息都能充分了解。买卖双方所交易的都是标准化的期货合约，他们之间进行着激烈的竞争。在这种假设条件下，期货价格的变化要从供给和需求两方面的力量对比来解释。期货市场上众多的买者和卖者集中进行公开交易，从而使期货市场的供给和需求不断调整，最终达到均衡价格水平。根据均衡价格不同的形成原因，均衡价格理论可以分为两种，即：供求价格理论和预期学派价格理论。

二、现货期货价格理论

现代期货交易已经基本脱离了商品实物的买卖，成为一种投资活动，因此现代期货投资理论被视为现代投资学的一个组成部分。

现代期货投资理论的创立源于以下几种认识：第一，期货交易者只支付少量的保证金，其目的是为了获取期货合约差价收益，而西方经济学中的投资正是指为了获取未来收益而预支资本的行为。第二，现代期货交易中买卖的是一种标准化的期货合约，这与买卖股票、债券等有价证券一样，被视为一种投资。因此，20世纪80年代以后，西方经济学家试着用投资理论来解释期货价格的决定，从而创立了现代期货价格理论。

由于购买期货合约只需交纳少量保证金，并不需要支付期货面值实际价款，因此，现代期货理论假定购买期货合约的净投资为0。由于期货交易有较大的风险，投资者为了减少这个风险，例如需要在购买期货债券合约的同时购买相应的且数量等于期货数量的债券。假定这种债券是一天期的，所以，在第一天开始时，投资者购买期限为 T、数量为 $(1+_1Y_0)$ 的期货合约，这里 $_1Y_0$ 是一天期债券在当天的收益率，同时购买数量为 $(1+_1Y_0)$ 的相应债券，那么在这一天结束时，期货投资获得的收益等于合约数量乘以当天的价格差，即 $(1+_1Y_0)$ $(_{T-1}f_1 - _Tf_0)$，$_Tf_0$ 为第一天买入期货合约的成交价，$_{T-1}f_1$ 为第一天合约的结算价格。债券投资的收入将是 $_Tf_0(1+_1Y_0)$，那么第一天债券投资与期货投资的总收入为：

$$_Tf_0(1+_1Y_0) + (1+_1Y_0)(_{T-1}f_1 - _Tf_0) = (1+_1Y_0)_{T-1}f_1 \quad (8.4)$$

这些收入以新的收益率 $_1Y_1$ 再投资于一天期债券，在第二天结束时，产生以下收益：$_{T-1}f_1(1+_1Y_0)(1+_1Y_1)$。在继续投资债券的同时，投资者可以购买更多的期货合约，第二天购买期货合约数量为 $(1+_1Y_0)(1+_1Y_1)$。

在第二天结束时这些期货合约的收益或亏损为 $(1+{}_1Y_0)(1+{}_1Y_1)({}_{T-2}f_2-{}_{T-1}f_1)$，总和债券和期货投资，第二天的总收入为：

$$_{T-1}f_1(1+{}_1Y_0)(1+{}_1Y_1)+(1+{}_1Y_0)(1+{}_1Y_1)({}_{T-2}f_2-{}_{T-1}f_1)$$
$$=(1+{}_1Y_0)(1+{}_1Y_1)_{T-2}f_2 \tag{8.5}$$

依此类推，可以总结出每天结束时债券投资与期货投资产生的总收入模型。在任意的 t 天，总收入将等于 $(1+{}_1Y_0)(1+{}_1Y_1)\cdots(1+{}_1Y_t)_{T-t}f_t$。在期货合约到期时其价格为 ${}_0f_T$，由于已经到期，当月交割的期货合约价格必定等于当时现货商品价格 C_T，因此，合约到期时投资的收入总值等于 $(1+{}_1Y_0)(1+{}_1Y_1)\cdots(1+{}_1Y_T)C_T$。由于这些收入是由期初投资 ${}_Tf_0$ 产生的，所以期货价格一定等于这些投资收入的市场价值，即有：

$$_Tf_0(1+{}_1Y_0)(1+{}_1Y_1)\cdots(1+{}_1Y_T)C_T \tag{8.6}$$

为简化起见，设：

$$R=(1+{}_1Y_0)(1+{}_1Y_1)\cdots(1+{}_1Y_T) \tag{8.7}$$

则有：

$$_Tf_0=RC_T \tag{8.8}$$

三、商品期货的价格构成要素

我们介绍了期货价格理论，这些理论虽然有一定的理论深度，但有些抽象，我们试图从具体期货交易实务中解释商品期货的价格构成。

商品期货价格是一种期货交易过程中所形成的契约价格。由于期货价格与现货价格紧密相关，而且其以现货市场上的商品价格为最基本参照物，同时临近交割时的期价往往又与现价水平趋于一致，所以往往使人得出一种结论，即商品期价无异于现价，不同之处只是在商品的生产与未来的实物交割这段时间内期货交易对商品价格进行了反复的调整。而实际上，商品期货价格有其自身的形成机制和规律，在构成要素上也与现货商品价格不相同。我们知道，商品期货合约仅仅是一种商品所有权证书，和市场上的股票和债券等有价证券类似。虽然它也进入流通领域，并且因为可为持有者带来一定收益而具有价格，但从理论上来说，这种价格与它所代表的商品的价值无关。这有如商品的生产价格之异于商业价格，生产价格反映商品的价值量，而商业价格是在流通领域中形成的。期货价格是期货合约进入市场后才形成的，未进入市场的期货没有价格。它可因供求等因素的影响而或高于或低于商品价值，但丝毫不改变商品本身所凝结的劳动。由此可见，商品期货价格是以商品价值为基础，在期货市场中形成的一种商业价格，商品价值是期货价格的必然构成要素。

商品期货价格的构成是指商品期货价格的各种构成要素，根据世界商品期货交易的实践，期价一般由商品生产成本、商品期货交易成本（保证金利息、佣金、商品保险费、保管费等）及预期利润三部分组成。

1. 商品生产成本

商品生产成本是指生产某种期货交易商品时所耗费的物化劳动和活劳动的价值量的货币表现。由于商品期货交易最终以实际商品的生产为基础，所以尽管它是一种"纸上交易"方式，但其交易价格仍以商品生产成本作为最基本的组成部分。

2. 商品期货交易成本

商品期货交易成本，即指商品期货交易过程中实际发生的各种费用的总称，是商品期货交易过程中所必需的，在客观上成为商品期货价格的组成部分。它主要包含以下几个要素：

（1）保证金利息。保证金也称交易按金，是指为了保证交易者如期履行期货合约所规定的义务，而由期货交易者付给商品期货交易所或经纪公司的押金。其金额通常为期货合约总值的5%~10%。保证金虽然是交易者进入交易所所必需的投资资金，但它并不构成商品期货价格，构成商品期货价格要素之一的是保证金利息。

保证金利息是指期货交易者交纳的保证金应付的银行利息，期限为整个期货交易过程所持续的时间。它是期货交易者选择用资金进行期货交易而必须支付的成本。一般来说，保证金利息额受三方面因素的影响较大：第一，期货交易总金额。交易的金额越大，致使缴付的保证金越多，则保证金利息就越多。第二，期货合约的持有时间。期货合约持有的时间越长，则按一定的银行利息所计算的保证金利息也就越多。第三，银行利息率。资本利率较高会增大交易者的保证金利息成本。

（2）佣金。佣金是期货交易者支付给经纪公司的报酬。根据规定，无论盈亏，交易者将在每一笔期货交易完结之后，支付经纪公司一定数额的佣金。

（3）商品保险费。为了确保期货交易商品从签订期货合约至最终交割实物这段时间内的保管和运输等方面的安全性，货物贮运商一般都需要交付商品保险费。至于保费标准应视具体商品和期货时间长短而定。通常情况下，黄金、白银、镍等价格较大的商品保险金额也较大，而一般农副产品等保险金额则较小。同时，期货时间的长短也与保险金额的大小成正比关系。商品交易所规定，保险金一般先由期货交易卖方持有者支付，也可以计入商品成本，待交货时从买方的支付价格中予以抵扣。

（4）商品保管费。交易所商品在交割之前的贮存和保管期内经常发生的与商品保管直接或间接相关的费用开支，如仓租费、挑选、检验、养护、包装、转仓及管理等费用，这些均是商品成本的分支项，并对商品期货价格水平构成影响。

3. 预期利润

预期利润又称期货利润，是指商品期货价格与商品生产成本、期货交易成本及税金三者总和的差额，是期货交易者追逐的最后成果。

第九章 期货交易策略与战术

在期货市场中，有许多理论和方法，它们最终都是为了落实到具体交易行为中去。期货市场如战场，战斗的双方是多头与空头，价格伴随的全部背后含义，就是多空双反力量对比的结果。在这里，每个人都有一套交易理论、交易策略以及具体的交易技巧和方法。只有掌握了期货交易的基本策略和一般战术，再在实践中形成属于自己的独特的交易风格，才能在期货交易中立于不败之地。

第一节 期货交易基本原则与策略

一、充分准备，不打无把握之战

期货交易亏本或盈利的关键取决于对市场行情的判断，要对价格有一个正确的预测，把握好行情变动的幅度和变动的时间，根据价格选择合适的时机和具体的出点、入点，才能在期货交易中胜出。相当一部分投资者缺乏期货知识，对市场缺乏了解，防范市场的基本知识不足，容易对市场作出错误判断，作出错误决定。所以，在做期货交易前，先要学习期货市场和期货交易基本知识，了解期货商品的供求情况、市场状况、价格分析方法、订单种类及运用方法，准备好充足资金，深入广泛地学习了解世界的政治、经济、市场心理、天文地理，等等，锻炼自己的性格，头脑清醒、沉着、果断，克服侥幸、赌博心理，从知识上、资金上、心理上做好充分准备，不打无把握之战。

二、运用资金，制定合理交易计划

在从事期货交易之前，要准备充足的资金，但有一个基本原则，"亏得起多少做多少"，千万不能赌身家性命。期货买卖决策过程中，心理因素起决定性作用，胜负往往系于"一念之间"。研判行情要心无杂念，资金运用必须没有后顾之忧。亏得起多少做多少，即使亏光了也不影响生活品质及生意周转，就能轻装上阵，谈笑用兵，胜算自然会高。如果动用生活、生产资金去买卖期货，必定患得患失，包袱沉重，杂念多多，背上"只能赢不能输的"压力，面对瞬息万变的市场，容易方寸大乱，损失惨重。

有了资金进入期货市场开始买卖期货，要根据交易资本，做好交易计划，一般从小交易做起，模拟训练，积累经验，修正计划，实现计划。投资效果是否理想，在很大程度上取决于交易者对资金的运用和管理能力及技巧。实践中，要注意制定合理的交易计划，如：1. 交易者应当始终采用复合头寸进行交易，将交易的单位分为交易头寸与跟势头寸两部分，为交易的长短期搭配运作做好准备。2. 交易资金控制在开户资金的50%以内，不要开满仓，为顺势时加码，逆势时补仓做准备。3. 分散投资限制风险，交易者在任何单个市场上所投入总资金必须限制在资本额的15%以内，在一个市场群类的投入应限于总资本的20%~25%以内，防止在一个市场或同一商品群内投入过多本金，避免"吊死在一棵树上"。4. 止损幅度控制在资金的5%或保证金的10%以内，要采取一定的保护性止损措施。5. 顺势加码时注意采用金字塔式投资方法，采取分段比例的投资，避免盲目追高杀跌，前功尽弃。

三、当机立断，不拖泥带水

期货投资最重要的原则是"不怕错，最怕拖"。既然任何人都可能在行情分析中犯错，聪明与愚蠢的区别就在于聪明人善于壮士断臂，错了不拖；愚蠢的人则被拖死。交易者一定要具备毫不迟疑、毫不留情的止损观念，打得赢就打，打不赢就走。可谋求高利润，而不必冒高风险。

不拖的话，不外乎三种后果：第一，行情一直下跌，不用亏大钱；第二，再跌以后又有回升，低价重新买入，就比原来价位更优越；第三，认赔之后行情正巧马上回升，不过吃一次亏而已！总是利多弊少。十次买卖就算五次亏、五次赚，亏的五次不拖，赚的五次放尽，总计就是赚。所以，一定要养成习惯，一进场就要按规定在思想上预备止损，预防万一。如果自己狠不下心，就指定别人替自己下止损单。

尽管"不怕错，最怕拖"的道理为很多交易者所认同，但不少人在买卖过程中，总免不了要犯拖的毛病。有的账户，出现浮动损失后仍固执己见，由远期拖到近期，由期货拖到现货，最后被迫斩仓。有的账户，被套牢之后恃着自己够实力，一次又一次追补保证金，本来只损失一撮牛毛的，最后整头牛被人牵走。有的账户，手上的单子已经出现危机，仍逆市而行，一再加码，希望以平均价伺机反败为胜，到头来担沙填海，终于一去不返。经验表明，要避免上述悲剧发生，真正贯彻"不怕错，最怕拖"的原则，最重要的是养成一种习惯，第一时间下止损单。

在第一时间下止损单，在瞬息万变的市场，一旦有个重大的突发性消息出来，行情猝然大涨或狂泻，你就不至于措手不及，否则想亏一点儿就认赔根本已来不及了。不在第一时间下止损单，就算你不愿意拖，突如其来的行情逆转也会把拖的既成事实硬塞到你面前，躲也躲不了。遇到涨停板或跌停板的突然袭击，更是欲罢不能，脱身不得，只好任人宰割。如果事前在第一时间下好止损单，一早认赔。岂不是可以避过一场大难吗？

人总是有点惰性和侥幸心理，这是人性的弱点。这就是为什么"不怕错，最怕拖"讲起来容易做起来难的原因。

四、敢作敢为，荣辱不惊

胜败乃兵家常事，在期货市场中不可能有常胜将军。期货市场价格起伏波动甚至大涨大跌，是期货交易特点之一，所以，做期货交易，必须有充分的思想准备，赢得起，输得起。正确对待失败，从中总结经验教训，锻炼自己的心理素质和意志品质，要明白任何人都不可能只赚不赔。

另外，在期货买卖中，一些交易者常犯的毛病是：被套牢的时候会安下心来等，明明损失芝麻的拖到要亏西瓜；有浮动利润的时候反而紧张兮兮地赶着逃，本来可以打只老虎的，却只拍只苍蝇。这叫"有胆亏，没胆赚"。有这种心态买卖期货，十个有九个是要失败的。期货走势不是涨就是跌。赚与亏的机会是一半对一半。不可能百战百胜，也不可能百战百败。

如果逆市时苦苦死撑，顺市时匆匆离场，就算金山、银山也会被败光！

成功的交易者讲究"稳"、"准"、"狠"。所谓"狠"也包含了抓到机会时绝不放手，努力扩大战果以造成大胜的意思。争取到大胜，就可盖过有时难免的小亏，使整体账目保持盈余。要有足够理由，才把手头的赚钱货平仓离场，只要没有转向信号出现，都要抓住不放。千万不能见赚就放，就像入市的时候要审慎研究一样，平仓时也要小心选择价位。无疑的，行情是呈波浪式发展的，正因为如此，我们才要分析波浪的轨迹；亏的时候要设限，赚的时候要赚足，赢得起也输得起，敢亏也敢赚，敢作敢为，荣辱不惊，这就是在期货市场制胜的不二法则。

五、落袋为安，不追求浮动利润

在期货市场上，"放进自己口袋的钱才是实得的盈利"。在期货买卖中，一入市即被套牢，接着认赔出局，那无话可说，因为一开始就错了。最令人懊恼的是，一进场就跟对了大市，一度有过颇为可观的浮动利润，其后行情逆转，煮熟的鸭子飞走了，本来赚钱却变为亏钱。这种情况对交易者心理打击最大。放进口袋的钱才是真的，是期货买卖经验之谈。在期货市场，做了多头或者做了空头，最终要经过平仓才算完成合约，才能定输赢。一天未平仓，任何买卖所呈现的差价利润都只属于浮动利润。既然是浮动的，在一个进行着、变化着的走势中，这点有利的差价有可能增多，有可能缩小，甚至走反方向变为浮动损失。只有把握机会，适时平仓，浮动利润才会成为实现的利润，才算放进自己的口袋。交易者必须把浮动的利润牢牢控制住，适时地平仓结算，买卖期货是为了赚钱。有得赚为什么不赚？放进口袋才是真的。不能贪心太重，想一口吃个胖子。

要做到落袋为安，还要注意做到"出现暴利，立即平仓"。有时在期货交易中，入市不久便碰上一个大行情，一下子手头上的合约就出现好大一笔浮动利润，遇到这种飞来横财，一个原则就是要立即平仓，令暴利由"应收未收帐"落实为"已收账"。期货买卖程序是，新单买进或卖出以后，必须经过平仓卖出或买进，合约才算终止。有了账面上的浮动利润，一天未平仓，都不算放进口袋。这个市场不仅是你一个人在做，别的人也在做；种种力量综合的结果，走势的盘整一般是不可避免的，行情一回档，利润就会缩水，甚至化为乌有。所以，一旦出现暴利，要立即平仓，不要贪求浮动利润，"落袋为安"才是实实在在的盈利。

六、分兵渐进，不孤注一掷，不到处点火

在投资期货过程中，往往资金的运用较预测市场更为重要。要分兵渐进，不要孤注一掷是一条重要原则。外汇、商品的期货交易，是实行保证金（MARGIN DEPOSIT）制度，而保证金的比率通常相当于合约总值的5%左右。价格波动大一点，两三个涨停板或跌停板就亏过头了。所以，在资金运用的过程中，必须留有余地，量力而为。一般说来，交易者倒不是怕亏损，做生意不是赚就是赔，最怕就是控制不了预算。有人说，看得准，不怕重锤出击一搏。但是，世界上的事情是没有绝对的，不要忘记，期货的涨落永远是波浪式的。且不说有时会冒出一件突发消息使行情逆转，就算一波反弹，暂时性出现浮动损失，到了追加保证金程度，因后援无继，缺乏第二套本钱，你就要被迫断头认赔。等到风浪一过，行情大幅回升，你只有懊悔莫及的份儿了！

分兵渐进，不孤注一掷，在期货行业里还称之为"不要把鸡蛋放在一个篮子里"。期货市场处处都有风险，风险与机会同在，交易者只能在险中求稳，才能获得成功。

强调不把所有的鸡蛋放在一个篮子里，是期货投资的一方面，但也并不意味着交易者可以同时进行多种商品期货的买卖，期货投资者要注意的另一个方面就是不能到处点火，即不能投资过于分散。首先，人的精神、时间是有限的。如果做许多种商品的买卖，肯定疲于奔命，难以应付。其次，支配各种商品的供需、经济、政治、人为等因素千变万化。要进行不同的行情分析，留意不同的技术指标，往往会搞得自己头昏眼花，顾此失彼，造成不应有的损失。把我们的资金、时间、精力集中运用，做好同系的或相关的或走势特别明朗的一两支或最多三支商品期货，效果就会好得多。

七、顺势而为，重势不重价，不图小失大

在期货交易中要顺势而为，这是期货交易的一个中心原则。期货交易者要认真科学地分析市场走势，绝对不要与市场行情背道而驰。许多交易

者最容易犯的错误就是根据本身的主观愿望买卖，明明大市气势如虹，一浪比一浪高的上涨，却猜想行情的顶部，强行去抛空；眼看走势卖压如山，一级比一级下滑，却以为马上要反弹了，贸然买入，结果当然是深陷泥淖，惨被套牢。当走势与预测相反时，不要固执，等待行情明朗才落手。违反市场行情的交易，最多只能赚取一些小利，而亏损则是无法估计的。

商品期货交易，具有广泛的参与者，价格涨跌依据供求、经济、政治等因素，最终取决于市场买卖双方实力的较量。行情向上升或向下滑，本身揭示了买卖双方即时的力量对比。向上表示买方是强者；向下显示卖方占优势。俗话说："识时务者为俊杰"，我们顺着大市涨跌去买或卖，就是站在强者一边，大势所趋，人心所向，胜算自然较高。相反，以一己"希望"与大市现实背道而驰，等于同强者作对，螳臂挡车，焉有不被压扁之理！

顺势而行还要注意"重势不重价"。所谓"重势不重价"，全部意义在于：买卖要着眼将来，而不是现在！不少交易者在期货买卖操作中，过于计较价位，买入时非要降低几个价不可，卖出时总想卖高几个价才称心。这种做法往往因小失大，错失良机。在某种意义上，期货的"期"已不仅是期限的"期"，更重要的是预期心理的"期"了。成败盈亏不在于现在，而取决于将来。现在的价格好一点还是差一点都仅是出发点，将来的趋势才是归宿。趋势是价格的趋向，价格是趋势的反映。如果对趋势的判断错了，就算入市的价位好一点也是劫数难逃而要亏；假若趋势的预测对了，即使入市的价位差一点也会赚。"涨时重势不重价"是市场经验之谈，期货是多头与空头皆可作的"双程路"，无论涨跌都应"重势不重价"。

不要太计较价位，并不等于鼓励盲目追市。盲目追市是指涨势将尽时才见高追买或跌势将止时才见低追卖；不要太计较价位是指一个涨势或跌势刚确认时，入市要大刀阔斧，属掌握先机，两者是不同的概念，不能混淆。

八、理性分析，不墨守成规，不盲目追市

期货价格的分析预测有基本分析法和技术分析法两大类，这两种方法可以相互补充，结合使用。两种分析法最大差异点就在时间。基本分析法允许有充足的时间仔细地分析预测市场动向，验证市场的价格走向和自己

的分析判断是否吻合，需要较长时间。技术分析者借助于价格行为本身的分析，这种方法时间要求短，在较短时间内就要做出某项重大预测，采取相应的交易行为。两种方法相结合，可以帮助交易者认清市场的变动趋势，选择买进和卖出最佳信号，使交易者坚持理性分析，保持清醒的头脑。但是在期货交易中，有很多交易者缺乏理性头脑，完全依赖不成熟的感觉盲目地改变自己理性的交易策略，酿成大错。

坚持理性分析但要注意不能墨守成规。成功的交易者是那些头脑灵活，具有极好的洞察力，处理问题果断又不失慎重的人。他们不墨守成规，这主要表现在胆大心细，顺市而行转身快，不盲目追市。没有只升不跌的市，也没有只跌不升的势。原来顺而行，一旦行情发生大转折，不立即掉头的话，"顺而行"就会变成"逆而行"。一定要随机应变，认赔转向，迅速化逆为顺，顺应大市，才能重新踏上坦途。所以也不能盲目追市，行情升了上去才追买，行情跌了下来才追卖，往往买到价顶沽到价底，一入市就被套牢。这就是盲目追市的恶果。要力戒盲目追市，免做击鼓传花游戏的被罚者，重要的是懂得忍。一般来说，个个一窝蜂去抢的时候，你不必急于去追，忍一忍。大势向好，要做多头就等回顺盘整时才买；大势向下，要做空头就等反弹高些才卖。除非行情一条直线气冲斗牛或一条直线如石头坠地，你才会错失一次机会。其实，碰上这样特别的行情，就算你下手的行情还有赚的机会，但是价位亦不会好到哪里去。机会时时有，何必盲目追！

第二节　期货交易基本战术

一、加码战术

期货交易中的加码战术，必须有相应的资金运用策略。在账户出现浮动利润，走势仍有机会进一步发展时加码，金字塔式加码，是求取大胜的方法之一。如何分配，要讲技巧增加手中的交易，从数量而言，基本上有三种情况：第一种是倒金字塔式，即是每次加码的数量都比原有的旧货多；第二种是均匀式，即是每次加码的数量都一样；第三种是金字塔式，即是每次加码的数量都比前一批合约少一半。如果行情是一帆风顺的话，那么上述三种处理都能赚钱。如果行情逆转的话，这三种处理哪种比较科学、哪种比较合理就立见高下了。一般情况是均匀式加码比较合适。维持金字塔式结构，这样平均价就比较高，在价格变动中可以确保安全。正确使用金字塔加码方法可以扩大战果，这其中又要注意：一是赢利时加码，千万不要在亏损时加码；二是不要在同一价位附近加码；三是选好金字塔加码的具体方案。

加码战术中要注意使用累进（PYRAMID）战术，它是分兵渐进原则的具体应用。所谓累进战术，就是：假设你在 A 点买进，刚好被你抓住的是谷底，接着行情上扬到 B 点，你觉得涨势才起步，无理由急于套利，又在 B 点加入第二支兵买入乘胜追击。行情涨至 C 点，认为不过是一个大升浪的中间点，再加码第三支兵扩大战果，临近浪顶才"鸣金收兵，班师回朝"。因此，累进战术也可以称作顺势加码。

期货买卖一般加码战术中，平均价战术被很多人奉为经典，其要点是：当市价在 A 点时，根据所搜集的资料判断行情会上升而买入，但可能基于某些因素而暂时下跌。故当市价下跌至 B 点时，更应买入（因原有资料显示行情会上升），这样，总体买入的价位就是 A 点与 B 点之间的平均价，比 A 点为低。一旦行情涨回 A 点，便可反败为胜。依照这个策略，如果行情从 B 点继续下跌，则在 C 点再买，再跌又在 D 点再买……总之平均价越拉越低，只要市价回升至平均价以上则可获厚利矣。跌市做法亦同此理。这套战术是否确实可行呢？虽不排除有时会成功的可能，但基本上相当危险。这种做法属于逆市而行，并非顺市而行，既然在 A 点买入后而行情下跌，已证明了原先认为大市会升的判断是错误的。"不怕错，最怕拖"是期货交易首要原则。无论你信心有多大，只要你手上的合约出现浮动损失，就应按事前设好的止损点迅速认赔出场。如果太固执自己最初的看法，一而再、再而三的逆市投入，只会招致越来越大的损失。期货是信用扩张 10 倍以上的生意，当你在 B 点再买时，你要先补足在 A 点买入的浮动损失；又跌在 C 点再买时，又要先补足在 A 点和 B 点买入加起来的浮动损失……这样就不是什么两套本钱、三套本钱所能应付的。有些人没有想到这一点，往往资金预算无法控制，半途就被断头。

二、反转战术

当期货市场出现重大的突发性新闻时，行情就会大幅波动。如果原来已持有的合约刚好与消息市走势相反的活，就有必要运用"反转"（SWITCH）战术了。

反转的做法是：比如在 A 点做了多头之后，新的刺激因素使价格下挫，对行情重新检讨，确认原先的判断是错了，则立即在 B 点双倍卖出，变多头为空头，当价位下跌至 C 点时，除弥补原先的亏损外，尚可获利。反转其实包含了两个层面：一是原先的合约作认赔处理，符合"不怕错，最怕拖"的原则；二是掉转枪头，争取反败为胜，符合顺市而行的原则。反转战术在大市发生转折，即由上升轨道转为下降或由下降轨道转为上升时，具有特别的效果，可谓扭转乾坤全靠它。

反转战术并非时时可以使用。遇到反复起落市或牛皮行情等，就不能乱用了。当行情在狭窄幅度内呈箱形来回穿梭，涨到某个价位左右就掉头而下，落到某个界线附近又掉头而上时，如果你仍做反转的话，就会"左一巴掌、右一巴掌"被打得晕头转向，这时倒是一动不如一静，以不变应万变为宜。

反转战术要注意观察以后，再做反转。在期货交易中，如果看错了就要及早认赔出场。至于是否马上采取行动往相反的方向入市，就得一慢二看三通过了。因为每一个价位作为出发点，在下一个价位出来之前都有向上或向下两种可能性。我们不能绝对地肯定走势必涨或必跌。做了多头认赔是担心会继续跌，是否跌还有待观察；做了空头止损是防止会继续涨，是否涨仍要看发展。认赔之后不容有失，再做要很小心。立刻做一百八十度大转变采取相反的行动，除非是机会率很高、把握性很大，否则不应如此匆忙。谁敢断定下一步必涨或必跌呢？事实上在买卖过程中，往往一错到底还不至于带来那么巨大的亏损，最惨的是一错再错。立刻做反转，就存在这样的危险。

顺市而行、拨乱反正、做反转战术的原则是对的。之所以要观察一下才下手，就是为了判断原先自己意想不到的这个趋势究竟方兴未艾或是临近尾声。综合基本因素、技术分析、数据信号等，认为是仍有足够活动空间时才能实施反转做法。一个趋势总有一定幅度，原先认赔损失越少，越值得立刻反转，因为相对剩余空间大；原先认赔损失越大，越不值得立刻反转，因为相对剩余空间小。

三、把握机会

期货买卖输赢的机会经常是一半对一半，涨跌都有可能，平常的一次出击，有机会赚 10 个价位，也有风险亏 10 个价位，以赔率来讲是一赔一。一个赚钱的上佳机会，除了基本因素倾向强烈，图表信号明显之外，还必须具备"输一赢三"、"输一赢十"这样的好赔率。

期货走势，再强的牛市总有它的顶，再凶的熊市也会有个底。从阶段发展来看，更是一个波浪接一个波浪，每个浪都有它的波峰和波谷。所谓输少赢多好赔率的机会，就是在临近图表关口、心理关口、干预关口的顶部时做空头，接近底部时做多头。假如破顶穿底，立即止损，只是亏一点点。如果真的成了顶部或底部，那就大赚特赚。

第一，从图表关口找机会。例如在一浪高一浪的升势中，把两个以上的小浪之底连成一条直线，就是趋势线中的上升支持线，当一个新浪回头，价位靠近支持线时马上入货，同时设限跌破支持线就止损。这样，亏是丢芝麻，赚是摘西瓜。

第二，从心理关口找机会，在市场上，很长时间没有涨到某个整数价位，这个价位就成为上升势的心理关口；相反，长期未有跌到某个大数价位，这个价位就成为下跌势的心理大关。接近上升势的心理大关做空头或临近下跌势的心理大关做多头，破关认赔亏损有限，不破的话就有暴利可图。

第三，从干预关口找机会。一个国家的政府和中央银行以及交易所为了压抑过分投机，稳定金融秩序，维护正常供求，在某些时候也会采取行动对市场加以干预，令行情急转直下，接近这些关口也可以小搏大。

期货交易是可做多头也可做空头的"双程路"。交易者要注意把握抛空机会。一般交易者囿于股票、房地产投资的传统方法，初接触期货买卖时，往往对先买后卖易于接受。而对先卖后买则难于理解，因此对做多较有兴趣，对抛空总觉得有点不踏实，从而错过了不少赚钱的机会。

期货交易发展到现在，履行现货交割的比率占很少了。如同预测某项商品将会供不应求而做多头一样，估计某种商品可能供过于求而做空头是正常的。并非手头上原先有实货才可以卖出,只要到头来在市场上将合约买入平仓,就无须交现货,正如做了多头只消在市场上将合约卖出平仓,便不用收现货的原理。

期货市场没有永远的涨势。有涨必有跌,如果只习惯于在涨市中做多头,不善于在跌市中做空头,就等于放弃"双拳出击",浪费一半机会。由于多数交易者惯于"先买后卖"的"顺序",而不惯于"先卖后买"的"倒序",变成做多的人通常比卖空的人多。既然期货交易实质上是一个财富再分配过程,看对的赚看错的,看错的亏给看对的,表现在走势上,在牛市中因为错的人较少,买家一般都希望不要买得太贵,所以升势相对而言是"渐进"式,相反地在熊市中因为占市场人口多数的买家成了产生错误的多数,在风声鹤唳、草木皆兵的气氛中争相出脱,不计成本,所以跌势相对来说是"急进"式。期货市场永远是跌比升要快得多。

四、挑选时节

以交割时间顺序来说,同一商品的期货有现货月份、近期月份、远期月份、最远期月份之分。

由于季节性或交易旺淡季的影响,有的月份交投比较活跃,有的则显得清淡。所谓活跃,就是买卖比较多,成交量大,不论什么时候都容易有买卖对手,可以把手头上的合约顺利出脱。所谓清淡,其特点是买卖比较少,成交量稀疏,有时想卖出没有对手承接,打算买入又没有人出货,价格要么死水一潭,要么大步空跳。

农产品类的商品,一般是播种期和收获期的月份最活跃,生长期比较活跃;另外,通常是远期月份活跃,近期货较不活跃。在买卖时必须善加选择。活跃的月份由于买卖盘口集中而且大量,市场抗震力强。即使某个大户有大笔买卖,由于活跃的月份有足够的容纳量,所以冲击力相对减弱,价位波动不会太大。然而,在不活跃的月份进行交易,因为市场容纳量少,即使一笔不大的买卖,都会引起大的震荡,容易产生无量上升或者无量下跌。你买要买得高高,卖要卖得低低。做新单难有对手,想平仓难以脱手。因此,做不活跃的月份很吃亏。

期货市场变幻无常。当我们入市之时,首先要想到进得去是否出得来。挑选活跃的月份交易,即使后有追兵,不致前无去路。在不活跃的月份买卖，就难免被人"关门打狗"，毫无还手之力。

五、不立危墙之下

交易者在进行交易时，要看清楚交易双方谁的力量大。"墙倒众人推"，要站在力量大足以有能力推倒墙的一边，而不是被墙压的一边。如果无法判断谁的力量大，唯一选择就是等待。千万不要以为你也可以推倒一面墙。万一不小心，站错了位置，要争取在墙倒塌之前迅速脱离危险。万一更糟，被压了，那么，断臂自救，越快越好，以摆脱危险。

在期货交易中，当你手头上的货处于亏损状况时，不宜久留，要学会下单认赔出场，"君子不立危墙之下"，不要抱着亏损的单子不放手。这是贯彻"不怕错，最怕拖"原则的重要措施。

有些人手头上的货出现浮动损失之后，一味死守，拖足几个星期，甚至由远期拖到近期，由近期拖到交割期，最后仍难逃断头厄运。为什么会这样顽固呢？原来他们都抱有一种心理："多熬几天，希望多空会转势。"首先，"希望"归希望，事实归事实。摆在眼前的严酷事实是：手上的单子正居于不利形势，方向和大势相反，就是说自己做错了，问题在于让这个错误到此为止，还是让错误继续扩大下去？尽快撤退，损失有限，"留得青山在，不怕没柴烧"。旷日持久拖下去，越陷越深，一旦灭顶，以后就算有机会也没有本钱了。

其实，"多熬几天"是否就有翻身的机会呢？如果是一个周期性升势而你做了空头，或者是一个周期性跌势你做了多头，"多熬几天"是毫无作用的。即使从技术性来看走势，虽然价格是一浪接一浪地曲折的发展，但绝不等于两三天或六七天就必然逆转，随随便便由升变为跌，无端端跌会转为涨。一个升浪或一个跌浪总会有个过程，不会迅速到顶，也不会很快到底。到了顶或底，技术性调整亦是有一定的幅度，不一定会回到你被套牢的价位让你脱身。多熬几天，于事无补。耐心可以表现在捕捉战机时，"不明朗的市不入，无把握的仗不打"。但在出现浮动损失时，"耐心"就是"束手待毙"的同义词。

六、及时更换和约

一般的，期货交易者都是挑选买卖最活跃的月份交易。而随着时间的推移，远期月份，都会变成近期月份直至交割月份。做期货要谨记"君子不立危墙之下"。通常来说，到了交割月份，由于时日无多，活动空间减少，加上保证金加倍甚至全额交割，对冲避险的生产商实行收现货或交现货的冲击，所以一般交易者都"敬鬼神而远之"，不会把合约拖到交割月份。正是由于这一因素，交割月份交投疏落，价格飘忽，交易者不宜在此久留。因此，手头上的合约及时换月，转移到"安全地带"，是减低风险、提高胜算的重要措施。

所谓"换月"，就是把手中临近交割月的原有合约平仓，同时在买卖最活跃的月份，建立新的合约。一般情况下换月都是保持同样数量合约，保持同样买卖方向。

合约换月要留意如下要点：

第一，要及早行动，不要拖到"最后一班车"。比如做大连商品交易所的三月大豆，到了3月1日，就属于交割月份。到2月底最后一个交易日前一两天，会有比较多的平仓单。如果前一阶段被套牢的买单比较多，那么平仓时卖单较为集中，会令行情更加下沉；如果前一阵子被轧住的空头比较多，到时平仓性的买入也必为大量，会令价位更往上蹿。毋庸讳言，需要动"换月手术"的，一般是被套牢而又决心守下去的单子。所以，拖到最后关头才出脱换月，只会挤作一团，互相践踏，使价位波动加剧，令损失增大。有经验的做法，是转为交收月份之前一个月就要着手部署，捕捉良机，尽量在还有十天就转月之前移仓换月。

第二，换月时，旧合约平仓和建立新合约要同时进行，不要一先一后。因为合约换月一个特点是保持同样数量的合约，如果时间上错开处理，先平旧仓再建新仓或先建新仓再平旧仓，要么手上变成"一无所有"，要么"旧爱新欢共处"，都违背换月原意。

以上讲的是换月的技巧。合约要到了考虑如何换月的地步，说明是拖了很久，这不是好事情。要是赚钱的单子，平仓就获利，那还用得着伤脑筋去换月吗？

七、不主观设想顶和底

一手合约，对于整个市场，不过是大江中的一滴水，涨潮，随大流上溯；退潮，随大流下游，才能显现出它的存在意义。买卖宜重势不重价。只要供求、经济、政治及人为各种因素仍然利多，市场人气仍然看好，只要资金仍然流入市场转化为买单，那么，行情就会一浪高一浪向上，不断摸顶。反之，走势就会一浪低于一浪的向下，不停探底。所谓高价，只不过是相对于前一阶段的价位较高，下一个价位又升上去了，原来的高价马上变成低价；所谓低价，只不过是相对于前一阶段的价位较低，如果下一个价位又跌下去了，原先的低价立刻变成高价。每一个价位的下一步发展都有向上和向下两种可能。

如果是你主观上认定某个价位是顶，等于否认了它仍然会向上的任何可能性；你主观上认定某个价位是底，无异排除了它仍然会向下的任何可能性。然而，市场的无形之手是由不得你指挥的。不要奢望自己能在顶价卖出和在底价买入。因为放眼一个月，成交的价位有很多个，但顶和底只有一个；回顾一整年，成交的价位有非常多个，但顶和底只有一个；翻开整个历史，成交的价位有无数个，顶和底亦只有一个。看对大势能赚钱已经不错了，何必强求卖到顶、买到底呢？不要主观设想顶和底，不要追求完美的期货买卖点。

八、规避赚钱变亏钱

一笔买卖，如果一开始就看错方向，一入市就被套住，到后来被断头，犹无话可说；但一开始是看对的，一入市就有浮动利润，由于没有掌握平仓时机，碰到行情逆转，到头来赚钱变亏钱，心理打击就大了。这个问题确实令交易者感到困惑：当手上的交易处于有利形势时，急急忙忙平仓套利，恐怕会失去以后的大胜机会；但不及时平仓放进口袋，又担心风云突变，变成"敬酒不吃，吃罚酒"。如何避免赚钱变亏钱，是交易者在期货买卖中必须恰当地处理的重要课题。

当账户有浮动利润时，是否需要平仓。首先要观察大势。比如你是做了多头的，如果当时利多的供求、经济、政治、人为等基本因素没有改变，图表上仍未碰到阻力，市场人气依然旺盛，就不必匆忙了结出场。你可以假设自己手头上没有货，问一问自己：如果现在进场，究竟应该买入还是卖出？如果答案是"买入"，那么你原先持有的多头合约便不宜平仓卖出。因为这时仍未有任何征兆会令你由赚钱变为亏钱。原则上有迹象酝酿转势才值得担心这一点。

当然，走势的逆转往往是突如其来的，不怕一万，最怕万一，避免赚钱变亏钱主要有两种方法：

第一，在势犹未尽时，先将有浮动利润的合约平仓50%，只留下一半参与追击。这一减码措施，可保障这笔买卖立于不败之地。因为即使后来形势逆转，留下的一半"打回原形"，先期出场的一半利润，已入袋为安了。但要注意留下的一半最多设限同一价位或够手续费出场，可以是零，不能搞成负数。

第二，如果不分批走货，亦可设限"回档十分之三"就平仓，紧跟大势，不断扩大战果，到适当时机平仓出场。例如做了大豆期货合约的空头，有50元浮动利润在手，就设限价单，如果反弹15元上来就平仓；如果行情继续下跌，有80元浮动利润，又设限价单，如反弹24元就平仓。这个方法的好处在于稳扎稳打，步步为营，保证浮动利润起码有七成进入口袋。以上两种方法，在一般情况下颇为有用，结合起来用也可以。但是，遇到特殊的急升急跌走势，防不胜防，也有失控的时候，没有十全十美、万无一失的方法。既然有反败为胜的机会，偶尔反胜为败亦属平常。

第十章 商品期货

传统意义上的商品期货主要指交割物为有使用价值的实物商品的期货。世界上最早采用期货合约交易方式进行交易的商品就是农产品。自1865年芝加哥期货交易所（CBOT）推出第一张现代意义上的谷物期货合约起，经过100多年的发展，全球农产品期货交易品种已涉及四大类、数十种农产品。随着经贸的发展，这种实物商品期货逐步从农产品商品期货发展到金属矿产品和能源产品领域。

第一节 粮食类商品期货

小麦、玉米、大豆、豆粕、大米、燕麦、豆油、绿豆等期货，是最主要的粮食类商品期货。

一、小麦期货

1. 小麦的基础知识

小麦是全球主要粮食作物之一，世界上三分之一以上的人口以小麦为主要粮食。

小麦分为春小麦和冬小麦。春小麦春季播种，夏末秋初收获；冬小麦秋季播种，来年夏季收获。进一步又可分为硬红、硬白、软红、软白等。

世界上小麦的播种面积占谷物播种总面积的三分之一，主要产区集中在北半球，欧亚大陆和北美的种植面积约占小麦总种植面积的90%以上。小麦的生产国主要有中国、俄罗斯、美国、加拿大、印度、法国、土耳其、澳大利亚等国。世界小麦贸易额超过所有其他谷物的总和，小麦的出口国主要有美国、加拿大、澳大利亚、法国、阿根廷等国家；这五个国家合计约占世界小麦出口量的85%左右，进口国主要有俄罗斯、中国、埃及、日本、巴西、比利时、挪威、瑞士、荷兰等国家。

小麦期货属于农产品期货，是国际期货市场上最早开发出来的期货品种。目前，国际小麦期货交易分布在北美、欧洲、澳洲及亚洲，其中影响较大的是美国的芝加哥交易所（CBOT）、明尼阿波利斯谷物交易所（MGE）、和堪萨斯期货交易所（KCBT），现行的 CBOT 小麦期货合约是 1877 年 1 月 2 日推出的，已经交易了 130 多年。

2. 小麦期货和约文本举例

芝加哥期货交易所（CBOT）的小麦期货合约

合约单位	5000 蒲式耳
交割品级	2 级软红麦，2 级硬冬红麦，2 级黑北方春麦和同等 2 级北方春麦。替代品由交易所定
最小变动价位	1/4 美分/每蒲式耳（＄12.50/每张合约）
报价方式	［美分数＋1/4 美分］/每蒲式耳
合约月份	7、9、12、3、5
最后交易日	交割月份 15 日之前的第一个营业日
最后交割日	交割月最后交易日之后的第 7 个营业日
交易时间	交易池：9：30a.m～1：15p.m，芝加哥时间，星期一至星期五 电子交易：8：30p.m～6：00a.m，芝加哥时间，星期一至星期五。最后交易日，当月到期合约交易到中午 12 时止
报价器代码	交易池：W 电子：ZW
每日价格波幅限制	±30 美分/每蒲式耳（＄1500/每张合约）——基于前一日结算后，该月到期合约在该月无波幅限制（该月之前的两个营业日波幅限制取消）

郑州商品交易所的小麦期货合约

交易品种	小麦
交易代码	WT
交易单位	10 吨/手
报价单位	元/吨
交割月份	1、3、5、7、9、11
最小变动价位	1 元/吨
每日价格最大波动限制	不超过上一交易日结算价±3%
最后交易日	合约交割月份的倒数第七个交易日

续表

交易时间	每周一至五　上午9：00～11：30，下午1：30～3：00
交易手续费	2元/手（含风险准备金）
交易保证金	合约价值的5%
交割日期	合约交割月份的第一交易日至最后交易日
交割品级	"郑州商品交易所期货合约交割品标准" 标准品：二等硬冬白小麦　符合 GB1351-1999 替代品：一、三等硬冬白小麦　符合 GB1351-1999
交割地点	交易所指定交割仓库
交割方式	实物交割
上市交易所	郑州商品交易所

二、玉米期货

1. 玉米的基础知识

玉米是全球主要粮食作物之一，也是主要家畜饲料作物之一，被称为"饲料之王"。玉米占粮食总消费的比重大约在5%左右，但是随着时代的发展，这个比例有逐步降低的趋势。饲料消费是玉米最重要的消费渠道，约占消费总量的70%左右。玉米不仅是"饲料之王"，而且还是粮食作物中用途最广，可开发产品最多，用量最大的工业原料。

以玉米为原料生产淀粉，可得到化学成分最佳、成本最低的淀粉。目前世界上的玉米淀粉已达到2000多万吨。玉米也是生产酒精的原料，随着不可再生能源石油、煤等的减少，酒精作为一种可再生的清洁能源将成为21世纪的主要能源。玉米在食品工业、化学工业和医药工业等方面的用途也很广。我国改革开放以来随着畜牧业的大发展，人民生活水平的提高，玉米工业的发展，玉米已成为粮食、饲料、工业原料和出口商品的多用途作物。

世界各地都有玉米种植，按种植面积排序，北美最多，东亚、南美次之。玉米的生产国主要有美国、中国、巴西、俄罗斯等，其中单是美国的玉米产量就占世界玉米总产量的40%。在世界粗粮生产中，玉米占有主要地位，产量一直居于世界谷物生产前三位。20世纪90年代后，世界玉米产量的年均增长率为3.13%，远超过大米的1.03%，小麦的-0.06%。玉米世界年贸易量约在0.7亿吨。20世纪60年代以来，玉米进口、出口年均增长率分别为5.01%和4.71%，是五大粮食作物中增长最快的。玉米的出口国主要有美国、阿根廷、法国、泰国；进口量最大的是日本。

影响玉米生产的可变因素很多，除了传统的气候、土壤等因素外，越来越多的新技术运用于玉米生产中，极大地提高了玉米产量，相信新技术的作用会越来越突出。

与大米、小麦相比，玉米品种单一，其中主流品种在生产、流通中占有绝对优势，质量标准较为统一，只有等级上的差别，不似粳米、籼米、香米、春小麦、冬小麦、软麦、硬麦之间存在内在质量上的差别。

玉米价格波动十分剧烈。在芝加哥期货交易所（CBOT），近70年来，玉米期价最高达到439美分/蒲式耳，最低至101美分/蒲式耳。玉米具有产量大、商品率高、便于储存、质量标准容易划分和价格波动剧烈等特点，是一个适合做期货的品种。

世界上主要的玉米期货交易所有美国的芝加哥期货交易所和中美商品交易所、日本的东京谷物交易所、英国的利物浦交易所等。玉米期货是农产品期货中成交量最大的品种。20世纪70年代中期之前，玉米是世界上成交量最大的期货合约，后来因为金融期货的崛起，农产品期货不再占有主导地位。但玉米期货仍然保持了相当活力，CBOT玉米合约年成交量经常进入世界前20名活跃合约之列，并牢牢占据世界农产品期货榜首地位。

2. 玉米期货合约标准文本举例

芝加哥期货交易所（CBOT）的玉米期货合约

合约单位	5000蒲式耳
交割品级	标准交割物二号黄；一号黄每蒲式耳升水1.5美分，三号黄每蒲式耳贴水1.5美分
最小变动价位	1/4美分/每蒲式耳（$12.50/每张合约）
报价方式	[美分数+1/4美分]/每蒲式耳
合约月份	12、3、5、7、9
最后交易日	交割月份15日之前的第一个营业日
最后交割日	交割月最后交易日之后的第二个营业日
交易时间	交易池：9:00 a.m~1:15 p.m，芝加哥时间，星期一至星期五 电子交易：8:30 p.m~6:00 a.m，芝加哥时间，星期一至星期五。最后交易日，当月到期合约交易到中午12时止

续表

报价器代码	交易池：C 电子：ZC
每日价格波幅限制	±20美分/每蒲式耳（$1000/每张合约）——基于前一日结算后，该月到期合约在该月无波幅限制（该月之前的两个营业日波幅限制取消）

三、大豆期货

1. 大豆的基本知识

大豆属于蝶形花科，大豆属，别名黄豆。大豆是重要的粮油兼用作物，是一种高蛋白、高脂肪、高能量的食物。大豆的蛋白质含量高达40%，含油率一般为17%~25%。国际上大豆主要被用作油料榨油。大豆油富含维生素A和D，是优质的食用油。大豆经过提油后所形成的豆粕是一种重要的饲料。大豆和大豆油除了直接食用外，在工业上的用途也很广泛。大豆原产于我国，据推算，我国种植大豆已有5000多年的历史了。大豆的栽培技术由中国传入日本，后经日本传向欧洲、美国直至世界各地。20世纪30年代，大豆栽培已遍及世界各国。世界上大豆主要种植在北方温带地区。大豆的生产国主要是美国、巴西、阿根廷、中国等国。

大豆按其播种季节的不同，可分为春大豆、夏大豆、秋大豆和冬大豆四类，但以春大豆占多数。

春大豆一般在春天播种，10月份收获，11月份开始进入流通渠道。我国的生产地区主要分布于东北三省、河北和山西中北部、陕西北部及西北各省（区）。

夏大豆大多在小麦等冬季作物收获后再播种，耕作制度为夏豆轮作的一年二熟制或二年三熟制。我国的生产地主要分布于黄淮平原和长江流域各省。

秋大豆通常是早稻收割后再播种，当大豆收获后再播冬季作物，形成一年三熟制。我国浙江、江西的中南部、湖南的南部、福建和台湾的全部种植秋大豆较多。

冬大豆的种植地主要分布于广东、广西及云南的南部。这些地区冬季气温高，终年无霜，春、夏、秋、冬四季均可种植大豆。所以这些地区有冬季播种的大豆，但播种面积不大。

大豆按种皮的颜色和粒形分五类：①黄大豆：种皮为黄色。按粒形又分东北黄大豆和一般黄大豆两类。②青大豆：种皮为青色。③黑大豆：种皮为黑色。④其他色大豆：种皮为褐色、棕色、赤色等单一颜色大豆。⑤饲料豆（秣食豆）。

大豆是全球主要油料作物之一，也是重要的蛋白饲料，同时也是重要的食品原料之一。

大豆是国际贸易和期货交易中较受欢迎的品种之一。大豆的出口国主要有美国、巴西、阿根廷、乌拉圭等国；进口国主要有德国、俄罗斯、比利时、卢森堡、荷兰、日本等国。

大豆的期货交易也主要集中在美国。大豆是一种价格剧烈波动的国际性商品，在国际上大豆价格在总体上升的同时，呈现出明显的季节性和周期性，从收割期的低价开始，逐步上升到来年春天的高价。影响大豆价格的因素是多方面的，其中在播种、生长和收获季节的气候条件是重要因素，供求状况、库存、进出口和政府农业政策也是重要因素。中国在大连商品交易所和上海期货交易所保留大豆的期货交易。

需要指出的是由于转基因大豆的大量种植，转基因大豆在国际贸易中成为非常敏感的问题，大豆的期货交易也出现新的特征。2002年，中国大连商品交易所的大豆期货就新辟无转基因大豆期货合约。

芝加哥期货交易所（CBOT）大豆合约已有100多年的交易历史，目前它是CBOT交易量最大，变动幅度最剧烈的合约，每手5000蒲式耳，每日涨停板限50美分，日成交量一般在50000手上下。

我国交易大豆的期货交易所目前有大连和上海两家，大连大豆每手10吨，上海大豆每手5吨，由于国家对大豆的进出口管理相对较少，国内外大豆期货价格关联度相当高。

2. 大豆期货合约文本举例

大连商品交易关于大豆有两种合约，一类叫黄大豆1号期货合约，是2002年3月推出的合约；一类叫大豆期货合约。前者与后者的主要区别是前者的交割物是不含转基因的大豆。下面是大连大豆期货合约文本：

大连商品交易所的大豆期货合约

交易品种	黄大豆
交易单位	10 吨/手
报价单位	人民币
最小变动价位	1 元/吨
涨跌停板幅度	上一交易日结算价3%
合约交割月份	1、3、5、7、9、11
交易时间	每周一至五 上午9：00～11：30，下午13：30～15：00
最后交易日	合约月份第十个交易日
最后交割日	最后交易日后七日（遇法定节假日顺延）
交割等级	具体内容见附件
交割地点	大连商品交易所指定交割仓库
交易保证金	合约价值的5%
交易手续费	4元/手
交割方式	集中交割
交易代码	S
上市交易所	大连商品交易所

芝加哥期货交易所（CBOT）的大豆期货合约

合约单位	5000 蒲式耳
交割品级	以2号黄大豆为准，替代品价格差距由交易所定
最小变动价位	1/4 美分/每蒲式耳（$12.50/每张合约）
报价方式	［美分数+1/4 美分］/每蒲式耳
合约月份	9、11、1、3、5、7、8
最后交易日	交割月份15日之前的第一个营业日
最后交割日	交割月最后交易日之后的第7个营业日
交易时间	交易池：9：30a.m～1：15p.m，芝加哥时间，星期一至星期五 电子交易：8：30p.m～6：00a.m，芝加哥时间，星期一至星期五。最后交易日，当月到期合约交易到中午12时止
报价器代码	交易池：S 电子：ZS
每日价格波幅限制	±50 美分/每蒲式耳（$2500/每张合约）——基于前一日结算后，该月到期合约在该月无波幅限制（该月之前的两个营业日波幅限制取消）

四、豆粕期货

1. 豆粕的基本知识

豆粕是大豆经过提取豆油后得到的一种副产品，是棉籽粕、花生粕、菜籽粕等12种动植物油粕饲料产品中产量最大、用途最广的一种。豆粕的产量及消费量一直是各种蛋白粕之首。作为一种高蛋白质，豆粕是制作牲畜与家禽饲料的主要原料，还可以用做糕点食品、健康食品以及化妆品和抗菌素原料。大约85%的豆粕用于家禽和猪的饲养。

按照国家标准，豆粕分为三个等级：一级豆粕、二级豆粕和三级豆粕。1999年，中国国内豆粕加工总量（不含进口豆粕）大约为1000万吨，其中一级豆粕大约占20%，二级豆粕占75%左右，三级豆粕约占5%。国内除少数有实力的大型饲料厂使用一级豆粕外，大多数饲料厂目前主要使用二级豆粕（蛋白含量43%），二级豆粕仍是国内豆粕消费市的主流产品，三级豆粕已很少使用。

大豆生产大国同样也是豆粕生产大国，美国、巴西、阿根廷、中国四国产量占到世界总产的七成还多。近年来，印度豆粕产量也在逐年增加，成为一支不可忽视的新兴力量。

近几年来，世界豆粕消费呈现跳跃性的增长。1997年世界豆粕消费量为9880吨，比上一年度增加750万吨，占世界蛋白粕总消费量的63%。1995—1997年豆粕消费量的增幅分别达到世界蛋白粕消费总增加量的42%、90%。欧盟和美国是全球豆粕最大的两个消费市场，欧盟的豆粕消费量比较稳定，在2200~2600万吨之间；美国是全球最大的豆粕生产国，也是全球最大的豆粕消费国，全年的消费量在2400~2700万吨之间。此外，东亚国家，如韩国、中国以及东南亚各国的豆粕消费在全球豆粕消费市场上占有举足轻重的地位。

世界豆粕贸易量增长很快，至2000年前后，世界豆粕年贸易量保持在3000万吨以上。豆粕贸易呈现出口集中的特点。巴西、阿根廷所产豆粕大部分用于出口。巴西自20世纪70年代初取代美国成为世界头号豆粕出口大国后，年出口量稳步上扬，从1994年开始，连续四年年出口量均超过1000万吨，占据了世界豆粕出口总量的三分之一。20世纪90年代以来，阿根廷豆粕出口量异军突起，1997年出口量超过800万吨位，创历史新高，仅次于巴西,居世界第二位。美国豆粕尽管年产量位于世界首位,但由于国内豆粕消费量大,出口量仅占其总产的五分之一左右。近年来,印度在国际豆粕贸易中后来居上,成为豆粕出口的生力军。

下面介绍大连商品交易所豆粕期货合约并附芝加哥期货交易所的豆粕期货合约。

2. 豆粕期货合约文本举例

大连商品交易所豆粕期货合约

交易品种	豆粕
交易单位	手(10吨/手)
报价单位	人民币元/吨
最小变动价位	1元/吨(10元/手)
涨跌停板幅度	上一交易日结算价的4%
合约月份	1、3、5、7、9月
交易时间	每周一至周五 上午9:00~11:30,下午13:30~15:00
最后交易日	合约月份第10个交易日
最后交割日	最后交易日后第4个交易日,遇法定节假日顺延
交割等级	标准品及替代品符合《大连商品交易所豆粕交割质量标准(F/DCED001-2000)》中规定的标准品和替代品。替代品对标准品的贴水为100元/吨
交割地点	大连商品交易所指定交割仓库
交易保证金	合约价值的10%
交易手续费	3元/手
交割方式	实物交割
交易代码	M
上市交易所	大连商品交易所

芝加哥期货交易所(CBOT)的豆粕期货合约

合约单位	100吨(200,000磅)
交割品级	蛋白质含量不低于44%,具体规格见CBOT条例
最小变动价位	10美分/每吨($10/每张合约)
报价方式	(美元数+10美分)/每吨
合约月份	10、12、1、3、5、7、8、9

续表

最后交易日	交割月份15日之前的第一个营业日
最后交割日	交割月最后交易日之后的第7个营业日
交易时间	交易池：9：30a.m~1：15p.m，芝加哥时间，星期一至星期五 电子交易：8：30p.m~6：00a.m，芝加哥时间，星期一至星期五。最后交易日，当月到期合约交易到中午12时止
报价器代码	交易池：SM 电子：ZM
每日价格波幅限制	±＄20美分/每吨（＄2000/每张合约）——基于前一日结算后，该月到期合约在该月无波幅限制（该月之前的两个营业日波幅限制取消）

五、其他粮食类商品期货

1. 大米期货

大米期货的交易对中国经济而言应该是必要的，大连商品交易所准备开设大米期货和约交易。下面是美国CBOT糙米期货合约文本的主要条款：

合约规格	2000亨特威/每张合约
最小变动价位	1/2美分/每亨特威（10美元/手）
报价方式	美分数/每亨特威
合约月份	9、11、1、3、5、7

注：1亨特威＝100磅（美制）

2. 燕麦期货

燕麦期货在CBOT有交易。下面是燕麦期货合约的主要条款：

合约规格	5000蒲式耳
交割等级	（略）
最小变动价位	1/4美分/蒲式耳（12.5美元/手）
报价方式	美分数+4/1美分数/蒲式耳
合约月份	7、9、12、3、5
最后交易日	交割月十五日之前的第一个营业日
最后交割日	最后交易日后第二个营业日

续表

交易时间	交易池：星期一至星期五，芝加哥时间，9：30a.m~1：15p.m 电子交易：星期日至星期五，芝加哥时间，8：30p.m~6：00a.m
报价器代码	交易池：O 电子交易：ZO
每日价格波幅限制	±20分美元/蒲式耳（$1000/每张合约）——基于前一日结算价。该月到期合约在该月无波幅限制（该月之前的两个营业日波幅限制取消）

3. 豆油期货

豆油期货在 CBOT 有交易。下面是芝加哥期货交易所豆油期货合约的主要条款：

合约规格	60000 磅
交割等级	（略）
最小变动价位	0.0001 美元/磅（6 美元/手）
报价方式	美分数/磅
合约月份	10、12、1、3、5、7、8、9
最后交易日	交割月十五日之前的第一个营业日
最后交割日	最后交易日后第二个营业日
交易时间	交易池：星期一至星期五，芝加哥时间，9：30a.m~1：15p.m 电子交易：星期日至星期五，芝加哥时间，8：30p.m~6：00a.m 到期合约最后交易日只交易到中午 12：00
报价器代码	交易池：BO 电子交易：ZL
每日价格波幅限制	±2分美元/磅（$1200/每张合约）——基于前一日结算价。该月到期合约在该月无波幅限制（该月之前的两个营业日波幅限制取消）

4. 绿豆期货

中国郑州商品交易所设有绿豆期货交易。下面是郑州绿豆期货合约标准：

交易品种	绿豆
交易代码	GN
交易单位	10 吨/手
报价单位	元/吨

续表

交割月份	1、3、5、7、9、11
最小变动价位	2元/吨
每日价格最大波动限制	每吨不高于或低于上一交易日结算价格120元
最后交易日	交割月倒数第七个营业日
交易时间	每周一至周五，上午9：00~11：30，下午1：30~3：00
交易手续费	6元/手（含风险准备金）
交易保证金	（占合约价值的）5%
交割日期	合约交割月份的第一交易日至最后交易日
标准交割品级	国标二等杂绿豆　符合GB10462-89
替代交割品级	国标一等、二等杂绿豆 国标一等、二等、三等明绿豆
交割地点	交易所指定交割仓库
交割方式	实物交割
上市交易所	郑州商品交易所

第二节　经济作物类期货

经济作物期货中，主要的期货品种是棉花期货、原糖期货、咖啡期货及可可期货等。

一、棉花期货

棉花主要用来纺纱织布。棉花的主要生产国是中国、美国、俄罗斯、印度、巴西、埃及等国，主要出口国是美国，主要进口国是日本。

棉花期货主要在美国和英国进行。下面是纽约棉花交易所棉花期货合约标准的主要内容：

交易品种	棉花
交易单位	50000 磅（约 100 包）
报价单位	美分/磅
交割月份	3、5、7、10、12
最小变动价位	0.011 美分/磅（5 美元/张）
每日价格最大波动限制	每吨不高于或低于上一交易日结算价格 2 美分/磅（1000 美元/张）
最后交易日	合约交割前一个月的倒数第六个营业日
交易时间	美国东岸时间上午 10：30 至下午 3：00
上市交易所	纽约棉花交易所（NYCE）

二、原糖期货

原糖是仪器和医药等工业的基本原料和辅料。

原糖的主要生产国是巴西、古巴、印度、澳大利亚、墨西哥、菲律宾和南非等国，主要出口国是古巴、巴西、澳大利亚、法国和南非等国，主要进口国是美国、日本、俄罗斯、英国、中国和意大利等国。

原糖期货的交易在许多国家进行。美国、英国、法国、日本、菲律宾等均有原糖期货交易。下面是纽约咖啡、糖和可可交易所原糖期货合约主要条款：

商品名称	糖 11#
合约单位	每张 112000 磅
报价单位	美分/磅
交割月份	1、3、5、7、10
最小变动价位	0.01 美分/磅（11.2 美元/张）
每日价格最大波动限制	每吨不高于或低于上一交易日结算价格 0.50 美元分/磅（560 美元/张）
最后交易日	交割月前一个月的最后一个交易日
交易时间	美国东岸时间上午 10：00 至下午 1：43
上市交易所	纽约咖啡、糖和可可交易所（CSCE）

三、咖啡期货

咖啡是世界上主要饮料之一。

咖啡的主要生产国是巴西、哥伦比亚、象牙海岸和印度尼西亚等国，全球最主要的产区是拉丁美洲。主要出口区是拉丁美洲和非洲，前者主要出口美国，后者主要出口欧洲，主要进口国是美国、比利时、卢森堡、丹麦、法国、德国、英国和意大利等国。

咖啡期货的交易主要在美国纽约咖啡、糖和可可交易所进行，英国和意大利也有咖啡的期货交易。下面是纽约咖啡、糖和可可交易所咖啡期货合约主要条款：

商品名称	咖啡
合约单位	每张 37500 磅（约 250 包）
报价单位	美分/磅
交割月份	3、5、7、9、12
最小变动价位	0.01 美分/磅（3.75 美元/张）
每日价格最大波动限制	每吨不高于或低于上一交易日结算价格 6 美分/磅（可扩大到 9 美分/磅）
最后交易日	交割月前一个月的最后一个营业日
交易时间	美国东岸时间上午 9：15 至下午 1：58
上市交易所	纽约咖啡、糖和可可交易所（CSCE）

四、可可期货

可可是世界上主要饮料之一，加工品可做食品和医药原料。

可可的主要生产国是象牙海岸、巴西、加纳、尼日利亚等国。主要出口区是非洲和南美洲国家，马来西亚和巴布亚新几内亚也是重要的出口国。主要消费国是巴西、美国、挪威、德国、苏联、英国和法国等国。

可可期货的交易主要在美国纽约咖啡、糖和可可交易所和英国伦敦可可期货市场协会进行。下面是纽约咖啡、糖和可可交易所可可期货合约主要条款：

商品名称	可可
合约单位	10吨（22046磅）
报价单位	美元/吨
交割月份	3、5、7、9、12
最小变动价位	1美元/吨（10美元/张）
每日价格最大波动限制	每吨不高于或低于上一交易日结算价格88美元/吨位（可以扩大到132美元/吨）
最后交易日	交割月前一个月的最后一个营业日
交易时间	芝加哥时间上午9：30至下午2：15
上市交易所	纽约咖啡、糖和可可交易所（CSCE）

第三节 林产品类期货

林产品期货中，主要的期货品种是木材期货和天然橡胶期货等。目前，中国境内仅上海期货交易所开展天然橡胶期货交易。

一、天然橡胶的基本知识

天然橡胶因其具有很强的弹性和良好的绝缘性、可塑性、隔水隔气、抗拉和耐磨等特点，广泛地运用于工业、农业、国防、交通、运输、机构制造、医药卫生领域和日常生活等方面。如交通运输上用的轮胎；工业上用的运输带、传动带、各种密封圈；医用的手套、输血管；日常生活中所用的胶鞋、雨衣、暖水袋等，都是以橡胶为主要原料制造的。国防上使用的飞机、大炮、坦克，甚至尖端科技领域的火箭、人造卫星、宇宙飞船、航天收音机等都需要大量的橡胶零部件。

天然橡胶按制造工艺和外形的不同，分为烟片胶、颗粒胶、绉片胶和乳胶等。但市场上以烟片胶和颗粒胶为主。烟片胶是经凝固、干燥、烟熏等工艺而制得，我国进口的天然橡胶多为烟片胶；颗粒胶则是经凝固、造粒、干燥等工艺而制得我国国产的天然橡胶基本上为颗粒胶，也称标准胶。

烟片胶一般按外形来分级，分为特级、一级、二级、三级、四级、五级共六级，达到五级的则列为等外胶；颗粒胶依杂质之多少分为五个级别。

天然橡胶产地主要集中在泰国、印度尼西亚、马来西亚、中国、印度、斯里兰卡等少数亚洲国家和尼日利亚等少数非洲国家。主要出口国是泰国、印度尼西亚、马来西亚。

世界天然橡胶主要消费国和地区是美国、中国、日本、西欧、印度、韩国和中国台湾。美国、日本、中国和西欧各国同时是天然橡胶的主要进口国。

天然橡胶期货交易主要在亚洲进行。下面介绍上海期货交易所天然橡胶合约标准及有关规定。

二、上海期货交易所天然橡胶期货合约文本

交易品种	天然橡胶
交易单位	5吨/手
报价单位	元（人民币）/吨
最小变动价位	5元/吨
每日价格最大波动限制	不超过上一交易日结算价的±3%
合约月份	1、3、4、5、6、7、8、9、10、11
交易时间	上午9：00~10：15，10：30~11：30， 下午1：30~2：10，2：20~3：00
最后交易日	合约交割月份的15日（遇法定节假日顺延）
交割日期	合约交割月份的16日至20日（遇法定节假日顺延）
交割等级	标准品：1. 国产一级标准橡胶（SCR5），质量符合国标GB8081~8090-87 2. 进口3号烟胶片（RSS3），质量符合《天然橡胶等级的品质与包装国际标准（绿皮书）》（1979年版）
交割地点	交易所指定交割仓库
交易保证金	合约价值的5%
交易手续费	不高于成交金额的万分之一点五（含风险准备金）
交割方式	实物交割
交易代码	RU
上市交易所	上海期货交易所

第四节 畜产品类期货

畜产品本不方便采用期货合约交易方式进行交易,其进入期货市场交易主要源自科学技术的进步。现代科学技术使畜产品的配种、养殖、饲料种植和加工全面实现了标准化,从而使畜产品的质量十分稳定,同时现代科学技术又使畜产品的运输、储藏不再成为期货交易的障碍,这一切使畜产品进入期货市场成为可能。畜产品期货交易的主要品种是生猪、活牛。中国境内尚无畜产品期货交易。

一、猪肉期货

猪肉期货分生猪期货和猪肚肉期货。主要交易地是美国的芝加哥商业交易所(CME)和中美洲商品交易所。

芝加哥商业交易(CME)所冻猪腩肉期货合约标准的主要内容如下:

合约单位	40000 磅
最小变动价位	0.025 美分/磅
每日价格最大波幅限制	3 美分/磅
交割月份	2、3、5、7、8

芝加哥商业交易所(CME)瘦猪肉期货合约标准的主要内容如下:

合约单位	40000 磅
最小变动价位	0.025 美分/磅
每日价格最大波幅限制	2 美分/磅
交割月份	2、4、5、6、7、8、10、12

二、牛肉期货

牛肉期货主要交易地也是美国的芝加哥商业交易所(CME)和中美洲商品交易所。在芝加哥商业交易所有两种牛肉期货合约,一是活牛期货,二是肥牛期货。

芝加哥商业交易所（CME）活牛期货合约标准的主要内容如下：

合约单位	40000 磅
最小变动价位	0.025 美分/磅
每日价格最大波幅限制	1.5 美分/磅
交割月份	2、4、6、8、10、12

第五节　金属矿产品期货

金属矿产品期货交易品种涉及十数种金属矿产品。伦敦金属交易所（LME）是世界上最权威的金属期货交易所。中国期货市场到 2002 年 9 月，保留了铜、铝两种金属矿产品期货，期货合约在上海期货交易所交易。

一、有色金属期货

1. 铜期货

铜的基础知识：铜是与人类关系非常密切的有色金属，被广泛地应用于电气、轻工、机械制造、建筑工业、国防工业等领域，在我国有色金属材料的消费中仅次于铝。铜在电气、电子工业中应用最广、用量最大，占总消费一半以上。

全球铜蕴藏最丰富的地区共有五个：南美洲秘鲁和智利境内的安第斯山脉西麓，美国西部的洛杉矶和大坪谷地区，非洲的刚果和赞比亚，哈萨克斯坦共和国和加拿大东部和中部。铜资源主要集中在智利、美国、赞比亚和秘鲁等地。智利是世界上铜资源最丰富的国家，其铜金属储量约占世界总储量的四分之一。美国、日本是主要的精铜生产国，赞比亚和扎伊尔是非洲中部的主要产铜国，其生产的铜全部用于出口，德国和比利时是利用进口铜精矿和粗铜冶炼精铜的生产国。此外，秘鲁、加拿大、澳大利亚、巴布亚新几内亚、波兰、南斯拉夫等也均是重要的产铜国。

铜的消费集中在发达工业国。美国是最大的铜消费国，约占世界消费总量的五分之一，其次是中国、日本、德国。

智利是世界上最大的铜出口国，主要输往美国、英国、日本等地；其次是赞比亚、秘鲁、扎伊尔、澳大利亚等国。世界上主要的铜进口地有美国、日本、欧共体、中国。

铜的期货交易主要集中在伦敦金属交易所（LME）和纽约的交易所。LME 铜的报价是行业内最具权威性的报价。在该交易所，铜的期货主要用美元报价交易。下面是上海期货交易所阴极铜合约文本：

交易品种	阴极铜
交易单位	5 吨/手
报价单位	元（人民币）/吨
最小变动价位	10 元/吨
每日价格最大波动限制	不超过上一交易日结算价的 ±3%
合约月份	1~12 月
交易时间	上午 9：00~11：30，下午 13：30~15：00
最后交易日	合约交割月份 15 日（遇法定节假日顺延）
交割日期	合约交割月份 16~20 日（遇法定节假日顺延）
交割等级	1. 标准品：标准阴极铜，符合国标 GB/T467-1997 标准阴极铜规定，其中主成分铜加银含量不小于 99.95%。 2. 替代品：a. 高级阴极铜，符合国标 GB/T467-1997 高极阴极铜规定，经本所指定的质检单位检查合格，由本所公告后实行升水；b. LME 注册阴极铜，符合 BS6017-1981 和 AMD5725 标准（阴极铜级别代号）
交割地点	交易所指定交割仓库
交易保证金	合约价值的 5%
交易手续费	不高于成交金额的万分之二（含风险准备金）
交割方式	实物交割
交易代码	CU

2. 铝期货

铝的基础知识：铝是世界上最为广泛应用的金属之一。铝主要应用在建筑业、航空及国防军工、电力输送、汽车制造、集装箱运输、日常用品、家用电器、机械设备等领域。根据铝锭的主要成分含量可以将铝分成三类：高级纯铝（铝的含量 99.93%~99.999%）、工业高纯名（铝的含量 99.85%~99.90%）、工业纯铝（铝的含量 98.0%~99.7%）。

世界上铝土矿资源总量约在 400 亿~500 亿吨，储量较大的国家有巴布亚新几内亚、澳大利亚、巴西、牙买加及印度等，这些国家的铝土矿占世界铝土矿总储量的73%。而产铝量主要集中在美国、俄罗斯、中国、加拿大、澳洲、巴西、挪威等国。

世界上最大铝消费国是美国、中国、日本、德国。

铝的期货交易主要在伦敦金属交易所（LME）和纽约商品交易所（COMEX）进行，尤其是伦敦金属交易所（LME）的铝锭成交价是世界铝交易的代表性价格——该交易所主要用美元叫价交易。下面是上海期货交易所铝期货合约文本：

交易品种	铝
交易单位	5吨/手
报价单位	元（人民币）/吨
最小变动价位	10元/吨
每日价格最大波动限制	不超过上一交易日结算价的±3%
合约月份	1~12月
交易时间	上午9：00~11：30，下午1：30~3：00
最后交易日	合约交割月份15日（遇法定节假日顺延）
交割日期	合约交割月份16日至20日（遇法定节假日顺延）
交割等级	标准品：铝锭符合国标GB/T1196-93标准中AL99.07规定，其中铝含量不低于99.70%。 替代品：LME注册铝锭，符合P1020A标准
交割地点	交易所指定交割仓库
交易保证金	合约价值的5%
交易手续费	不高于成交金额的万分之二（含风险准备金）
交割方式	实物交割
交易代码	AL
上市交易所	上海期货交易所

二、铅、锌、镍、锡期货

中国境内期货市场目前还没有铅、锌、镍、锡期货的交易。以下简要介绍伦敦金属交易所（LME）铅、锌、镍、锡期货合约的主要内容：

1. 铅期货

伦敦金属交易所（LME）铅期货合约的主要内容：

交易品种	精炼铅
交易单位	25 吨/手
最小变动价位	0.50 美元/吨

2. 锌期货

伦敦金属交易所（LME）锌期货合约的主要内容：

交易品种	特级锌
交易单位	25 吨/手
报价单位	美元/吨
最小变动价位	50 美分/吨

3. 镍期货

伦敦金属交易所（LME）镍期货合约的主要内容：

交易品种	原镍
交易单位	6 吨/手
报价单位	美元/吨
最小变动价位	5 美元/吨

4. 锡期货

伦敦金属交易所（LME）锡期货合约的主要内容：

交易品种	精炼锡
交易单位	5 吨/手
报价单位	美元/吨
最小变动价位	1 美元/吨

三、贵重金属：黄金、白银、铂、钯

中国境内目前尚无贵重金属期货交易。以下简要介绍芝加哥期货交易

(CBOT) 黄金和白银期货合约的主要内容。

1. 黄金期货

下面是芝加哥期货交易所（CBOT）100 – ounce 黄金期货合约的主要内容：

交易品种	100 盎司金
交易单位	100 精衡盎司精炼金
报价单位	美元及美分/精衡盎司
最小变动价位	10 美分/精衡盎司

2. 白银期货

下面是芝加哥期货交易所（CBOT）1000 – ounce 白银期货合约的主要内容：

交易品种	1000 盎司银
交易单位	1000 衡盎司银
报价单位	美元及带一位小数的美分数/精衡盎司
最小变动价位	0.1 美分/精衡盎司（1 美元/每张合约）

3. 铂、钯期货

铂、钯期货交易主要在纽约商品交易所进行。铂期货合约的主要内容：

交易单位	50 精衡盎司
报价单位	美分/盎司
最小变动价位	10 美分/盎司
每日最大波幅限制	20 美元/盎司
交割月份	1、4、7、10

钯期货合约的主要内容：

交易单位	100 衡盎司
报价单位	美分/盎司
最小变动价位	5 美分/盎司
每日最大波幅限制	6 美元/盎司
交割月份	3、6、9、12

第六节　能源、化工、轻工产品期货

能源、化工、轻工产品期货也是一大类重要的非农产品期货。其中能源期货包括原油、取暖油和燃料油、汽油、丙烷等产品期货；化工产品期货主要包括纯碱、聚丙烯等产品期货；轻工产品期货主要涉及胶合板、棉纱、毛丝、生丝等商品期货。其中较重要的是能源期货。

能源期货交易方式产生较晚。1978 年首创，1981 年出现汽油期货，1983 年出现石油期货。由于能源对各国经济、政治的重要性，在期货市场上，能源期货的重要性也日益突出。国际能源署数据显示，中国 2003 年就已成为仅次于美国的世界第二大石油消耗国。但是，中国在国际原油价格上基本没有话语权，根源在于中国没有成熟的石油期货市场，"中国价格"的影响力基本上无从谈起。2004 年 8 月，燃料油期货在上海期货交易所正式挂牌交易。下面是美国纽约商业交易所低硫轻原油期货合约的主要条款和上海期货交易所燃料油标准合约

美国纽约商业交易所低硫轻原油期货合约的主要条款

交易单位	10000 桶
最小变动价位	1 美分/桶
日最大波幅	每桶 1 美元（1000 美元/1 张合约）
合约月份	从当前起算的连续 18 个月

上海期货交易所燃料油标准合约

交易品种	燃料油
交易单位	10 吨/手
报价单位	元（人民币）/吨
最小变动价位	1 元/吨
每日价格最大波动限制	上一交易日结算价 ±5%
合约交割月份	1 – 12 月（春节月份除外）
交易时间	上午 9：00 – 11：30　下午 1：30 – 3：00
最后交易日	合约交割月份前一月份的最后一个交易日

续表

交割日期	最后交易日后连续五个工作日
交割品级	180CST 燃料油（具体质量规定见附件）或质量优于该标准的其他燃料油
交割地点	交易所指定交割地点
最低交易保证金	合约价值的 8%
交易手续费	不高于成交金额的万分之二（含风险准备金）
交割方式	实物交割
交易代码	FU
上市交易所	上海期货交易所

第十一章 外汇期货

金融期货是在20世纪70年代世界金融体制发生重大变革，世界金融市场日益动荡不安的背景下诞生的。在经历了第二次世界大战后最长的一次经济繁荣后，西方资本主义国家先后陷入了经济危机。通货膨胀的加剧，使得固定利率金融工具出现负利率，利率风险大大增加。布雷顿森林体系崩溃后，国际货币制度实行浮动汇率制。汇率的频繁波动，进一步使国际融资工具受损的风险增大。国内外经济环境的变动，不可避免地导致股市大起大落，给股票持有者带来巨大的风险。在利率、汇率、股市急剧波动的情况下，为了适应投资者对于规避价格风险、稳定金融工具价值的需要，以保值和转移风险为目的的金融期货便应运而生。

金融期货一经引入就得到迅速发展，在许多方面超过了商品期货。金融期货主要有三个种类：货币期货、利率期货、股票价格指数期货。

第一节 外汇期货的产生与发展

货币期货又称外汇期货，它是以外汇为标的物的期货合约，用来回避汇率风险。它是金融期货中最早出现的品种。自1972年5月芝加哥商业交易所（CME）的国际货币市场分部推出第一张外汇期货合约以来，随着国际贸易的发展和世界经济一体化进程的加快，外汇期货交易一直保持着旺盛的发展势头。它不仅为广大投资者和金融机构等经济主体提供了有效的套期保值的工具，而且也为套利者和投机者提供了新的获利手段。

一、外汇和汇率

1. 外汇

外汇具有静态和动态两层含义。外汇的动态含义是指将一国的货币兑换成另一国的货币，借以清偿国际债务债权关系的专门性货币经营活动，亦称国际汇兑。外汇的静态含义则是指以外国货币表示的，用于国际结算的支付手段和信用工具。因为在国际汇兑中一国的货币并非可以兑换任何他国的货币，而只能兑换成各国都能接受的某种支付手段和信用工具，如外国货币、外币有价证券、外币支付凭证等。因此，国际货币基金组织规定，外汇是货币行政当局以银行存款、财政部证券、长短期政府证券等形式所持有的国际收支逆差时可以使用的债权。所以，外汇具有以下三个特点：第一，必须以外币表示的资产；第二，具有可兑换性；第三，必须是在国外能够得到偿付的货币债权。

2. 汇率

如同商品有价格一样，外汇也有价格。外汇汇率是指一国货币表示的另一国货币的价格，即两种不同货币的比价。由于折算的标准不同，外汇有两种不同的标价方法，即直接标价法和间接标价法。

直接标价法是固定外国货币的单位数量，以本国货币来表示外国货币的价格。世界上大多数国家采用直接标价法，我国目前也采用此法。例如，我国某日外汇牌价为 100 美元 = 778.18 元人民币。在直接标价法下，本国货币标价数的提高就表示外汇汇率的上涨；反之，则下跌。

间接标价法则是固定本国货币的单位数量，一单位本国货币能兑换外国货币的多少来表示外币的价格。英国和美国采用单位标价法。例如，伦敦外汇市场某日收盘价为 1 英镑 = 1.6532 美元。在间接标价法下，外国货币标价数的提高就表示外汇汇率的下跌；反之，则上涨。

3. 汇率风险

由于国际分工的存在，国与国之间贸易和金融往来便成为必然，并且成为促进本国经济发展的重要推动力。外汇汇率的波动，会给从事国际贸易者和投资者带来巨大的风险，这种风险称之为汇率风险。它表现在两个方面：贸易性汇率风险和金融性汇率风险。在国际贸易活动中，商品和劳务的价格一般是用外汇或国际货币来计价。目前大约 70% 的国家用美元来计价。但在实行浮动汇率制的今天，由于汇率的频繁波动，生产者和经营者在进行国际贸易活动时，就难以估算费用和盈利。由此产生的风险称之为贸易性风险。在国际金融市场上，借贷的都是外汇，如果借贷的外汇汇率上升，借款人就会遭受巨大损失，汇率的剧烈变化甚至可以吞噬大企业，外汇汇率的波动还直接影响一国外汇储备价值的增减，从而给各国央行在管理上带来巨大风险和国难。此种汇率风险称为金融性汇率风险。

影响汇率波动的最基本因素主要有以下四种：

第一，国际收支及外汇储备。所谓国际收支就是一个国家的货币收入总额与付给其他国家的货币支出总额的对比。如果货币收入总额大于支出总额，便会出现国际收支顺差；反之，则是国际收支逆差。国际收支状况对一国汇率的变动能产生直接的影响。发生国际收支顺差，会使该国货币对外汇率上升；反之，该国货币汇率下跌。

第二，利率。利率作为一国借贷状况的基本反映，对汇率波动起决定性作用。利率水平直接对国际间的资本流动产生影响，高利率国家发生资本流入，低利率国家则发生资本外流，资本流动会造成外汇市场供求关系的变化，从而对外汇汇率的波动产生影响。一般而言，一国利率提高，将导致该国货币升值；反之，该国货币贬值。

第三，通货膨胀。一般而言，通货膨胀会导致本国货币汇率下跌，通货膨胀的缓解会使汇率上浮。通货膨胀影响本币的价值和购买力，会引发出口商品竞争力减弱、进口商品增加，还会产生对外汇市场心理影响，削弱本币在国际市场上的信用地位。这三方面的影响都会导致本币贬值。

第四，政治局势。一国及国际间的政治局势的变化，都会对外汇市场产生影响。政治局势的变化一般包括政治冲突、军事冲突、选举和政权更迭等，这些政治因素对汇率的影响有时很大，但影响时限一般都很短。

二、外汇期货的产生与发展

以美元为中心的布雷顿森林体系在运行了 28 年后，于 1973 年 3 月最终崩溃。黄金在历史上是各国货币的共同价值尺度，已有一二百年历史，也终于在 1973 年 8 月同货币脱钩，即所谓的"黄金非货币化"。1973 年以后，"布雷顿森林体系"的解体使固定汇率体制被浮动汇率体制所取代，西方国家的货币纷纷与美元脱钩，汇率波动频繁，市场风险加大。汇率变动取决于市场的供求关系，而这种汇率由于受各种因素，特别是投机因素的影响，升降幅度很大。对于从事对外贸易及其他国际经济交往的人们来说，如何避免外汇汇率变动的风险，成为经常出现的问题。国际贸易中商品和劳务的价格，一般都是以双方都能接受的货币计价的。如果计价货币贬值，则在交货付款时，进口方就会获利，出口方就会因计价货币贬值而蒙受损失。在国际借贷中，如果借贷外汇汇率上升，借方就会遭受损失。经济的全球化使得越来越多的企业面临汇率波动的风险，市场迫切需要规避这种风险的工具，正是为了回避外汇汇率风险，货币期货就在这种背景下产生了。

世界上第一个外汇期货市场成立于1972年5月16日，即国际货币市场（Internation Monetary Market）简称IMM，它是芝加哥商业交易所的一个分部。开始它主要经营6种国际货币的期货合约，即英镑、加拿大元、德国马克、日元、瑞士法郎以及澳大利亚元，后来又增加了法国法郎、荷兰盾、欧洲美元和欧洲货币单位的期货交易。目前，芝加哥的IMM已发展成为一个非常活跃的外汇交易市场。

英国外汇期货市场的建立晚于美国，于1982年在伦敦正式成立，全称为"伦敦国际金融期货交易所"（LIFFE）。主要从事英镑、瑞士法郎、德国马克、日元、美元期货交易以及英镑、美元期货期权交易。1984年，新加坡国际货币交易所开始经营外汇期货，并与芝加哥国际货币市场联网。在澳大利亚悉尼期货交易所外汇期货交易也相当活跃。

从世界范围看，外汇期货的主要市场在美国，其中又基本上集中在芝加哥商业交易所的国际货币市场（IMM）、中美洲商品交易所（MCE）和费城期货交易所（PBOT）。国际货币市场主要进行澳大利亚元、英镑、加拿大元、德国马克、法国法郎、日元和瑞士法郎的期货合约交易；中美洲商品交易所进行英镑、加拿大元、德国马克、日元和瑞士法郎的期货交易；费城期货交易所主要交易法国法郎、英镑、加拿大元、澳大利亚元、日元、瑞士法郎、德国马克和欧洲货币单位。此外，外汇期货的主要交易所还有：伦敦国际金融期货交易所（LIFFE）、新加坡国际货币交易所（SIMEX）、东京国际金融期货交易所（TIFFE）、法国国际期货交易所（MATIF）等，每个交易所基本都有本国货币与其他主要货币交易的期货合约。

在外汇市场上，存在着一种传统的远期外汇交易方式，它与外汇期货交易在许多方面有着相同或相似之处，常常被误认为是期货交易。在此，有必要对它们作出简单的区分。所谓远期外汇交易，是指交易双方在成交时约定于未来某日期按成交时确定的汇率交收一定数量某种外汇的交易方式。远期外汇交易一般由银行和其他金融机构相互通过电话、传真等方式达成，交易数量、期限、价格自由商定，比外汇期货更加灵活。在套期保值时，远期交易的针对性更强，往往可以使风险全部对冲。但是，远期交易的价格不具备期货价格那样的公开性、公平性与公正性。远期交易没有交易所、清算所为中介，流动性远低于期货交易，而且面临着对手的违约风险。

第二节 外汇期货合约

一、外汇期货的特点

外汇期货（Foreign Exchange Futures）是指交易双方约定在未来特定的时期进行外汇交割，并限定了标准币种、数量、交割月份及交割地点的标准化合约。外汇期货交易则是指在期货交易所中通过喊价成交的外汇合约买卖。外汇期货也被称为外币期货（Foreign Currency Futures）或货币期货（Currency Futures）。

和大多数期货交易一样，外汇期货交易需遵守规定的交易程序，合约具有约束力，并需缴纳保证金，除此之外，它还具备以下特征：

1. 外汇期货合约代表汇价预测。外汇期货合约代表交易双方对有关货币汇价变动方向的一种预测，因此，当交易一方买入或卖出一份期货合约时，无需实际付出买入合约面值所表明的外汇，而是只需支付手续费。合约生效后，如果当天收市的实际外汇期货市价大于该期货合约上所标明的价格，则期货合约的买方需支付差价，卖方收入差价；反之，则买方受益，卖方亏损。

2. 外汇期货价格实际上是预期的现货市场价格。投机者希望期货价格会朝预期的现货市价移动，因此，在投机者的参与下，现货与期货的差价会保持一致，即期货价格与现货价格呈同一方向变动，且幅度也大致相同。当两者的变动幅度完全相同时，避险者可以完全回避价格变动的风险。事实上，由于预期因素的变化，两者的变动幅度一般都有差异，因此，利用外汇期货交易并不能回避价格变动的全部风险，而只能回避部分风险。

3. 外汇期货合约属于有形商品。外汇期货的交易品种——货币虽然是商品的一种特殊形式，但它仍然是有形的商品，有着实际的价值。这是外汇期货合约和商品期货合约一致的地方，同时也是它与股票指数期货合约所不一致的地方。股票指数是人为规定的指数点与货币的折算标准，并无具体的东西。

外汇期货合约越接近交割日，现货与期货的差价就越小，到交割日时，卖方可从现货市场购入即期外汇，交给买方以履行交割的义务。因此在外汇期货合约最后交易日收盘时，现货与期货间的差价必等于零，否则，投机者就可以套取其间的利益。

二、外汇期货合约

外汇期货合约是以外汇作为交割内容的由期货交易所制定的一种标准化期货合同。合约对交易币种、合约金额、交易时间、交割月份、交割方式、交割地点等内容都有统一的规定。在外汇期货合约交易中，唯一变动的是价格。

它主要包括以下几个方面的内容：

第一，外汇期货合约的交易单位，每一份外汇期货合约都由交易所规定标准交易单位。例如，德国马克期货合约的交易单位为每份125000马克。

第二，交割月份，国际货币市场所有外汇期货合约的交割月份都是一样的，为每年的3月、6月、9月和12月。交割月的第三个星期三为该月的交割日。

第三，通用代号，在具作操作中，交易所和期货佣金商以及期货行情表都是用代号来表示外汇期货。8种主要货币的外汇期货的通用代号分别是：英镑BP、加拿大元CD、荷兰盾DG、德国马克DM、日元JY、墨西哥比索MP、瑞士法郎SF、法国法郎FR。

第四，最小价格波动幅度，国际货币市场对每一种外汇期货报价的最小波动幅度作了规定。在交易场内，经纪人所做的出价或叫价只能是最小波动幅度的倍数。8种主要外汇期货合约的最小波动价位如下：英镑0.0005美元、加拿大元0.0001美元、荷兰盾0.0001美元、德国马克0.0001美元、日元0.0000001美元、墨西哥比索0.00001美元、瑞士法郎0.0001美元、法国法郎0.00005美元。

第五，每日涨跌停板额，每日涨跌停板额是一项期货合约在一天之内比前一交易日的结算价格高出或低于的最大波动幅度。8种外汇期货合约的涨跌停板额规定如下：马克 1250 美元、日元 1250 美元、瑞士法郎 1875 美元、墨西哥比索 1500 美元、荷兰盾 1250 美元、法国法郎 1250 美元，一旦报价超过停板额，则成交无效。

不同的交易所推出的外汇期货合约内容大致相同。目前，交易量较大的外汇期货合约是由芝加哥商业交易所（CME）、国际货币市场分部（IMM）、新加坡国际金融交易所和伦敦国际金融期货交易所推出的。其中，国际货币市场分部交易的外汇期货合约占了全球 90% 以上的交易量。

下面主要介绍国际货币市场分部（IMM）的外汇期货合约（见表 11.1）。

表 11.1　国际货币市场分部外汇期货合约

	澳大利亚元	英镑	加拿大元	德国马克	法国法郎	瑞士法郎	日元
交易单位	10 万澳大利亚元	6.25 万英镑	10 万加拿大元	12.5 万德国马克	25 万法国法郎	12.5 万瑞士法郎	1250 万日元
报价	美元/澳大利亚元	美元/英镑	美元/加拿大元	美元/德国马克	美元/法国法郎	美元/瑞士法郎	美元/日元
最小变动价位	0.0001	0.0002	0.0001	0.0001	0.00005	0.0001	0.000001
最小变动值	10.0 美元	12.5 美元	10.0 美元	12.5 美元	12.5 美元	12.5 美元	12.5 美元
涨跌限制	150 点	400 点	150 点	150 点	500 点	150 点	150 点
交割月份	3 月、6 月、9 月、12 月							
交易时间（芝加哥时间）	上午 7：20 至下午 2：00							
保证金（美元） I/M	1200/900	2800/2000	900/700	2100/1700	1200/900	2100/1700	2100/1700
最后交易日	交割日前两个交易日（当日于上午 9：16 收盘）							
交割日	交割月份的第三个星期三							
交割地	清算所指定的货币发行国银行							

注：保证金行内 I 表示初始保证金，M 表示维持保证金。

下面就表 11.1 中的有关内容做一些解释：

（1）国际货币市场分部的外汇期货合约是以美元来报价的，即每单位外币折合若干美元。例如，德国马克期货报价为 0.4323，表明 1 德国马克 = 0.4323 美元。

（2）最小变动价位，指买卖期货合约时期货合约价格最小的变动额，在具体实务操作过程中，通常用点来表示：每1德国马克变动0.0001美元，即表示德国马克期货价格变动了1点。例如，德国马克报价由0.4323变成0.4313，则表示德国马克下跌了10个点。

（3）最小变动值，指整张合约（即1个交易单位）最小的变动值，它是与最小变动价位和期货合约的交易单位有关。例如德国马克最小变动值为12.5美元，它是来自0.0001（最小变动价位）×125000（1个交易单位）=12.5美元。

（4）涨跌限制，是指每日价格波动的最大允许的幅度。例如，德国马克涨跌限制是150点，即每张德国马克期货合约价值涨跌的最大幅度为1875美元（125000×150×0.0001）。

（5）各交易所对外汇期货的保证金数额有不同的规定，而且，同一交易所在不同的时期保证金也不一样。一般说来，为了控制风险，汇率变动大的货币，保证金数额大；反之，保证金数额相应低些。例如，国际货币市场分部，1986年英镑期货初始保证金和维持保证金分别为1500美元和1000美元，1989年分别增加到2000美元和1500美元。

（6）同商品期货一样，到期未对冲的外汇期货合约必须进行交割，而且也采取现货交割的方式。交割时，购买现汇的价格就是当初的期货成交价。

新世纪欧元正式启动后，原有的与德国马克、法国法郎有关的期货，在全球所有期货交易所都合并为与欧元相关的期货，但瑞士、英国、瑞典因尚未加入欧元区，所以，各个期货交易所与瑞士法郎、英镑、瑞典克朗有关的外汇期货继续保留。2002年，IMM用美元报价的外汇期货有：澳大利亚元、欧元、巴西币、日元、墨西哥比索、加拿大元、新西兰元、挪威克朗、南非货币、瑞士法郎、瑞典克朗、俄罗斯卢布等。

在IMM，还有一大类外汇期货不是用美元报价的。我们可以称为交叉货币期货。在IMM交易的交叉货币期货有：用欧元报价的英镑、日元、澳大利亚元、挪威克朗、加拿大元、瑞士法郎、瑞典克朗期货等，用澳大利亚元报价的加拿大元、新西兰元、日元期货等，英镑报价的瑞典克朗、日元期货等；用瑞士法郎报价的日元期货，用加拿大元报价的日元期货，等等。

三、影响外汇期货价格的因素

外汇期货的价格与人们对未来交付时某种外汇的汇率的预期有关，人们对汇率的预期的影响因素主要包括：一个国家的国际贸易和资本余额、一国国内的经济因素、一国的政府政策和国内政局以及对价格变动的预测本身等。

1. 一国的国际贸易和资本余额

（1）从长期来看，决定一国货币汇率的最重要的因素是这个国家的贸易余额，它反映着该国进出口商品的相对价值。若出口额大于进口额，即存在着贸易顺差时，该国货币则很坚挺；若出口额小于进口额，即存在贸易逆差时，该国货币就会疲软。

（2）一个国家的官方储备也影响着该国货币的汇率变化。官方货币储备一般包括黄金储备、国际货币基金账户上的特点提款权储备和外国货币储备等。这些储备的多寡反映着一国履行其国际责任的能力，包括它的偿债能力、进口能力和干预外汇市场以维持该国货币汇率稳定的能力。当出现贸易顺差时，官方储备就会增加，而当出现贸易逆差时，官方储备就会减少。

（3）一个国家的资本余额也影响着该国货币汇率的变化。资本余额包括直接的外国投资和短期投机资金余额。由于世界金融体系的发达，资金几乎可以在世界上任何地方流动，一方面，资本的流动主要受短期利息率的影响；另一方面，资本的流动又对短期汇率的变化产生巨大的影响。例如，若加拿大3个月期货利息率增加到比美国同期利息率高1%，人们就会把手中的货币转向加拿大元，即卖掉手里的美元而买进加拿大元。这样，人们对加拿大元需求的增长会使加拿大元更加坚挺；相反，对美元需求的减少会使美元疲软，从而导致美元汇率的下降。

2. 国内经济因素

在分析外汇期货价格的决定时，不仅要对每个国家单独研究，而且要对它们做比较研究，衡量一国经济状况好坏的因素主要有：

（1）一国国内生产总值的实际增长率（指扣除了通货膨胀影响的增长率）。稳定的增长率表明一国经济的健康发展。

（2）货币供应增长率和利息率水平。是影响未来经济发展状况的因素，短期里，利息率的变动会引起资本的流动，而资本的流动又会直接影响对该国货币的需求。

（3）通货膨胀率。在不同国家里，通货膨胀率的不同是影响一国货币汇率的又一重要因素。由于通货膨胀的最终结果是削弱该种货币的购买力，所以若其他国家没有经历相同幅度的通货膨胀，那么该种货币就会贬值，汇率就会下降。

（4）一国的物价水平影响着该国的进出口。例如，在国际市场上，对一些美国和日本都能生产的商品，由于日本物价比美国低，就会减少美国的出口，增加美国对日本商品的进口，从而导致美国的贸易逆差。

3. 政府政策和国内政局

政府可以通过采取促进或者妨碍该国的国际贸易政策影响该国货币的汇率，比如进口税政策、负利息率政策、禁止通商政策，等等。

国内政局是否稳定也会影响该国货币的汇率。即使在货币稳定的发达国家，国家元首的换届选举也会影响该国的外汇市场，事实上，很多经济政策的变化包括货币的增值或贬值，经常都与下一届国家元首的换届选举有关。此外，政党力量的变化也会影响该国的经济发展。

4. 对价格变动的预期

对价格变动的预期本身也会影响一国的外汇市场。例如，在英国进入共同体市场之前，人们预期英镑在1972年年底将贬值，因此，早在那年年初，外汇市场就按照预期的方向发生了变化，迫使英国政府在那年夏天实行了浮动汇率。相似地，人们预期在1976年后半年墨西哥比索将贬值，这种预期必然影响外汇市场，使得外汇市场比预期时间早几个月就按照预期变动的方向进行了调整。到1976年9月1日，墨西哥比索已经贬值大约40%。

5. 外汇期货定价模型

外汇期货的相关资产是以外币表示的，因此，需要通过汇率折算为本币资产。从持有成本的观点来看，外汇期货的定价既涉及利用本币对货币期货相关资产进行资金融通，又涉及因持有货币期货相关资产而产生的机会成本。

借入一定数量的本币 A（短期利率 r_1），按即期汇率 S（spot exchange rate）购买一定数量的外币，同时以价格 F 卖出该种外汇期货合约（剩余到期时间 t，短期利率 r_2）。这样，持有成本模型中的融资成本依赖于本币

短期利率 r_1，收益则依赖于外币短期利率 r_2。均衡时，现货到期价值 = 期货到期价值，用公式表示为：

$$AS(1+r_1t) = AF(1+r_2t)$$

所以外汇期货的定价形式为：

$$F = S \times \frac{1+r_1t}{1+r_2t} \tag{11.1}$$

外汇期货的这种定价简化公式，隐含着一系列条件：
（1）F 与 S 同为间接标价法。
（2）货币期货的价格 F 与货币远期合约的价格是一致的。
（3）期货市场为完全市场，即无直接交易费用，无借贷利率差异，无现货市场卖空限制。

第三节　外汇期货交易

外汇期货市场的交易主要有两种：套期保值以及投机和套利。

一、套期保值交易

同商品期货交易一样，外汇期货的套期货保值交易，是指利用外汇期货交易确保外币资产免受汇率变动的损失或确保负债不因汇率的变动而增加。外汇期货套期保值有多头套期保值、空头套期保值与交叉套期保值。

1. 多头套期保值

首先在期货市场买入外汇期货合约为多头套期保值。由于在外汇期货交易中，一般的期货合约均是美元对某种货币的合约，当某种货币视为外汇时，多头套期保值者应该在期货市场首先买入某种货币对美元的期货合约。

例：美国进口商 10 月 6 日与某英国公司签订了进口价值 25 万英镑的货物进口合同。合同规定美国进口商一个月后用英镑付款。为回避英镑汇率在此期间上升的风险（英镑汇率上升，付同样数量的英镑要用更多的美元），美国进口商于 10 月 6 日买入 4 张 12 月交割、每张合约 6.5 万英镑的英镑期货合约，价格是 1.5540。11 月 6 日，英镑对美元的现货汇率从一个月前的 1 英镑 1.5450 美元上升到 1 英镑 1.5750 美元，同日，12 月交割的英镑的期货市场价格为 1.5830 美元。美国进口商于 11 月 6 日，平掉英镑的期货合约（价格是 1.5830 美元），从现货市场买入 25 万英镑。

分析套期保值的结果：

解：在期货市场美国进口商盈利为：

(1.5830 - 1.5540) × 6.5 × 4 = 0.725（万美元）= 7250（美元）

在现货市场英镑实际买入价格较 10 月 6 日多出：

(1.5750 - 1.5450) × 25 = 0.75（万美元）= 7500（美元）

如果没有进行套期保值，美国进口商 11 月 6 日买入 25 万英镑将较 10 月 6 日多支付 7500 美元；由于进行了套期保值，他实际只多支付 250 美元。

2. 空头套期保值

首先在期货市场卖出外汇期货合约为空头套期保值，与多头套期保值方向相反，具体操作中，空头套期保值卖出某种货币对美元的期货合约。

例：某德国公司 3 月 11 日与某美国公司签订了延迟付款协议：德国公司应付美国公司的货款，将于两个月后以欧元支付，总额为 25 万欧元。为回避欧元汇率在此期间下降的风险（欧元汇率下降，得到同样数量的欧元兑换成的美元数要少），美国公司于 3 月 11 日卖出 2 张 6 月交割、每张合约 12.5 万欧元的欧元期货合约，价格是 0.9780 美元。4 月 11 日，欧元对美元的现货汇率从一个月前的 1 欧元 0.9756 美元下降到 1 欧元 0.9657 美元，同日，6 月交割的欧元的期货市场价格为 0.9674 美元。美国公司于 4 月 11 日，平掉欧元期货合约（价格是 0.9674 美元），并德国公司所付的 25 万欧元在现货市场卖出。分析套期保值的结果。

解：在期货市场美国公司盈利为：

(0.9780 - 0.9674) × 12.5 × 2 = 0.2650（万美元）= 2650（美元）

4 月 11 日在现货市场 25 万欧元实际能卖出的价格较 3 月 11 日要少：

(0.9756 - 0.9657) × 25 = 0.2475（万美元）= 2475（美元）

如果没有进行欧元的卖出套期保值，美国公司 4 月 11 日 25 万欧元兑换的美元数较 3 月 11 日少 2475 美元；由于进行了套期保值，他实际上不仅未损失，还多得 175 美元。

3. 交叉套期保值

外汇期货市场上一般有多种外汇对美元的期货合约，而非美元的其他两种货币之间的期货合约很少。如果要防止非美元的其他两种货币之间的汇率风险，就要使用交叉套期保值。所谓交叉套期保值，指利用相关的两种外汇期货合约为一种外汇保值。

例：5月10日，德国一出口商向英国出口一批货物，计价货币为英镑，价值500万英镑，3个月收回货款。5月10日英镑对美元汇率为1.2美元/英镑，马克对美元汇率为2.5马克/美元，则英镑以马克套算汇率为3马克/英镑（1.2美元/英镑×2.5马克/美元）。为防止英镑对马克汇率下跌，该公司决定对英镑进行套期保值。由于不存在英镑对马克的期货合约，该公司可以通过出售80份英镑期货合约（5000000英镑÷62500英镑＝80）和购买120份马克期货合约（5000000英镑×3马克/英镑÷125000＝120），达到套期保值的目的。具体交易过程如表11.2所示。

表11.2　交易示例

现货市场	期货市场
5月10日 现汇汇率：3马克/英镑 500万英镑折合1500万马克	5月10日 卖出80份9月期英镑期货合约 价格：1.1美元/英镑 总价值：550万美元 买入120份9月期马克期货合约 价格：0.4348美元/马克 总价值：652.2万美元
9月10日 现汇汇率：2.5马克/英镑 500万英镑折合1250万马克	9月10日 买入80份9月期英镑期货合约 价格：1.02美元/英镑 总价值：510万美元 卖出120份9月期马克期货合约 价格：0.5美元/马克 总价值：750万美元
现货损失：250万马克	期货盈利：英镑期货交易40万美元 马克期货交易97.8万美元

该出口商在现货市场上损失250万马克，在期货市场上盈利137.8万美元，当时马克对美元的现汇汇率为1.8500马克/美元，则期货市场上盈利折合254.93万马克。期货市场上的盈利弥补了现货市场上的亏损，并有净盈利4.93万马克。

二、投机和套利交易

外汇期货的投机交易增加了期货市场的流动性并分散了外汇期货套期保值者的风险,而外汇期货的套利交易是外汇期货投机交易的引申。外汇投机交易操作原理简单,以下主要阐述套利交易的原理和操作。

1. 投机交易

外汇期货投机就是通过买卖外汇期货合约,从外汇期货价格的变动中获取利益。当投机者预测某种外汇期货合约价格将要上涨时,则买入该种期货合约。此种投机方式称为多头投机;相反,当投机者预测某种外汇期货合约价格将要下跌时,则卖出该种期货合约,此种投机方式称为空头投机。

2. 套利交易

外汇期货套利交易是一种较为复杂的交易行为。它与商品期货套利相似,分为跨市套利、跨币种套利和跨月份套利三种类型。

(1) 跨市场套利

跨市场套利是指交易者根据自己对外汇期货合约价格走势的研究,在一个交易所买入期货合约,同时在另外一个交易所卖出同种外汇期货合约的行为。在买入或卖出期货合约时,它们的金额应保持相同。在操作过程中,一般的原则如下:

a. 如两个市场均处于牛市状态,其中一个市场的涨幅高于另一个市场,则在涨幅大的市场买入,涨幅小的市场卖出。

b. 如两个市场均处于熊市状态,其中一个市场跌幅大于另一个市场,则在跌幅大的市场卖出,跌幅小的市场买入。

(2) 跨币种套利

跨币种套利是指交易者通过对同一交易所内交割月份相同而币种不同的期货合约的价格走势的研究,买进某一币种的期货合约,同时卖出另一币种的相同交割月份的期货合约的交易行为。在买入或卖出期货合约时,金额应保持相同。具体操作过程中,一般原则如下:

a. 有两种货币,若一种货币对美元升值,另一种货币对美元贬值,则买入升值的货币的期货合约,卖出贬值的货币期货合约。

b. 两种货币都对美元升值,其中一种货币升值速度较另一种货币快,买入升值快的货币期货合约,卖出升值慢的货币期货合约。

c. 两种货币都对美元贬值,其中一种货币贬值速度较另一种货币快,卖出贬值快的货币期货合约,买入贬值慢的货币期货合约。

d. 两种货币,其中一种货币对美元汇率保持不变,若另一种货币对美元升值,则买入升值货币的期货合约,卖出汇率不变的货币的期货合约;若另一种货币对美元贬值,则卖出贬值货币期货合约,买入汇率不变的货币期货合约。

例:5月10日,国际货币市场6月期瑞士法郎的期货价格为0.5500美元/瑞士法郎,6月期马克的期货价格为0.4200美元/马克,那么6月期瑞士法郎期货对马克期货的套算汇率为1瑞士法郎=1.3马克(0.5500美元/瑞士法郎÷0.4200美元/马克)。某交易者在国际市场买入10份6月期瑞士法郎期货合约,同时卖出13份6月期马克期货合约。之所以卖出13份合约是因为瑞士法郎期货合约与马克期货合约的交易单位不同,前者是125000瑞士法郎,后者则是125000马克,而两者的套算汇率为1:1.3。因此,为保证实际价值基本一致,前者买入10份合约,后者则要卖出13份合约。6月5日,该交易者分别以0.6555美元/瑞士法郎和0.5000美元/马克的价格对冲了持仓合约。其交易过程如表11.3所示。

表11.3 交易示例

瑞士法郎	马克
5月10日 买入10份6月期瑞士法郎期货合约 价格:0.5500美元/瑞士法郎 总价值:687500美元	5月10日 卖出13份6月期马克期货合约 价格:0.4200美元/马克 总价值:682 500美元
6月5日 卖出10份6月期瑞士法郎期货合约 价格:0.6555美元/瑞士法郎 总价值:819375美元	6月5日 买入13份6月期马克期货合约 价格:0.5000美元/马克 总价值:812500美元
盈利:131875美元	亏损:130000美元
净盈利:1875美元	

(3)跨月份套利

跨月份套利是交易者根据对同一交易所内相同币种、不同交割月份的期货合约的价格走势的研究,买进某一交割月份的期货合约,同时卖出另一交割月份的同种货币期货合约的交易行为。在买入或卖出期货合约时，合约份数应一致。具体操作中，应按如下原则：

a. 如果两种合约价格均上涨，买入预期涨幅较大的交割月份的期货合约，卖出预期涨幅较小的交割月份的期货合约。

b. 如果两种合约价格均下跌，则卖出预期跌幅较大的交割月份的期货合约，买入预期跌幅较小的交割月份的期货合约。

第十二章 利率期货

在市场经济条件下，利率作为调节经济的杠杆经常发生变化，特别是在西方国家的经济生活中，利率的剧烈波动是一个重要的经济现象。利率期货的出现，适应了投资者避免利率波动风险的要求。虽然利率期货的产生较之外汇期货晚了三年多，但其发展速度却比外汇期货快得多，其应用范围也远较外汇期货广泛。目前，在期货交易比较发达的国家和地区，利率期货早已超过农产品期货而成为成交量最大的一个类别。在美国，利率期货的成交量甚至已占到整个期货交易总量的一半以上。

第一节 利率期货的产生与发展

一、利率期货概念

要掌握利率期货交易，首先要懂得与利率期货紧密相关的债券的一些基本知识、利率期货的产生和发展及利率期货合约。

1. 债券的基本要素

利率期货首先是指债券利率期货，如短期国库券、中期及长期债券，当然还有其他有价证券期货合约，如商业票据、定期存款单的利率期货。对于债券，需要掌握下面几个要素：

（1）债券的面值。它是指债券的票面价值，包括面值币种和面值大小两方面的内容。面值币种取决于发行的需要和债券的种类，国内债券的面值币种为本国货币，国外债券的面值币种为债券发行地国家以外的货币。

（2）债券的票面利率。它是指债券票面所载明的利率，是债券利息与债券面值之比。债券票面利率分为固定利率和浮动利率。

（3）债券的市场价格。它是债券票面利率的年利息收入与市场利率之比。

例：某一债券的票面面值为1000元，票面年利率8%，市场利率9%，则：

债券市场价格 = （1000×8%）÷9% = 888.89元

如果市场年利率变为5%，则：

债券市场价格 = （1000×8%）÷5% = 1600元

由此可见，债券市场价格与市场利率呈反比关系，市场利率比票面利率较大，债券市价将变小；反之，则变大。

2. 利率期货的概念

利率期货（Interest Rate Futures）是继外汇期货之后产生的又一个金融期货类别，它指的是标的资产价格依赖于利率水平的期货合约，如长期国债期货、短期国债期货和欧洲美元期货。但是这些长短期债券只是作为计算利率波动的基础，通常在合同期满时并不需要实际交割金融资产，而只是通过计算市场的涨落结算利率期货合同的实际价值。利率期货交易则是指在有组织的期货交易所中，通过喊价成交进行的、在未来某一时期进行交割的债券合约买卖。

二、利率期货的产生和发展

在美国，很早以前就存在各种各样的机构投资者，其中如商业银行，由于它是具有储蓄功能的机构，美国银行法规定其不能将资本投向股票等风险较大的证券，所以这些机构投资者主要投资方向是有确定利息收入、风险较小的证券，特别是政府公债及中短期国家债券。

20世纪70年代，美国利率变化十分频繁且变动幅度较大。例如，1974年美国的优惠利率达12%，而1976年下降到6%，1979年又回升到15.75%。1980年4月和12月再度上升达20%和21.5%，利率的反复变动，给银行、公司以及投资者带来了同利率相关的金融风险。投资者为了保证营运资本不受利率影响，保值的需求成为必然，利率期货便应运而生。∂∂利率期货是以某种债务凭证为标的物的期货合约，目的在于化解和转移利率风险。20世纪70年代，随着布雷顿森林体系的解体、石油危机的影响，西方各国经济发展十分不稳定，为了治理国内经济和稳定汇率，纷纷推行金融自由化政策，导致利率波动日益频繁并且非常剧烈，使借贷双方面临着巨大的风险。为了降低利率波动的风险，1975年10月，芝加哥期货交易所推出了政府国民抵押贷款协会（GNMA）抵押凭证期货合约，这标志着利率期货这一新的金融期货品种的诞生。之后，为了满足人们管理利率风险的需要，各种利率期货品种纷纷推出并在世界各国得到迅速发展。

利率期货交易产生于20世纪70年代中期的美国，在这方面，美国堪称先锋。在美国，最具代表性的是芝加哥的两个交易所即芝加哥交易所和芝加哥商业交易所。1975年9月，后者首次开办了国民抵押协会债券期货交易，又于1976年1月推出91天短期美国政府国库券期货，1977年8月芝加哥两个交易所都开始推出美国政府长期公债期货，1987年9月在CME推出一年期国库券期货，1982年5月CBOT推出10年期中期国库券，1987年5月NYCM开始推出美国政府5年期债券期货，1988年4月CBOT开始推出5年期债券期货。20世纪80年代初美国利率变动更为剧烈，对付利率波动的最可靠办法就是利用期货市场的利率期货套期保值。于是利率期货的规模成几何级数上升，1982年各种利率期货交易达3000万张。

美国CME和CBOT利率期货开办成功以后，其他各地纷纷仿效，利率期货成为美国各种期货中交易量最大的品种。紧接着，世界各国也陆续开办利率期货交易。1982年9月30日，伦敦国际金融期货交易所在伦敦国际金融中心正式开始利率期货交易。上市的利率期货有3个月期欧洲美元，3个月期英镑和20年期英国政府金边债券。1985年10月19日，日本东京证券交易所开办了政府公债期货。香港期货交易所也于1990年2月7日正式推出港元利率期货。表12.1列出了世界主要利率期货合约及推出相应利率期货合约的交易所。

表12.1 世界主要利率期货合约及交易所

国别	合约名称	交易所
美国	长期政府公债	芝加哥交易所
	6.5~10年国库券	
	5年国库券	
	地方政府债券	
	90天政府债券	芝加哥商业交易所
	3月期欧洲美元利率	

续表

国别	合约名称	交易所
英国	政府公债	伦敦国际金融期货交易所
	20年吉尔特利率	
	3月期欧洲美元利率	
法国	法国政府债券	巴黎期货交易所
日本	10年政府债券	东京证券交易所
新加坡	欧洲美元利率	新加坡国际商品交易所
澳大利亚	90天银行债券	悉尼期货交易中心
	10年政府公债	

利率期货的出现，很大程度上是给了投机者一种规避风险、投机获利的平台，因此其发展非常迅速。目前，利率期货已是全球期货商品的主流，其成交量高居期货商品的首位。2001年，全球利率期货交易量为10.166亿手，占全球期货交易量的56.46%，是当年成交量最大的金融期货品种。2002年，由于股指期货交易量的上升，利率期货所占比重有所下降，但仍然保持了持续稳步增长的势头。目前利率期货在美国的交易量是最大的，单以美国政府长期国库券期货为例，每周的交易量达到100万份左右。利率期货在整个金融期货市场上占有及其重要的地位。

第二节 短期利率期货合约

利率期货合约种类较多，共分为两大类：一类是以短期固定收入证券衍生的，如短期国库券期货合约、欧洲美元期货合约、定期存单期货合约等；另一类是以长期固定收入证券衍生的，如中长期国库券期货合约以及政府国民抵押协会债券期货合约等。

一、短期国库券期货合约

短期国库券是期限在1年以内的美国政府债券，它是美国货币市场的主要工具，美联储通过它进行公开市场业务的操作。短期国库券期限有91

天、182 天和 364 天 3 种。定期以拍卖方式贴现出售。也就是说，它不附息票，出售时价格低于面值，到期以面值偿还，两者差价是持有者的利息收入。CME 的 IMM 推出的 90 天美国国库券期货合约（见表 12.2）。

表 12.2 IMM 90 天国库券期货合约

交易单位	1000000 美元面值的短期国库券
最小变动价位	0.01
最小变动值	25 美元
每日交易限价	0.60 即每张合约 1500 美元
合约月份	3 月、6 月、9 月、12 月
交易时间	芝加哥时间 8：00 ~ 14：00
最后交易日	交割日前一天
交割日	交割月份中 1 年期国库券尚余 13 周期限的第一天
交割等级	还剩余 90 天、91 天或 92 天期限，面值为 1000000 美元的短期国库券

对 IMM 90 天国库券期货合约，值得注意的是它的报价，它的报价是以 IMM 指数报价的，而现货是以贴现率报价。IMM 指数 = 100 - 年利率%，如贴现率为 9% 的短期国库券期货合约，其 IMM 指数就是 91 即 100 - 9。可见，以 IMM 指数报价时，指数越大，表示合约的价值越大；这与前述市场利率越小，债券价值越大的意义相同。其最小变动价位是 0.01，即 1 个点，即相当于年利率 0.01%，如 IMM 指数由 91.00 变为 91.01 就意味着价位变动 1 点。1 点代表价值就是 25 美元（1000000 × 0.01% × 90/360）。

利用 IMM 指数，可计算期货合约实际价格，如 IMM 指数为 92.00，那么期货价格为 980 000 美元（1 000 000 - 1 000 000 × 8% × 90/360）。

二、欧洲美元期货合约

欧洲美元定期存款单期货是短期利率期货中发展最快的利率期货。欧洲美元是存入外国银行或美国银行的国外支行的美元。这种储蓄的币种是美元，而不是银行所在国的货币。欧洲美元利率即伦敦同业拆放利率（LIBOR），被认为是最有效的短期借贷指示器。由于欧洲美元不受美国法律的限制，因此欧洲美元期货的交易十分活跃，交易量迅速超过了短期国库券期货的交易量。

欧洲美元期货合同是建立在 3 个月欧洲美元 LIBOR 的基础上的。合同的面值是 100 万美元，用 IMM 指数法报价。不过，欧洲美元期货合同是用现金结算的，最后交易日的结算价格是芝加哥商业交易所的清算所决定的 LIBOR 利率，合同到期时间为 3 月、6 月、9 月、12 月直到 10 年，最后交易日是当月第三个星期三之前的第二个伦敦工作日。此外，还有 30 天欧洲美元利率的期货合同。

短期国库券与欧洲美元的主要区别还在于对它们的利率有着不同的解释。短期国库券是一个折现工具，而欧洲美元是一种升水工具。所以欧洲美元的利率通常比短期国库券的利率要高。

IMM 短期国库券相似，也是以 IMM 指数为报价方式，但该合约交割一律采用现金交割。

表 12.3 IMM 3 个月欧洲美元期货

交易单位	1000000 美元
最小变动价位	0.01
最小变动值	25 美元
合约月份	3 月、6 月、9 月、12 月
交易时间	芝加哥时间 7：20～14：00，最后交易日交易截止于 9：30
最后交易日	交割月份第 3 个周三往回数第 2 个伦敦银行营业日
交割日	最后交易日
结算方式	现金结算

三、其他短期利率期货

1. 商业票据期货

商业票据期货是一种以商业票据为交易对象的短期利率期货。商业票据是一些大公司为筹措短期资金而发行的无担保本票，期限一般都少于 270 天，最常见的期限是 30 天。这种信用工具没有发行公司的任何资产作为保证，保险性不高，但由于发行公司的信誉不同，其信用也有高低之分。

1977 年 90 天期的商业票据期货开始在芝加哥交易所挂牌上市，1979 年 30 天期的商业票据期货也开始在芝加哥交易所挂牌上市。根据统一规定，30 天期的商业票据期货合约的基本交易金额为 100 万美元。这两种期限的商业票据期货合约所代表的商业票据都必须经标准普尔公司和穆迪公司予以资信评级。

2. 港元利率期货

港元利率期货是以香港同业拆放利率为交易对象的利率期货,其标的物是面值100万港元的3个月香港同业拆放利率,交易期限为3月、6月、9月、12月,最长期限可达两年。同其他短期利率期货一样,港元利率期货也以贴现的方式报价,即报价数为100。例如,3个月香港同业拆放利率为8%,则报价为92.00,若利率上升到10%,报价为90.00。利率越高,报价越低。

港元利率期货的最低波幅为一个基本点,即25港元（100万港元×0.01%×3÷12）,每日限价为125点,但当某一日交易因达到限额而收市时,随后3个营业日放宽到250点。保证金为3000港元,当波幅超过保证金的75%,即已损失90点时,需追加保证金。当日交割的每份合约的佣金为30港元,非当日交割的每份合约的佣金为50港元。港元利率期货也以现金进行交割。

3. 定期存单期货

定期存单期货是以定期存单为交易对象的利率期货。定期存单是一种存在银行的固定利率的定期存款,是一种可转让的资金收据,它在20世纪60年代出现后就以其不到期便可转让的特点吸引了大批的公司存款和银行的短期资金。目前,定期存单已是一种十分重要的信用工具,在金融市场上占据了相当的份额。

定期存单的期限为30天到90天不等,面值为10万美元到100万美元不等。定期存单到期的年利率以360天为基础计算,出售时以面值为准,到期时一并偿还本金和利息。一张定期存单的价值就是其面值加上利息。

定期存单期货合约交易始于1981年7月,可在芝加哥交易所、国际货币市场和纽约期货交易所进行。但由于交易商对定期存单本身的信用没有把握,以及欧洲美元期货的崛起,定期存单期货交易很快就减少了。

第三节 中长期利率期货

所谓长期利率期货,是指期货合约的标的物的期限超过1年的各种利率期货,即以资本市场的各种债务凭证作为标的物的利率期货。在美国,主要的长期利率期货交易有四种:长期国库券期货、中期国库券期货、房屋抵押债券期货和市政债券期货。

一、长期国库券期货

长期国库券期货(T-Bond)是以长期国库券作为交易对象的利率期货。长期国库券是美国财政部为筹集长期资金而向公众发行的,其本质与中期国库券一样,两者的区别仅在于期限的长短不同。长期国库券的期限从10年到30年不等。从1981年起,20年期的国库券每季度出售一次,30年期的国库券每年不定期出售三次。美国的长期国库券由于具有富于竞争性的利率、保证及时还本付息的信誉、市场流动性强等特点,因此每一次拍卖都可从国内外筹集到数千亿美元的巨额资金。

1977年,芝加哥商业交易所开始长期国库券期货合约的交易,此后一直被认为是最成功的利率期货交易之一。这种期货的基本交易单位为面值10万美元,收益率为8%的长期国库券。其期限是从期货合约交易日算起,至少15年到期,最低价格波动幅度是31.25美元,交易月份为3月、6月、9月和12月。

长期国库券期货的报价方式与短期利率期货的报价方式不同,采取价格报价法,而不采取指数报价法。长期国库券期货以合约规定的债券为基础,报出其每100美元面值的价格,且以1/32为最小报价单位。例如,标的物为标准化的期限为20年、息票利率为8%的美国长期国库券的期货合约,若期货市场报出的价格为98-22,则表示每100美元面值的该种国库券的期货价格为98 22/32美元,若以小数点来表示,则为98.6875美元。

在长期国库券期货的交割日,现货市场上总是有着数十种可供期货合约卖方选择的可交割债券,交易所的结算单位将根据卖方所选择的交付债券确定买方应支付的发票金额。然而,由于各种可交割债券在现货市场的相对价格与它们在期货市场的相对价格往往不太一致,所以在实际交割时,期货合约的卖方可以在这数十种可交割债券中选出一种对他最为有利的债券用于交割,这就是最便宜可交割债券的概念。所谓最便宜可交割债券(Cheapest-to-delivery Bong),是指发票金额高于现货价格最大或低于现货价格最小的可交割债券，换句话说，最便宜可交割债券是相对于发票金额而言，其现货价格最低的可交割债券。期货合约的卖方选用这种债券交割可获得最大的利润或发生最小的损失。

二、中期国库券期货

中期国库券期货（T-Note）是以中期国库券作为交易对象的利率期货。美国政府的中期国库券是财政部以面值或相近价值发行的，在偿还时以面值为准，其期限1年至10年不等。和短期国库券一样，中期国库券由联邦储备委员会以拍卖方式出售，以政府的信用作为担保；但不同的是，中期国库券不按折扣价发行，而是以面值或相近的价格发行偿还时以面值为准，另外，其付息方式是在债券期满之前，每半年付息一次，最后一笔利息在期满之日与本金一起偿付，而短期国库券的利息是在还本时一次付清。

中期国库券期货合约交易始于1979年，由芝加哥期货交易所和国际货币市场同时推出。现已开办的中期国库券期货合约交易主要有4~6年期、3~4年期和10年期。

三、房屋抵押债券期货

房屋抵押债券期货是以房屋抵押债券作为交易对象的利率期货。房屋抵押债券是以房屋抵押方式，允许经批准的银行或金融机构发行的一种债券。它是一种标准化的、流通性很好的信用工具，平均期限在12年左右，最长可达30年。房屋抵押债券期货合同是最早作为利率期货进行交易的标准化合约，1975年10月由芝加哥商业交易所开办，在它之后，其他各种利率期货才相继进入期货交易所。

房屋抵押债券期货交易的基本单位是面值为10万美元，息票收益为8%的房屋抵押债券。这种期货合约的交易月份为3月、6月、9月和12月，合约价格的最小波动幅度为1个百分点的1/32，即31.25美元。

四、市政债券期货

市政债券期货是以市政债券作为交易对象的利率期货。市政债券是由美国各州或市等地方政府为筹集各种不同目的的资金而发行的一种长期债券工具。市政债券不同于其他债券之处是，这种债券的持有人在收取利息时可免除联邦税收，其中一些种类的债券持有人甚至可以免交州市税款。不过，由于发行者各自的信用状况不同，市政债券的安全性也有很大差别。

从类别上分，市政债券主要有两种：由发行方的税收和信贷作保的一般义务公债和为资助某些特殊用途的建设项目而发行的收入公债。这种收入公债不由州、市等地方政府作担保，偿还这种公债所需的款项则来自于这些建设项目的收益。

由于市政债券的种类繁多，面值不同，期限判别也非常大，所以对于要求标准化、规范化的期货交易而言，市政债券作为金融期货进行交易的进程就不如美国政府国库券期货那样顺利。为了交易的顺利进行，芝加哥交易所创造了一种"市政债券指数"，这种指数是通过每天选择有代表性的50种长期市政债券经计算而得出的。芝加哥交易所于1985年正式运用市政债券指数进行市政债券期货合约交易。可见，市政债券期货交易的标的物并不是一种市政债券，而是市政债券指数。所以说，市政债券期货实际上应该称为市政债券指数期货。故其在交割时与股票指数期货一样，以现金交付，并无具体的债券实物经手。

表 12.4　CBOT10 年期国库券期货合约

交易单位	100 000 美元面值的中期国库券
最小变动价位	1/32
最小变动值	31.25 美元
每日交易限价	3 个点，即每张合约 3000 美元
合约月份	3 月、6 月、9 月、12 月
交易时间	芝加哥时间周一至周五 7：20～14：00
最后交易日	从交割月份最后营业日往回数的第 7 个营业日
交割等级	从交割月份第 1 天算起剩余有效期限至少为 61/2 年，但不超过 10 年，标准利率为 8% 的中期国库券
交割方式	联储电子过户簿记系统

对于以上的期货合约，最小变动价位是 1/32，它所代表的最小变动值就是 31.25 美元（100 000 × 1/32%）。它的报价采取相对于面值的百分比方式，如报价为 85 - 4，则合约价值为 85125 美元，即 100 000 ×（85 + 4/32）%。

五、利率期货的定价

短期利率期货合约，价格形成的基础是远期隐含收益率（implied forward rate，IFR）。当期货合约的利率水平与远期隐含收益率不相等时，交易者就会在市场上进行大量的套购和套利交易。这样就使得期货市场的利率水平与隐含远期收益率趋于一致，从而形成利率期货合约的价格水平。因此，投资于长期债券的收益就应该等于投资于短期债券进行滚动投资而取得的收益。也就是在相同的期限内，无论投资于长期债券，还是短期债券，交易者取得的收益应该是相等的。更具体地说，就是一个三年到期的长期债券每一美元的投资收益和投资于一年到期的债券，并在第二年和第三年滚动投资而取得的每一美元的收益应该是相等的。用公式表示为：

$$\$1\,(1+R_3)^3 = \$1\,(1+R_1)^1 \times (1+R_{e2})^1 \times (1+R_{e3})^1 \quad (12.1)$$

式中：R_1——当前市场上公布的一年期债券的利率；

R_3——当前市场上公布的三年期债券的利率；

R_{e2}——第二年预期的一年投资利率；

R_{33}——第三年预期的一年投资利率。

上述公式可以进一步扩展为一个一般化的总公式：

$$(1+R_n)^{n+1} = n\prod_{i=2}(1+R_{ei}) \times (1+R_1) \quad (12.2)$$

在 $n+1$ 情况下，上述公式为：

$$(1+R_{n=+1})^{n+1} = (1+R_{en+1}) \times n\prod_{i=2}(1+R_{ei}) \times (1+R_1) \quad (12.3)$$

将式（11.2）代入式（11.3）中，得：

$$(1+R_{en+1}) = (1+R_{n+1})^{n+1} / (1+R_n)^n \quad (12.4)$$

式（12.4）中 R_{en+1} 为 n 年至（$n+1$）年短期投资的预期收益率，即隐含的远期收益率，所以我们称这种方法为隐含收益率定价方法。

第四节 利率期货交易

投资者可以通过买卖利率期货合约来避免利率波动带来的风险，抵消利率变动对现货交易可能造成的损失，但要特别注意现货商品和期货商品的相关性对基差风险的影响；另外，投资者还可以运用投机策略在利率期货市场获取利润。

一、套期保值交易

为使手中持有的债券不因利率的变化而蒙受损失，投资者往往采取套期保值措施。套期保值分为两大类：一类是买入套期保值；另一类是卖出套期保值。

1. 买入套期保值

例：8月15日，某投资者打算把11月15日将得到的一笔美元收入以LIBOR利率存入银行。该笔美元数量为1000万美元。为避免因利率下降引起的利息收入损失，该投资者决定运用多头套期保值策略对此金额进行套期保值，具体操作过程如表12.5所示。

表12.5　短期利率期货套期保值策略应用

	现货市场	期货市场
8月15日	3个月LIBOR利率为8%	买入10单位12月期的欧洲美元期货合约，价格91.00
11月15日	3个月LIBOR利率为7.5%	卖出10单位12月期的欧洲美元期货合约，价格91.50
结果	亏损12500美元［＝10000000×（7.5%－8%）×90÷360］	赢利12500美元［＝（91.50－91.00)%×1000000×10×90÷360］

套期保值的结果，期货市场赢利12500美元，刚好弥补现货市场12500美元的亏损。

2. 卖出套期保值

例：某投资者预计在1998年3月2日至12月中旬有一笔闲置的资金，总金额为100万美元。他准备将该笔资金投资于长期国债，为避免利率上升带来的损失，他决定利用期货市场卖出长期国库券期货合约进行保值。具体操作如下：

表12.6　长期国库券期货套期保值策略应用

	现货市场	期货市场
3月2日	买入面值100万美元，息票利率为（71/4）%，于2006年2月到期的长期国债，价格为（86 1/32）%	卖出10份12月期的长期国债期货合约，价格为（92 5/32）%
12月2日	卖出所持国债，价格为（82 9/32）%	买入10份12月长期国债期货合约，价格为（89 19/32）%
结果	现货损失：[=（82+9/32）－（86+1/32）]%×1000000＝－37500美元	期货盈利[=（92+5/32）－（89+19/32）]%×100000×10＝25625美元

套期保值的结果，净损失11875美元。

例：某投资人拥有200万美元的长期国库券，他预测不久利率会上升，于是他运用空头套期保值策略，卖出长期利率期货合约进行套期保值（见表12.7）。

表12.7　长期利率期货套期保值策略应用

	现货市场	期货市场
3月份	持有200万美元长期国库券，市场价值为198万美元	按总值183万美元共卖出20张6月份长期国库券期货合约
5月份	长期国库券市场价值跌至190万美元	按总值175万美元共买进20张6月份长期国库券期货合约
结果	亏损8万美元	赢利8万美元

套期保值的结果，现货市场亏损8万美元，完全可以由期货市场的赢利来弥补，从而避免了利率变动的风险。

二、投机和套利交易

期货市场的交易，除了套期保值交易外，还有一种承担套期保值风险，增加市场的流动性及提高市场效率的投机和套利交易。利率的套利交易较复杂。以下将举例说明：

1. 投机交易

同其他的期货投机一样，利率投机分为两种类型，即空头投机和多头投机。空头投机是"高出低进"而获利，而多头投机则是"低进高出"来获得。

2. 套利交易

在利率期货的套利交易中，常见的有跨月份套利和跨品种套利。

（1）跨月份套利

跨月份套利是最常见的套利方法，其在牛市套利交易中买入近期期货，卖出远期期货；在熊市套利交易中卖出近期期货，买入远期期货。

（2）跨品种套利

最常见的跨品种套利是美国短期国库券——欧洲美元套利。它是目前十分流行的一种套利方法。

例：1989年2月、3月间，欧洲美元利率迅速上升，利率与国库券贴现率的差价也随之扩大。某交易商正确地预计到这一变化。进行了台下交易：

1989年2月1日	买入500份1989年6月的短期国库券合约，价格91.66，卖出500份1989年6月的欧洲美元合约，价格90.43，即买入123个基本点（91.66~90.43）的差价
1989年3月20日	卖出500份1989年6月的短期国库券合约，价格90.56，买入500份1989年6月的欧洲美元合约，价格88.82，即卖出174个基本点（90.56~88.82）的差价
盈利	637500美元：（174-123）×25美元×500份合约数

第五节　我国国债利率期货

世界市场上利率期货的发展正在如火如荼进行之中，而中国的金融期货市场则是走过了一段艰苦曲折的历程。

一、国债期货交易的回顾

∂国债期货是我国迄今为止试点过的唯一一个利率期货品种。我国的国债期货最早是1992年12月由上海证券交易所推出的，针对市场流通的国库券设计了对应品种的期货合约。交易的风险在于国库券保值贴补率的变化。由于当时金融市场尚不够发达，存在证券金融秩序较乱，投资者期货投资意识淡薄等问题，在最初几个月里并不被人们认识接受，交易十分清淡，其功能和作用没有得到应有的发挥。

随着我国国债市场的发展和整体金融经济环境的改善，全国商品期货市场得以迅速发展，上海证券交易所于1993年10月25日正式向社会大范围推广国债期货，同时对原国债期货合约进行全面修改。期货合约的代号与其股票代号编制方法一致，如：F92512即1992年5年期12月交割的期货合约，代号为319；合约面值为2万元；交割月份为3月、6月、9月、12月；交割方式采用混合交收办法，即当空头进行交割，而手中又缺少基础券种的情况下（基础券种为1992年发行的5年期国债）可用在上交所挂牌的其他现券品种代替基础券种交收。

1994年初至1995年初，国债期货市场飞速发展，国债期货交易场所从2家陡然增加到14家。由于股票市场的持续低迷以及钢材、煤炭、食糖等大宗商品期货品种相继被暂停，大量资金涌入国债期货市场，1994年全国国债期货市场总成交金额竟高达28万亿元。在"3·27"国债期货事件爆发前的数月中，已出现数家机构联手操纵上证所"314"国债期货合约，致使其出现日价格波幅达3元的异常情况。继上海证券交易所推出标准期货合约后，深圳证券交易所及当时全国15家商品期货交易所全部推出了自己的国债期货合约。如1995年3月27日出现在《中国证券报》上的期货合约品种就达68种之多。其中深圳证券交易所15种，北京商品交易所10种。10多个交易所推出的期货合约条款各异。同是一张国债合约，面值却不相同。上海证券交易所、上海南中商交易所面值为2万元；北京商品交易所和沈阳商品交易所面值为1万元；而广东联合交易所面值为10万元。交割方式也各不相同。北京商品交易所采用对应品种现货交收方式，也就是说空方如最后交易日不平仓，则必须上交与期货合约一致的国债。F92306，空方最后交易日不平仓，到了交割日期，只能用1992年3年期国债进行交割清算。而上海证券交易所采用的是混合交收方式。广东联合期货交易所则采用券币选择交收方式，即在国债期货合约交收期空方可以用现券进行交割，由于现券数量不够或无现券，则按清算价用现金替代现券交割。

1995年2月23日，财政部公布的1995年国债发行量被市场视为利多，加之"3·27"国债贴息消息日趋明朗，致使全国各地国债期货市场均出现向上突破的行情。上海证券交易所"3·27"合约空方主力在148.50价位封盘失败，行情飙升后蓄意违规。16点22分，空方主力万国证券公司大量透支，以近千万手的巨量空单打压，"3·27"合约价格瞬间暴跌3.8元。

当日开仓的多头全线爆仓，造成了震惊全国的"3·27"国债期货事件。"3·27"国债期货事件之后，各交易所采取提高保证金比例、设置涨跌停板等措施以抑制国债期货交易的过度投机。但即便如此，国债期货市场仍风波不断，5月10日又发生著名的"3·19"事件。1995年5月17日，鉴于中国当时尚不具备开展国债期货交易的基本条件，证监会作出暂停国债期货交易试点的决定。至此，中国第一个金融期货品种宣告夭折。

二、国债回购业务

与国债期货紧密相关的现货市场是国债回购业务。

国债回购业务是国债期货交易者融通资金的主要渠道。国债的回购业务活跃了国债期货市场。目前，它已成为国债二级市场的重要组成部分，对国债市场和整个金融市场产生重大影响。

所谓国债回购交易是指卖出一种国债时，附加一定的条件于一定时期后，以预定的价格或收益由最初出售者再将该种国债购回的交易方式。

上海证券交易所于1993年12月19日开始了国债的回购交易，随后在武汉、天津、深圳、北京等地相继开展了国债回购业务。1994年深沪两地日回购量分别达到12.52亿元和63.16亿元。武汉证券交易中心1994年回购量达11000亿元，天津证券交易中心回购量达1200亿元。1995年初全国各地回购交易量进一步放大。但"3·27风波"以后，暂停国债期货的交易给国债回购业务造成了较大的影响，国债回购业务日趋平淡。

三、国债期货交易的展望

目前我国的经济和金融形势已经今非昔比。一方面，随着利率市场化进程的加快，广大债券投资者面临着巨大的利率风险，有必要开展利率期货以分散和转移利率风险。另一方面，加入WTO以后，我国的金融机构面临着国外金融机构日益激烈的竞争，这更加剧了开展利率期货交易的紧迫性。此外，我国要建立一个和世界接轨的金融市场也需要金融期货市场，因此，开展利率期货交易具有重大的现实意义。

恢复国债期货交易取决于国债期货交易的功能能否正常发挥。

第一，国债期货有利于回避利率价格波动的需要。

随着我国经济发展，国债的发行规模越来越大，国债利率市场化的要求越来越高，国债一级自营承销商和广大投资者迫切需要国债期货市场，套期保值回避利率价格波动带来的风险。

第二，国债期货有利于国债顺利发行。

一级市场国债的发行顺利进行的一个前提条件之一，是国债二级市场有较高的流动性。而二级市场流动性的提高，一是靠现货交易本身的活跃，二是要大力发展其派生市场。国债期货交易是派生市场最主要的交易方式。

第三，国债期货为政府确定国债市场有关政策提供依据。

国债期货市场具有远期价格发现功能。政府可参考期货债券收益率来决定新发国债的票面利率，从而有利于准确测算发行成本、还本付息的支出及做好财政资金的安排。

为了使恢复的国债期货交易更加健全化、规范化和法制化，使国债期货交易发挥它应有的正常功能，应采取一定措施解决它运行和发展过程中存在的一些问题。

第一，调整国债发行结构。

我国国债在结构上一个突出特点是品种多、缺少拳头国债品种，这给期货交易合约设计带来诸多困难，这方面，应借鉴西方国家经验，发行较大规模的3月、6月短期及10年以上的长期国债，特别是十年期国债，它品种单一，交易时间长，目前它是西方国债期货主要交易对象。

第二，集中国债期货交易。

为了避免以前国债期货交易"遍所开花"的混乱局面及各交易所同品种国债期货价格相差甚远的反常现象，国家主管部门应加强宏观管理，指定一两个交易所集中国债期货的交易。

第三，控制过度投机，防范期货风险。

"3·27"事件是过度投机的产物，在以后国债期货交易中应吸取教训。一方面，国家主管部门要加强宏观风险管理；另一方面，交易所在交易运作过程中应控制每一环节可能出现的交易风险，如采取最大持仓量限制，逐步盯市制度和防止分仓现象等。

随着中国加入WTO，中国的金融市场也将与世界市场接轨。随着利率市场化程度不断提高和国家对资金违规入市的治理，恢复国债期货交易已成为可行的和必然的。

1. 我国利率市场化进程加快，国债利率已基本市场化

过去制约金融期货推出的主要因素是利率决定的非市场化和企业预算的软约束。人为制定的利率无法反映市场真实的资金成本和未来走势，金融期货产品缺少明确的价格指导信号；企业预算软约束又造成大量公款流入股市和期市投机，可能影响市场稳定。目前我国利率市场化水平已经大大提高，除存、贷款利率外，其他商业性利率均已放开。特别是中长期国债利率通过公开招标产生，为国债期货等金融期货产品的推出和交易，提供了明确的价格指导信号。另外，国家采取多种措施大力整顿企业财务纪律，企业资金违规流入股市、期市的现象已经得到扼制。因此，目前推出金融期货产品已经初步具备了条件。

2. 国债市场规模不断扩大

近几年，我国的债券市场规模高速扩张，国债余额逐年增加。2002年年底国债余额为19300亿元，2003年年末，我国国债余额为21012.09亿元。从今后的发展趋势看，我国的国债市场规模将继续扩张。从技术的角度看，2002年我国国债余额占GDP的比重只有19.3%，远低于60%的国际警戒线，国债发行还有较大空间。另外国债品种日趋丰富，除原有的固定利率债券和浮动利率债券保持发行之外，基准利率债券的发行突显了国债利率市场化的大方向。在期限上相继发行了7年、15年、20年和30年超长期国债，完善了国债的期限结构，这样的条件无疑为国债期货的推出准备了条件。

3. 国债市场流动性明显增加

国债发行量的增加使国债的流通市场得以拓展。2003年银行间债券市场成交量达到15.12万亿元，比2002年增长了42.28%。其中，回购成交11.97万亿元，增长16.23%；现券成交3.16万亿元，增长了6.27倍，成为银行间债券市场的一大亮点。而且无论从余额、交易量还是换手率来衡量都有了大幅提高，可以看出我国国债银行间市场的流动性正在稳步提高。从以上数据资料可以明显看出我国国债市场尤其是银行间市场的流动性正在逐步增强。银行间市场流动性的稳步上升，是债券市场总体流动性增加的主驱动力。市场流动性的加强为开展利率期货提供了必不可少的现货市场条件。

4. 期货市场规章制度不断健全

在2001年政府提出了稳步发展期货市场的要求，期货市场功能与作用

得到政府与市场的认同。2002年国务院废止了《关于暂停国债期货交易试点的紧急通知》,为利率期货开展提供了法规制度保障。经过长期治理整顿,期货市场规章制度不断健全,风险管理制度和技术趋向成熟。国务院颁布了期货交易条例;证监会制定了四个管理办法;经过10年的锤炼,交易所已具有一整套交易和风险管理的制度;机构投资者的内控制度也日趋完善。

5. 国债期货的试点为开展利率期货积累了宝贵的经验教训

国债期货是我国迄今为止试点过的仅有的一个金融期货品种。由于发生了"3·27"事件,于1995年关闭。发生"3·27"事件原因是多方面的,其主要原因有:第一,现券市场不发达;第二,当时的国债期货不是典型意义的国债期货,合约设计中存在缺陷;第三,监管体系存在漏洞;第四,缺乏统一的期货法规与监管体系;第五,基础保证金水平严重偏低;第六,风险监控十分薄弱等。但它为今后开展利率期货交易积累了宝贵的经验教训。目前,我国证券期货市场已形成统一的法规与监管体系,交易所的布局趋向合理,风险监控制度与技术更加完善,现货市场的基础更为牢固,"3·27"事件发生的市场基础已不复存在,我国期货市场完全有能力防范与杜绝类似事件的再次发生。

总之,随着我国债券投资者规避利率风险需求越来越迫切,以及各方面条件的进一步完善,运用利率期货交易避险顺理成章,开展国债期货等利率期货交易的条件日趋成熟。在我国开展利率期货是可行的,也是必要的。因此有理由相信在不远的未来,利率期货将推动中国的经济向更高层次迈进。

第十三章　股票价格指数期货

股票指数期货是目前金融期货市场最热门和发展最快的期货交易。股票指数期货不涉及股票本身的交割，其价格根据股票指数计算，合约以现金清算形式进行交割。

第一节　股票价格指数期货概述

股指期货，全称为"股票价格指数期货"，是以股价指数为依据的期货，是买卖双方根据事先的约定，同意在未来某一个特定的时间按照双方事先约定的股价进行股票指数交易的一种标准化协议。要了解股指期货，有必要先学习有关股票指数的一些基本知识。

一、股票价格指数

1. 股票价格指数及计算方法

为了判断市场股价的总的变动趋势与大势的涨跌程度，就要综合考虑许多股票价格，合理统计计算出一个股票价格指数。股票价格指数是反映某一时点上股价总水平相对于基期的综合相对指数。

股价指数的编制通常是选择各行业具有代表性的上市公司的股票组成成分股。在计算中，以某一年份为基期，并设定基期股价指数为一个常数，一般基期指数为100点，但也不尽然。例如，纽约证券交易所综合指数基期指数为50点，标准与普尔500种股价指数则是将基期指数定为10点。计算出某时期股票平均价格与基期股价比值，并将此比值乘以基期的指数值，即为某时期的股价指数，其中基期股价是个常量。

股票的平均价格的计算方法主要有两种，算术平均法和加权平均法。
（1）算术平均法。它的计算方法是股票的平均价格等于组成该指数各

个股票价格的平均值,具体计算公式为:

$$P = \sum_{i=1}^{n} P_i/n$$

式中:P——股票平均价格;

P_i——组成股价指数的某种股票的价格;

N——组成股价指数的股票个数。

(2)加权平均法。算术平均法简单易懂,但是它不能反映其中各种股票对股票指数的影响程度。因此,采用加权平均法计算,以克服这一缺陷。在加权平均法中,股票交易量大,权数相应大;反之,亦然。加权平均法具体计算公式为:

$$P = \sum_{i=1}^{n} P_i W_i / \sum_{i=1}^{n} W_i$$

式中:P——股票加权平均价格;

P_i——组成股价指数的某种股票的价格;

W_i——某种股票的交易量。

2. 世界主要股价指数

(1)标准与普尔500种股价指数(S&P500)。它是当今世界金融期货主要的交易对象。标准与普尔500指数于1923年开始编制。1957年,该指数包括了500种股票,其中工业股400个,公用事业股40种,交易运输股20种,金融股40种。500种股票基本上固定不变,如遇其中上市公司重组购并等事件,相应的股票要进行调整。该指数的基期为1941—1943年间500种股票的平均价格,并将其定为10。这样,如果该指数现为256.00,则意味着当前的500种股票价格为1941—1943年期间的25.6倍。

(2)纽约证券交易所综合指数。它是股票指数期货合约广泛采用的一种股价指数,它和标准与普尔500指数走势基本一致。纽约证券交易所综合指数由纽约证券交易所上市的大约1500种股票构成。1965年12月31日开始编制该指数,并把基期指数定为50,这样,在1985年时,该综合指数达到近100点,说明纽约证券交易所的股票价格在20年间翻了1倍。

(3)价值线指数。它是股票指数期货合约最常用的一种股价指数,这一股价指数包括近1700种股票,而这些股票大约占到美国股市总量96%,它反映了美国股市整体价格水平,该价值线指数的计算采用几何平均法,而标准与普尔指数及纽约证券交易所综合指数采用加权平均法计算。价值指数规定 1961 年 6 月 30 日的基期指数为 100，这样，该指数上升到 280 点表明此时组成该指数的股价是基期的 2.8 倍。

（4）金融时报指数。它用于伦敦证券交易所，它有 30 种股票、100 种股票及 500 种股票三种形式。目前常用的是金融时报工业普通股指数，其成份股由 30 种代表性的工业公司的股票构成，最初以 1935 年 7 月 1 日为基期，后来调整为以 1962 年 4 月 10 日为基期，基期指数为 100，采用几何平均计算。

（5）日本证券市场指数。日本证券市场有两个主要股价指数，即日经—道琼斯指数和东京证券交易所股价指数，前者是利用修正的美国道琼斯公司股票价格平均数的计算方法，按东京证券交易所第一部登记交易的 225 家公司股票价格算出的平均股价。而东京证券交易所股价指数诞生于 1969 年 7 月 1 日，包括在东京证交所上市的 250 种较活跃的股票，采取加权平均法计算，以交易额为权数。该指数以 1968 年 1 月 4 日作为基期，基期指数定为 100。

（6）香港恒生指数。它是香港恒生银行与财经人士共同选出的 33 种股票编制的指数。该指数从 1969 年 11 月起开始编制，以 1964 年 7 月 31 日为基期，基期指数定为 100。

二、股票价格指数期货的产生和发展

与外汇期货、利率期货和其他各种商品期货一样，股票指数期货同样是顺应人们规避风险的需要而产生的，而且是专门为人们管理股票市场的价格风险而设计的。

1. 股指期货的产生

根据现代证券投资组合理论，股票市场的风险可分为系统性风险和非系统性风险。系统性风险是由宏观性因素决定的，作用时间长，涉及面广，难以通过分散投资的方法加以规避，因此称为不可控风险。非系统风险则是针对特定的个别股票（或发行该股票的上市公司）而发生的风险，与整个市场无关，投资者通常可以采取投资组合的方式规避此类风险，因此，非系统风险又称可控风险。投资组合虽然能够在很大程度上降低非系统风险，但当整个市场环境或某些全局性的因素发生变动时，即发生系统性风险时，各种股票的市场价格会朝着同一方向变动，单凭在股票市场的分散投资，显然无法规避价格整体变动的风险。为了避免或减少这种所谓不可控风险的影响，人们从商品期货的套期保值中受到启发，设计出一种新型金融投资工具即股票指数期货。

1977年,世界各地的股票市场均经历了最动荡的岁月,能源危机使石油价格暴涨,使很多上市公司业绩受到很大影响。20世纪70年代利率的提高,使股价雪上加霜,广大的投资者急需一种工具对手中持有的股票进行保值。为了适应这一形势的需要,在美国创造了一种新的金融资产衍生品——股票价格指数期货。这种新产品首先于1982年2月在密苏里州堪萨斯农产品交易所推出,其名称为价值线综合平均指数期货合约,这便是股票指数期货的雏形。

2. 作为套利和交易工具的发展

1982年4月,芝加哥商业交易所(CME)推出标准与普尔500种股票指数期货合约。1983年,澳大利亚悉尼期货交易所根据澳大利亚证券交易所普通股票指数制定了自己的股票指数期货合约。1984年2月,英国伦敦推出一种名为"金融时报证券交易所100种股票价格指数"的新的股票指数期货。1984年7月,美国芝加哥商业交易所又推出"主要市场指数期货"。1986年5月,亚洲主要金融中心的香港,正式在香港期货交易所开展恒生股票指数期货的交易。

股指期货经过几年的交易后,市场效率逐步提高,运作较为正常,逐渐演变为实施动态交易策略得心应手的工具,主要包括以下两个方面。第一,通过动态套期保值(Dynamic Hedging)技术,实现投资组合保险(Portfolio Insurance),即利用股票指数期货来保护股票投资组合的跌价风险。第二,进行策略性资产分配(AssetAllocation)。期货市场具有流动性高、交易成本低、市场效率高的特征,恰好符合全球金融国际化、自由化的客观需求。尤其是过去10年来,受到资讯与资金快速流动、电脑与通讯技术进步的冲击,如何迅速调整资产组合,已成为世界各国新兴企业和投资基金必须面对的课题,股票指数期货和其他创新金融工具提供了解决这一难题的一条途径。

3. 停滞阶段

1987年10月19日,美国华尔街股市单日暴跌近25%,从而引发全球股市重挫的金融风暴,即著名的"黑色星期五"。虽然事过十余载,对如何造成恐慌性抛压,至今众说纷纭。股票指数期货一度被认为是"元凶"之一,使股票指数期货的发展在那次股灾之后进入了停滞期。尽管连著名的"布莱迪报告"也无法确定期货交易是唯一引发恐慌性抛盘的原因。事实上，更多的研究报告指出，股票指数期货交易并未明显增加股票市场价格的波动性。

为了防范股票市场价格的大幅下跌，包括各证券交易所和期货交易所均采取了多项限制措施。如纽约证券交易所规定道琼斯30种工业指数涨跌50点以上时，即限制程式交易（Program Trading）的正式进行。期货交易所则制定出股票指数期货合约的涨跌停盘限制，借以冷却市场发生异常时恐慌或过热情绪。这些措施在1989年10月纽约证券交易所的价格"小幅崩盘"时，发挥了异常重要的作用，指数期货自此再无不良记录，也奠定了20世纪90年代股票指数期货更为繁荣的基础。

4. 蓬勃发展阶段（1990年至今）

进入20世纪90年代之后，股票指数期货应用的争议逐渐消失，投资者的投资行为更为理智，发达国家和部分发展中国家相继推出股票指数期货交易，配合全球金融市场的国际化程度的提高，股指期货的运用更为普遍。股指期货的发展还引起了其他各种非股票的指数期货品种的创新，如以消费者物价指数为标的的商品价格指数期货合约，以空中二氧化硫排放量为标的的大气污染期货合约，以及以电力价格为标的的电力期货合约，等等。可以预见，随着金融期货的日益深入发展，这些非实物交收方式的指数类期货合约交易将有着更为广阔的发展前景。

三、股票指数期货的特点

1. 概念

股票指数期货（Stock Index Futures）是指期货交易所同期货买卖者签订的、约定在将来某个特定的时期，买卖者向交易所结算公司收付等于股价指数若干倍金额的合约。

股票指数期货交易的实质，是投资者将其对整个股票市场价格指数的预期风险转移至期货市场的过程，通过对股票趋势持不同判断的投资者的买卖，来冲抵股票市场的风险。由于股票指数期货交易的对象是股票指数，以股票指数的变动为标准，以现金结算为唯一结算方式，交易双方都没有现实的股票，买卖的只是股票指数期货合约。

2. 特点

股票市场是一个具有相当风险的金融市场，在长期的股票实践中，人们发现，股票价格指数基本上代表了金融市场股票价格变动的趋势和幅度。如果把股票价格指数改造成一种可买卖的商品，便可以利用这种商品的期货合约对金融市场进行保值。利用股票价格指数对股票进行保值的根本原因在于股票价格指数和整个股票市场价格之间的正相关关系。

股票指数期货一方面是期货的一种，在期货市场上进行买卖，另一方面由于它所买卖的是与股票有关的指标，又与股票市场有关，它的特点主要体现在以下几方面：

第一，现金结算而非实物交割。这是股票指数期货与期货形式的期货之间的最大区别，它使得投资者未必一定要持有股票才能参与股票市场。一般来说，投资者在购买股票时经常遇到的难题就是虽然知道整个股票市场的总趋势，但仍不能真正把握购买哪一种股票为好。这是因为虽然整个股市的走向可以预测，但个别股票的变化却完全可能与之背离，从而造成投资者在股票投资上的风险或损失。股票指数期货的出现正好解决了这一难题，它使得投资者参与了股票市场而又不必拥有股票，同样获利而又可以省去挑选股票所冒的风险。

股票指数期货合约交易，实际上只是把股票指数按点数换算成现金进行交易，合约到期时，以股票市场的收市指数作为结算的标准，合约持有人只需交付或收取按购买合约时的股票指数的点数与到期时的实际指数的点数计算的点数差折合成的现金数，即可完成交收手续。这种结算方法避免了要从股票市场上收集股票进行交收的繁琐步骤，同时也省去了不少交易费用。不过，实际上，真正到期交收的合约只占整个股票指数期货合约的1%~2%，绝大多数股票指数期货合约的持有者在合约期满前就以对冲方式结束了手中的合约。

第二，高杠杆作用。股票指数期货交易并不是当即实现，而是采用保证金的形式来进行。保证金只是交易金额的一小部分，约占总价值的10%左右。少量的保证金就可以进行大量数额的交易，这就产生了杠杆作用，使投资者可以以小本获大利。在英国，对于一个初始保证金只有2500英镑的期货交易账户来说，它可以进行的金融时报三种指数期货的交易量可达70000英镑，杠杆比率高达28：1。当然，这种以小本获大利的买卖不仅存在大赚的可能性，而且也潜伏大亏的危险，一旦交易者的预测与市场的走势相反时，这种情况就会发生。

第三，交易成本较低。相对于现货交易而言，股指期货交易的成本是相当低的。股指期货交易的成本包括：交易佣金、买卖价差、用于支付保证金的机会成本和可能支付的税项。例如，在英国，股指期货合约是不用支付印花税的，并且购买股指期货只需要进行一笔交易，而想购买多种（如100种或者500种）股票则需要进行多笔、大量的交易，交易成本很高。而在美国，进行一笔股指期货交易（包括建仓并平仓的完整交易）收取的费用只有30美元左右。据有关专家测算，股指期货的交易成本仅为股票交易成本的10%。

第四，市场的流动性较高。有研究表明，股指期货市场的流动性明显高于股票现货市场。如在1991年，FTSE—100指数期货交易量就已达850英镑。

所以说，股票指数期货是期货市场与股票市场的共同产物，它既具备了期货的特点，又包含了股票的特色，不过，正是由于股票指数期货结合了两者的特点，它与一般意义上的期货和股票都有着很大的不同。

与其他期货合约相比，股票指数期货合约有如下特点：

（1）股票指数期货合约是以股票指数为基础的金融期货。长期以来，市场上没有出现单种股票的期货交易，这是因为单种股票不能满足期货交易上市的条件。而且，利用它也难以回避股市波动的系统性风险。而股票指数由于是众多股票价格平均水平的转化形式，在很大程度上可以作为代表股票资产的相对指标。股票指数上升或下降表示股票资本增多或减少，这样，股票指数就具备了成为金融期货的条件。利用股票指数期货合约交易可以消除股市波动所带来的系统性风险。

（2）股票指数期货合约所代表的指数必须是具有代表性的权威性指数。目前，由期货交易所开发成功的所有股票指数期货合约都是以权威的股票指数为基础。比如，芝加哥商业交易所的S&P 500指数期货合约就是以标准普尔公司公布的500种股票指数为基础。权威性股票指数的基本特点就是具有客观反映股票市场行情的总体代表性和影响的广泛性。这一点保证了期货市场具有较强的流动性和广泛的参与性，是股指期货成功的先决条件。

（3）股指期货合约的价格是以股票指数的"点"来表示的。世界上所有的股票指数都是以点数表示的，而股票指数的点数也是该指数的期货合约的价格。例如，S&P500指数6月份为260点，这260点也是6月份的股票指数合约的价格。以指数点乘以一个确定的金额数值就是合约的金额。在美国，绝大多数的股指期货合约的金额是用指数乘以500美元，例如，在S&P500指数260点时，S&P 500指数期货合约代表的金额为260*500 =

13000 美元。指数每涨跌一点，该指数期货交易者就会有 500 美元的盈亏。

（4）股票指数期货合约是现金交割的期货合约。股票指数期货合约之所以采用现金交割，主要有两个方面的原因，第一，股票指数是一种特殊的股票资产，其变化非常频繁，而且是众多股票价格的平均值的相对指标，如果采用实物交割，势必涉及繁琐的计算和实物交接等极为麻烦的手续。第二，股指期货合约的交易者并不愿意交收该股指所代表的实际股票，他们的目的在于保值和投机，而采用现金交割和最终结算，既简单快捷，又节省费用。

第二节 股票价格指数期货合约

股票指数期货合约的种类较多，都以合约的标的指数的点数报价，合约的价格是由这个点数与一个固定的金额相乘而得。例如，对恒生指数及其分类指数期货而言，这个固定金额为港币 50 元，假如现时恒生股票指数期货的报价是 5000 点，则一张恒生股票指数期货合约的价格就是 25 万港元 =（50 港元 ×5000 点）。再例如，标准普尔 500 种股票指数期货合约的价格是当时指数的 500 倍，即如果标准普尔 500 种股票指数某日报价为 210 点时，一份标准普尔 500 种股票指数期货合约的价格为 105000 美元 =（500 美元 ×210 点）。

根据种类的不同，股票指数期货合约的规定也有所不同，下面介绍几种主要的股票指数期货合约及相关交易规则。

一、标准普尔 500 种股票指数期货（S&P500 期货）

标准普尔 500 种股票指数是当今世界金融期货主要的交易对象。标准普尔 500 指数是由标准普尔公司 1923 年开始编制，1957 年，该指数成分股由 425 种工业股票、15 种铁路股票和 60 种公用事业股票组成。从 1976 年 7 月 1 日开始，其成分股改由 400 种工业股票、20 种运输业股票、40 种公用事业股票和 40 种金融业股票组成。它以 1941 年至 1942 年为基期，基期指数定为 10，采用加权平均法进行计算，以股票上市量为权数，按基期进行加权计算。与道琼斯工业平均指数相比，标准普尔 500 指数具有采样面广、代表性强、精确度高、连续性好等特点，被普遍认为是一种理想的股票指数期货合约的标的。它的合约规定如表 13.1 所示。

表 13.1 S&P500 期货合约

交易所名称	芝加哥商业交易所（CME）
交易单位	50 美元×S&P500 股价指数
开盘价格限制	在开盘期间，成交价格不得高于或低于前一交易日结算价格 5 个指数点，若在交易的最初 10 分钟结束时，主要期货合约的买入价或卖出价仍受到 5 个指数点的限制，则交易将停止 2 分钟后以新的开盘价重新开盘
最小变动价位	0.05 个指数点（每张合约 25 美元）
合约月份	3 月、6 月、9 月、12 月
交易时间	上午 10：00 至下午 4：15（美国东部时间）
最后交易日	每个合约交易月份的第三个星期四
交割方式	以最后的结算价格实行现金结算，此最后的结算价格系根据合约月份第三个星期五特别报出的 S&P500 股价指数之成分股票的开盘价格确定

二、纽约证券交易所综合指数期货

纽约证券交易所综合指数（NYSE 综合指数期货）是股票指数期货广泛采用的一种股价指数，其走势与 S&P500 走势基本一致，由在纽约证券交易所上市的大约 1500 种股票构成，1965 年 12 月 31 日开始编制，并把基期指数定为 50。在 1985 年时，NYSE 综合指数达到近 100 点，说明纽约证券交易所的股票价格在 20 年间翻了 1 倍。NYSE 综合指数期货的合约规定如表 13.2 所示。

表 13.2 NYSE 综合指数期货合约

交易所名称	纽约证券交易所（NYSE）
交易单位	50 美元×NYSE 综合指数点
最小变动价位	0.05 个指数点（每张合约 25 美元）
合约月份	3 月、6 月、9 月、12 月
交易时间	上午 10：00 至下午 4：15（美国东部时间）
最后交易日	每个合约交易月份的第三个星期五
交割方式	合约到期时以现金结算，最后结算价格系根据构成 NYSE 综合指数的所有上市股票在合约月份的第三个星期五的开盘价格，经特别计算求得

三、价值线指数期货

价值线指数是股票指数期货合约最常用的一种股价指数，包括近 1700 种股票，这些股票大约占到美国股市总量的 96%，反映了美国股市整体价格水平。该指数的计算采用几何平均法，规定 1961 年 6 月 30 日的基期指数为 100，这样，价值线指数上升到 280 点表明此时组成该指数的股价是基期的 2.8 倍。价值线指数期货的合约规定如表 13.3 所示。

表 13.3 价值线指数期货合约

交易所名称	堪萨斯期货交易所（KCBT）
交易单位	500 美元×价值线指数点
最小变动价位	0.05 个指数点（每张合约 25 美元）
合约月份	3 月、6 月、9 月、12 月
交易时间	上午 10：00 至下午 4：15（美国东部时间）
最后交易日	每个合约交易月份的第三个星期五
交割方式	根据合约月份的最后交易日收盘时的实际的价值线算术平均指数计算

四、主要市场指数期货

主要市场指数是通过对在纽约证券交易所上市的 20 种"蓝筹股"的价格进行平均而成的，其中的 17 种成分股为道—琼斯工业平均指数列名公司的股票。主要市场指数期货（MMI 期货）的合约规定如表 13.4 所示。

表 13.4 主要市场指数期货合约

交易所名称	芝加哥交易所（CBOT）
交易单位	250 美元×主要市场指数点
最小变动价位	0.05 个指数点（每张合约 12.50 美元）
合约月份	最初三个连续月份及紧接着的三个以 3 月、6 月、9 月、12 月循环的月份
交易时间	上午 10：00 至下午 4：15（美国东部时间）
最后交易日	每个合约交易月份的第三个星期五
交割方式	主要市场指数期货根据主要市场指数期货收盘价实行逐日结算，并于最后交易日根据主要市场指数的收盘价实行现金结算

五、金融时报指数期货（FT－SE 指数期货）

金融时报指数用于伦敦证券交易所，有 30 种股票、100 种股票和 500 种股票三种形式。以金融时报 100 种股票指数期货为例，介绍其合约规定，见表 13.5。

表 13.5　金融时报指数期货合约

交易所名称	伦敦国际金融期货交易所（LIFFE）
交易单位	25 英镑 × FT－SE100 指数点
最小变动价位	0.05 个指数点（每张合约 12.50 英镑）
合约月份	3 月、6 月、9 月、12 月
交易时间	上午 9：05～下午 4：05（伦敦时间）
最后交易日	每个合约交易月份的第三个星期五
报价方式	FT－SE100 指数÷10
交割方式	在合约到期日，由交易双方收付由合约成交时约定的期货指数与实际的 FT－SE100 指数发生偏差而引起的价差

六、日本证券市场指数期货

日本证券市场有两个主要股价指数，即日经－道琼斯指数和东京证券交易所股价指数，前者是利用修正的美国道琼斯公司股票价格平均数的计算方法，按东京证券交易所第一部登记交易的 225 家公司股票价格算出的平均股价。而东京证券交易所股价指数诞生于 1969 年 7 月 1 日，包括在东京证券交易所上市的 250 种较活跃的股票，采取加权平均法计算，以交易额为权数。该指数以 1968 年 1 月 4 日作为基期，基期指数定为 100。以日经 225 指数期货为例，介绍其合约规定，如表 13.6 所示。

表 13.6　日经 225 指数期货合约

交易所名称	大阪证券交易所（OSE）
交易单位	1000 日元 × 日经 225 平均数
最小变动价位	10 个基本点（每张合约 10000 日元）
合约月份	3 月、6 月、9 月、12 月

续表

交易时间	上午9：00~11：15，下午13：00~15：15 半休日9：00~11：15（日本时间），最后交易日比平时早15分钟收盘
最后交易日	每个合约交易月份的最后一个交易日
结算价格	最后交易日收盘时日经225指数的收盘价格

七、香港恒生指数期货

香港恒生指数是香港恒生银行与财经人士共同选出的33种股票编制的指数。该指数从1969年11月期开始编制，以1964年7月31日为基期货，基期指数定为100。香港恒生指数期货的合约规定如表13.7所示。

表13.7 香港恒生指数期货合约

交易所名称	香港期货交易所
交易单位	50港元×恒生指数
最小变动价位	1个指数点（每张合约50港元）
合约月份	现货月份，现货月份随后的一个月份以及最近期的两个季末月份
交易时间	周一至周五上午10：00~12：30，下午14：30~15：45（香港时间）
最后交易日	交易月份的第二个营业日
结算价格	以最后交易日每5分钟报出的恒生指数的平均值去掉小数点后的整数作为最后结算价格

第三节 股票指数期货的交易

股票指数期货可以用来降低或消除系统性风险。股指期货的套期保值分为卖期保值和买期保值。卖期保值是股票持有者（如投资者、承销商、基金经理等）为避免股价下跌而在期货市场卖出所进行的保值，买期保值是指准备持有股票的个人或机构（如打算通过认股及兼并另一家企业的公司等）为避免股份上升而在期货市场买进所进行的保值。

一、套期保值

股票的套期保值分为两类：一类是买入套期保值；另一类是卖出套期

保值。

1. 买入套期保值

投资者若将来有一笔收入准备购买股票,就可以利用股票指数期货合约进行套期保值,建立股票指数期货合约多头头寸,以期在股票价格上升后,用期货市场的收益来抵补在股票现货市场高价购进股票的损失。此类套期保值为买入套期保值。

2. 卖出套期保值

进行这种交易的交易者主要是手上已持有股票的私人或者机构,在对未来股市行情预测可能下跌时,为防止股市下跌的风险,他们会预先出售股票指数期货合约,以弥补股市下跌而受的损失。

例:某交易者持有一定数量的股票,在 1 月 15 日持有股票的价值为 50 万港元。此时,他卖出当天的 3 月恒生指数期货合约 1 张,3 月份合约恒生指数为 9980 点,故卖出的价值,$9980 \times 50 = 499000$ 港元。到 3 月初,股市下跌,他所持有的股票价值下降到 35 万港元,在股市上的损失为 15 万港元,但因他事前作了套期保值交易,当时恒生指数也下降了 3100 点,变成 6880 点,故他在期市上的盈利为 $3100 \times 50 = 155000$ 港元。于是,在未计交易成本的条件下,交易者通过套期保值交易避免了股市下跌的损失,且有 5000 港元盈利。

通过买卖股票指数期货,可以对下述风险进行套期保值:(1) 已持有股票价格下跌;(2) 大量现货股票上市引起的股价下跌;(3) 拟购股票价格上涨。

另外,股票指数期货还可用来进行投机交易,利用不同时期、不同品种或期货与现货间的差异进行套利,赚取利润,并可用于投资组合,加强财务管理。

例:股票指数期货套期保值策略应用。5 月 3 日,某公司股票的市场价格为每股 25 美元。于是,该公司决定一周后以这一价格增发 20 万股股票,以筹措 500 万美元的资本,用于扩充生产规模。然而,若一周后股市下跌,则该公司发行同样多的股票,却只能筹得较少的资本。因此,该公司决定用同年 6 月份到期的 S&P500 指数期货合约做空头套期保值。其基本步骤及结果如表 13.8 所示。

表 13.8　股票指数期货套期保值策略应用

	现货市场	期货市场
5月3日	S&P500指数为456，该公司计划于一周后发行股票20万股，每股25美元，计划收入500万美元	卖出22张6月份到期的S&P500指数期货合约，价格为458，合约总值为503.8万美元
5月10日	S&P500指数跌至442，该公司发行股票20万股，每股24.25美元，实际筹得资本485万美元	买进22张6月份到期的S&P500指数期货合约，价格为443，合约总值为487.3万美元
结果	亏损15万美元〔（24.25－25）×20万股〕	赢利16.5万美元〔（458－443）×500×22〕

套期保值结果得到1.5万美元的净收入。

例：股票指数期货投机策略应用。3月1日，假定某交易者预测不久将出现多头股票市场，而且主要市场指数的上涨势头会大于纽约证券交易所综合股票指数的涨势，于是，他运用跨市套利策略，在382.75点水平上买进2张主要市场指数期货合约，并在102.00点水平上卖出1张纽约证券交易所综合股票指数期货合约，当时的价差为280.75点。经过3个月，价差扩大为284.25点。交易者在388.25点水平上卖出2张主要市场指数期货合约在104.00点水平上买进1张纽约证券交易所综合指数期货合约，进行合约对冲（见表13.9）。

表 13.9　股票指数期货投机策略应用

	主要市场指数期货	纽约证券交易所综合指数	价差
3月1日	买进2张12月份主要市场指数期货合约，点数水平382.75	卖出1张12月份纽约证券交易所综合指数期货合约，点数水平102.00	280.75
6月1日	卖出2张12月份主要市场指数期货合约，点数水平388.25	买入1张12月份纽约证券交易所综合指数期货合约，点数水平104.00	284.25
结果	获利2750美元〔（388.25－382.75）×250美元×2〕	亏损1000美元〔（102.00－104.00）×500美元×1〕	获利1750美元（3.5×500）

结果是，由于主要指数期货合约在多头市场中上升5.50点，大于纽约证券交易所综合指数期货合约上升的2.00点，交易者因此获利1750美元。

二、投机与套利

股票指数期货投机和套利是金融期货交易中又一项重要业务,它转移和承担了套期保值的风险,下面主要介绍套利交易。

1. 投机交易

股票指数期货投机交易就是根据对股票指数期货价格未来走势的判断来决定持有多头或空头头寸,即买进或卖出股票指数期货合约。其基本交易策略有三种:第一,当天交易法,它是在一天之内完成开仓和平仓的交易行为。股票市场在大幅调整的行情中,当天的股价指数波动相当剧烈,因此,当天交易者可能抓住平仓盈利机会。第二,顺流交易法,它指在股市上涨时买入期货合约而股市下跌时卖出期货合约的交易行为。上涨或下跌的长期趋势一旦形成,惯性作用将使市场价格沿着已形成的趋势变动。交易者可抓住此机会,建立相应的头寸盈利。第三,逆流交易法,它是指利用期货价格因超买或超卖而暂时偏离正常轨道的时机进行交易的行为。超买时,股指过度上涨,它终究会下跌,故可卖出期货合约;反之,则买入期货合约。

2. 套利交易

套利交易者有跨月套利、跨市套利和跨品种套利三大类。

(1) 跨月套利

跨月套利是利用股票指数期货不同月份的合约之间的价格差,入市时建立一个近期月份合约多头(空头)的同时,建立另一个远期月份的空头(多头),然后平仓出市,从中获利。其操作原理和策略与第三章的跨期套利完全相同。

例:5月15日,美国价值线指数期货6月份合约的指数价格为192.45点,9月份合约的指数价格为192.00点,某投资者通过市场分析后认为,股市已过峰顶,正处于下跌的初期。他决定售出6月份指数期货合约100份。但若分析不正确,股市没有下跌,将会给投资者带来很大损失,因此,同时他又购进9月份该指数期货合约100份,这样他就采取了卖近买远套利的策略。5月15日,股市迅速下跌,与该投资者的预期一致。不久,交易所内6月份合约的指数价格下跌到188.15点,9月份合约则下跌到190.45点。6月份合约指数价格下跌幅度为4.3点,而9月份合约下跌幅度为 1.55 点，近期变化幅度大于远期变化幅度，两个合约的价格变动之差为 2.75 点，则该投资者获得的利润为 137500 美元（500×2.75×100）。

（2）跨市套利

跨市套利是利用在两个不同的交易所交易的相同合约之间的价格差，在一个交易所建立一种头寸的同时在另一个交易所建立相反方向的交易头寸。一般说来，在指数期货价格较低的交易所买入期货合约，在指数期货价格较高的交易所卖出期货合约。这种套利操作方法简单，但其前提条件是：两个市场指数变化的相关性大，即使受某种原因影响使价格暂时失衡，最终两个市场的股价指数还会保持较好的相关性。

（3）跨品种套利

跨品种套利指的是利用两种不同的、但相关联商品期货的同一月份合约之间的价差进行交易，这两种商品之间具有相互替代性或受同一供求因素制约。当不同合约之间的价差背离其正常水平时，投资者就可以买入一个合约，同时卖出另一个合约，以期二者价差返回正常水平时，获得低风险的稳定的价差利润。

三、关于我国股票价格指数期货

1. 我国的股票价格指数

目前，我国共有 7 种股票价格指数，即上海证券交易所股价指数、深圳证券交易所综合指数、深圳证券交易所成分指数、STAQ 法人股价指数、新华股价综合指数、中华股价指数与中国证券交易系统股价指数。有关指数的具体资料见表 13.10。

表 13.10　我国主要股票价格指数一览表

项目 指数	编制机构	最初发布时间	基期	采样股	计算方法
上证指数	上海证券交易所	1991 年 7 月 15 日	1990 年 12 月 19 日	上交所全部上市股票	加权平均法
深圳综合指数	深圳证券交易所	1991 年 7 月	1991 年 4 月 3 日	深交所全部上市股票	加权平均法
深圳成分指数	深圳证券交易所			深交所 30 种股票	加权平均法

续表

指数 \ 项目	编制机构	最初发布时间	基期	采样股	计算方法
STAQ 指数	全国证券交易自动报价系统	—	1992 年 7 月 18 日	STAQ 系统全部上市股票	加权平均法
新华指数	北京大学经济管理系与新华社信息部	1993 年 6 月 23 日	1992 年 9 月 30 日	上交所与深交的 30 种上市股票	加权平均法
中华指数	上交所与深交所	1993 年 6 月 1 日	1993 年 1 月 4 日	上交所与深交所全部上市股票	加权平均法
中证指数	中国证券交易系统有限公司	—	1993 年 4 月 29 日	全国电子交易系统全部上市股票	加权平均法

2. 股票价格指标期货的情况

1993 年 3 月，海南证券交易中心开始了深证指数期货交易。这是我国首次推出的股票价格指数期货交易。所推出的期货合约如表 13.11 所示。

表 13.11 深圳综合指数期货合约

交易所名称	海南证券交易中心
交易规模	500 元 × 深圳综合指数
最小变动单位	0.1 个指数点（50 元）
涨跌停板幅度	10 点（5000 元）
合约月份	当月，次月，隔月
最后交易日	交割月倒数第二个营业日
保证金存款	15000 元

海南证券交易中心推出的我国第一张股票指数期货合约，经过一段时间的运营，交易日趋活跃，4 月份仅成交合约 292 张，而 5 月份则上升到 851 张，6 月份超过 1200 张。由于出现股指期货交易不规范与操纵市场不良行为，不久，海南证券交易中心推出的股指期货交易被关停。

从当前我国股票市场已经有法可依，正在更加规范发展以及股票指数期货合约交易具有对股票交易的套期保值（避险）功能来看，我国开展股票指数期货交易，只要商品期货市场规范化，有了基础以后，应该说是指日可待的。

目前，我国股指期货上市工作已步入倒计时，中国金融期货交易所于2006年9月8日在上海正式挂牌，这标志着我国股指期货就要起航。

3. 我国开设股指期货条件及问题

我国证券市场经过近几年的发展和完善，已经在许多方面具备了开设股指期货交易的条件。

第一，股票现货市场的发展为开设股指期货交易奠定了基础。

经过近几年的发展，目前我国股票现货市场已经具备了一定的规模，保证了股指期货市场有相当数量的套期保值者和投机者；我国股票市场的规范性也得到了很大的提高；股票现货市场的发展为股指期货交易的开设奠定了良好的基础，同时我们在实践中也摸索出一套较为有效的风险监督机制。近年来我国出台了一系列证券法律法规，严厉打击了股票市场的投机行为，使股票市场进一步规范化，为开设股指期货交易创造了条件。

第二，商品期货市场为股指期货交易提供了经验。

我国的商品期货交易至今已有十余年的历史，10多年来我国期货市场试点工作进行了卓有成效的探索，已经形成一套比较成熟的交易、结算、监管、风险控制等期货交易机制，在商品期货方面，形成了上海、郑州、大连三足鼎立的市场格局。随着《期货交易管理暂行条例》的颁布实施，我国期货市场运作已经更加规范。商品期货市场上成功的管理运作经验都可以在开设股指期货交易时加以借鉴和参考。

第三，股票市场的投资结构越来越朝有利方向发展。

目前，我国投资基金在规模和数量上都将有一个较大的发展；开始允许保险公司进入股票市场，这使得我国股票市场上的机构投资者数量将大为增加；越来越多的公众开始对证券投资基金的作用有了清晰的认识，我国股票市场的投资结构将越来越向机构投资者占主体的方向发展。大型投资基金、投资机构的存在，标志着理性投资正逐渐占据市场投资的主流。这种理性的巨额投资对规避相应风险的要求极强，开设股指期货交易将充分地满足这种需求，同样理性投资者的增多亦是股指期货交易成功开设与健康发展不可缺少的前提条件。

第四，我国公众对股指期货已经有了初步认识。

公众对股指期货已经有了一定的了解，对我国开设股指期货交易以及股指期货交易未来的发展有着比较肯定的态度。

第五，丰富的国际经验可以借鉴。

国际上开展股指期货交易已经有多年的历史，这些国家在开设股指期货交易方面积累了大量的经验教训，在这一点上，我国具有"后发性利益的优势"，可以不再重复发达国家老路而直接借鉴其已经比较完善的法规，少走弯路。

我国股票市场的系统风险过大，严重制约了我国证券投资基金的发展，如何设计、推出适合于股票市场投资者避险需要的衍生金融工具，是亟待解决的一个现实问题。股指期货作为一种国际上广泛使用的避险工具，在我国已具备了开设的初步条件，已经成为金融市场避险工具的首选目标，可能在近期即将推出。

当然我们也应该看到，股指期货交易在起到避险作用的同时，本身也存在着风险，因此在推出这种工具之前，我们必须对几个关键性的问题进行充分的考虑和论证。例如：法律和监管问题、合约标的设计问题、市场主体问题，等等。

4. 中国股指期货合约制度以及设计特点

中金所是2006年9月由几家公司共同出资组建的。中金所从成立之后，围绕着金融期货产品的上市做了很多准备工作，主要的工作有：在2007年4月15日颁布了《期货交易管理条例》。证监会颁布了一系列的法律法规，也在逐步完善期货市场。《期货交易法》的立法工作也正在进行。

从交易所的准备工作来说，设立了第一个产品是300指数。

目前准备工作主要促进了会员准备，通过开展仿真交易促进会员技术系统和业务流程的升级改造。包括有一些公司进行协商业务，推动会员结构的形成。有很多举措是以前没有的，这也是一种创新，当然在海外，已经是一些比较成熟的做法，我们会逐步引入到我们市场，我们市场也有我们市场的特点，不能完全照搬。只要在我们这一些会员准备工作做完之后，我们才会逐步的完善。会员要进行金融业务的话，如果不是现有的会员，根据现有的法规规定，如果要做金融期货，必须要到中国证监会领取许可，领到许可才能开始。目前中金所是促进会员做这一方面的准备。当然也需要相关机构的批准。

期货指数合约的设计，体现了以下一些特点：

一是标的指数。它有操纵性。权重相对较为分散，抗风险比较强。

二是流通性比较好。

三是具有可投资性。

和国际市场比较，我们的指数权重各方面也不是非常强。这样有利于我们市场的退出。

合约乘数为300，合约价值114万元，在国际比较中属于较高水平，客观上提高了参与门槛。我们不是为投机而设置的市场，主要是为市场提供风险管理工具，对机构投资者来说，尤其需要这样一种工具。

合约月份，既考虑短期，也考虑中长期。

最后结算日，也考虑了相关的因素。交割结算价设置比较的特别，交割结算价为最后交易日标的指数最后2小时的算术平均价。

另外，制度设计当中还有些创新的做法。

第一，金融期货经纪业务由期货公司专营。

第二，证券公司等金融机构参与金融期货经纪业务，必须通过参股，等等。

在我们市场发展初期，设计了这样的制度。在海外，一些金融机构是综合性金融机构，从银行到证券到期货到基金到资产管理，包括私募，等等，很多业务是综合性的经营模式。在中国内地市场，需要有一个过程，要逐步了解。我们中介机构逐步掌握这一方面的经验之后，市场也会逐步发展。原来是比较分离的，随着股指期货的推出，现在也正在逐步融合。未来，商业银行和保险公司等更多机构会参与到当中来。

分层结算制度：商品期货市场所有的会员既是交易会员也是结算会员，它同时做交易和结算。未来，我们市场既有交易会员也有结算会员，结算会员有几种，可以替自己结算的会员，可以替别人结算的会员。还有一种会员不能做交易。我们的目标是形成金字塔形的结构，由少量的结算会员作为市场的中坚户，提高市场的抗风险能力。

结算联保制度：中金所结算会员必须缴纳结算担保金，作为应对结算会员违约的共同担保基金。建立化解风险的缓冲区，进一步完善多层次的交易所结算财务安全保障系统。强化市场整体抗风险能力，保障市场平稳运行。

保证金监控制度：这也是中国的特色，这是在当前市场环境下，设置的保证投资者资金安全的一种系统。期货保证金存管安全性是期货市场持续发展的基石。证监会按照"安全优先、兼顾效率"的原则来设计的。这样的机构可以把三方的数据进行监控，以保证资金的安全。自运作以来，起到了保护投资者资金安全的作用。把市场融入到这一个市场当中来，作为保证市场安全的做法。

第四节 关于我国推出股指期货的思考

股指期货是国际金融期货市场比较成熟的衍生产品。美国经济学家默顿·H.米勒曾指出："只要有自由市场，就会存在未来价格的不确定性，只要存在未来价格的不确定性，就需要期货市场。"适应中国经济和资本市场发展需要，建立金融期货等衍生品市场，适时推出股指期货交易，必将对我国资本市场的发展起到巨大的推动作用。

一、我国股指期货的发展历程

回顾历史，我国股指期货的发展可以说是历经曲折艰辛。早在1993年3月"海南证券交易中心"就曾推出"深圳综合指数、深圳A股指数"两种股指期货合约。但海南开设股指期货交易并没有经过国家相关部门批准，属地方越权审批。同时，1993年9月初深圳证券市场出现收市前15分钟大户联手打压股指行为，有关方面认为股指期货加大了市场投机性，而且当时国内并不具备开设股指期货的条件，遂于不久后决定关闭股指期货。

随后，1997年的香港红筹股指数期货为国内股指期货的推出提供了宝贵经验。1999年开始的股指期货标的指数（即沪深300指数的原型）的研究，为股指期货的推出奠定了坚实的基础。2003年12月8日。香港H股指数期货的推出及随后取得的巨大成功，让市场看到了我国股指期货成功推出的潜在希望。2006年股权分置改革的推进与深入，加上我国资本市场多年来的飞速发展，使得股指期货推出的历史条件逐渐成熟。2006年9月5日，新加坡推出新华富时A50股指期货，争夺证券市场定价权的要求更是加速了期指的推出进程。

我国股票市场经过20年的发展，已经初具规模，截止到2009年年底，我国境内上市公司共达到近2000家，市价总值达到30万亿元。2009年共有99家企业发行上市，其中中小板和创业板企业90家；2008年共有75家企业在境内发行上市，其中中小企业69家。2009年共有150家上市公司实现再融资。2009年共有56家公司实现重大资产重组，交易规模达3693.5亿元；2008年全年有171家公司通过并购重组注入资产3272亿元。从现货市场的规模来看，我们已经具备了推出股指期货的基本条件。

统计显示，作为全球交易量最大的期货品种，全球股指期货期权2009年共成交63.8亿手，占全球期货市场总交易量的36%。目前，全球已经有32个国家和地区的43家交易所上市了近400个股指期货合约。然而，在拥有近1900家上市公司、总市值和融资规模居于世界前列的A股市场，股指期货却一直处于"缺席"的状态。1990年，中国第一个证券交易所上海证券交易所诞生，经过20年的发展，中国证券市场日趋成熟。伴随着金融市场的迅速发展，我国的金融对外开放程度也日趋增大。从国际上来看，随着国际化进程的逐渐深入，中国金融市场对外开放程度必须进一步提高，中国的金融市场必须遵循国际准则和达成的金融服务贸易协议逐步开放，在经济一体化的进程中，金融全球化是不可避免的。在国际资本市场上，股指期货一直作为基本的投资和避险工具被广泛利用。发达证券市场和新兴证券市场竞相开设股指期货交易，已形成世界性的股指期货交易热潮。

2005年4月29日，中国证监会发布《关于上市公司股权分置改革试点有关问题的通知》，股权分置改革正式启动。此举宣告着中国证券市场全面与国际接轨，同时也拉开了中国证券市场大牛市的序幕。2007年4月15日，《期货交易管理条例》以及《期货交易所管理办法》和《期货公司管理办法》开始施行，从法律上扫清了涉及股指期货发展的所有障碍。同时中国金融市场经过近年来快速发展，机构投资者已有相当基础。截至2005年11月28日，我国基金管理公司数量达到52家；基金资产管理规模首次突破5000亿元，已相当于A股流通市值的一半左右，而2004年同期这一比例仅为25%。

由于国内机构投资人对股市套期保值的需求，和其他国内外因素，2006年9月8日，中国金融期货交易所（中金所）正式在上海挂牌。10月30日，沪深300指数期货仿真交易启动，拉开了我国第一只股指期货品种上市的序幕。虽然2008年的金融危机，即"金融衍生品"泡沫危机延迟了我国股指期货推出的进程，全球衍生品市场规模也因此一度严重收缩，国内反对股指期货的声音也明显增强，但时隔一年之后，2010年初中国金融业的管理层即表示推出股指期货的坚定态度。2010年4月8日下午，中国证监会主席尚福林在上海宣布，正式启动中国内地股指期货。此前9天，融资融券业务也已平稳推出。在两项创新机制接踵而至的推动下，中国内地股市在其 20 岁之际迈入了"做空时代"。16 日股指期货上市交易。首日上市的首批沪深 300 股指期货四个合约为 2010 年 5 月、6 月、9 月和 12 月合约（代码分别为 IF1005、IF1006、IF1009、IF1012 合约），挂盘基准价为 3399 点。

经过 8 年多的研究酝酿和 4 年共 1560 个日夜的筹备，股指期货的推出标志着中国资本市场单边市就此终结。股指期货的推出即是对现货市场投资功能的完善，也是股票现货市场发展到一定阶段的必然产物。无论从股票现货市场的规模、机构投资者发展的状况、市场监管体系以及市场硬件发展条件等方面来看，我国已经基本具备了开展指数期货交易的市场条件。

二、我国推出股指期货的现实意义

推出股指期货，标志着我国资本市场改革发展又迈出了一大步，对于发育和完善我国资本市场体系具有重要而深远的意义，是我国资本市场改革发展和发育创新的必然结果，也是提升我国资本市场服务国民经济全局能力的内在要求。无论从完善证券市场本身来说，还是从增强我国资本市场的竞争力着眼，我国推出股指期货是大势所趋。

1. 有利于投资者规避股市系统性风险，增强证券市场活力。

根据现代投资组合理论，股票投资者通过投资组合，可以规避非系统性风险，但系统性风险却无法通过选择股票种类或对其进行投资组合来加以回避。目前，我国沪深两市的股票数量已经达到 1500 余只，市场规模正在日益增大，对其进行优化选择组合的难度将会越来越大。而股指期货却能够适应投资者管理系统风险的要求，投资者利用股指期货交易的价格风险转移、套期保值等功能可以防止或减少系统性风险。我国股票市场经过 20 年的发展，已经初具规模，然而，我国股票市场巨大的系统风险已经成为其进一步发展的瓶颈。

股票指数期货交易的推出，投资者可以通过期货市场的买空卖空，有效控制长线持股风险。而且由于股票指数期货交易拥有做空机制，投资者无论在股市高涨期或低迷期都可以有投资获利的机会，使得股票持有者可以通过股指期货转嫁手中股票的风险，锁定收益。或者可以在资本市场做多时，做空期货市场，在市场非理性下跌时做多股指。因此股票指数期货交易能够削弱股票市场活动周期对市场交易的负面影响,激发市场人气和扩大市场交易量。从而增加市场平衡力量,有利于整个市场的稳定,减缓股市的大起大落和单边市的状况。同时可以放大资金量,提高资金使用效率,为投资者规避风险。股指期货的上市,有利于改善股票市场的运行机制,增加市场运行的弹性;有利于完善市场化的资产价格形成机制,引导资源优化配置;有利于培育成熟的机构投资者队伍,为投资者提供风险管理工具。推出股指期货,不会改变股市运行方向,但有助于抑制股市非理性过度上涨和过度下跌。股指期货市场如同股票市场的影子市场,投资者可以通过在股指期货市场的套保避险,实现在股票市场长期稳定地持股,分流股市抛压,起到减缓股市下跌、避免股市过度波动的作用。

2. 完善我国金融市场体系,促进金融市场的融合,为其他金融衍生品开创先河,为机构投资者时代的到来铺平了道路。

我国金融市场还是一个不太成熟的市场,相关制度不健全,金融衍生产品缺乏,各种类市场之间的融合性不强。股指期货推出是发展衍生品市场的第一步,它联通股票现货与期货。目前,国内证券公司主要经营股票现货市场业务,期货经纪公司也是主要关注商品期货经纪业务,两个业务之间的交流很少。股指期货推出后,两个行业将实现联通,证券公司可以参股期货经纪公司而进入金融期货市场。同时,间接进入传统的商品期货市场,这将增加商品期货市场的流动性。期货经纪公司也可以通过参与股指期货间接涉足股票市场,两个行业的联通将为金融期货市场进一步发展打下坚实基础。因此,股指期货的推出有利于各金融子市场之间的融合,有利于建立完善金融市场体系。

全球金融衍生品市场份额占整个资本市场份额的90%以上,涉及股票、指数、汇率和利率,品种包括期货、期权、互换和远期交易。股指期货和期权是其中重要的品种,占全球衍生品交易量的40%以上。中国的资本市场经历了近20年的积累,渐渐成熟,不过目前还缺乏衍生品对市场的平衡和调节。除了外汇有远期和掉期交易,其他衍生产品十分缺乏,股指期货的推出将是整个衍生品市场发展的里程碑,是资本市场真正成熟的开始,必将促进股市投资结构趋向合理。目前我国以沪深300指数为标的,预计下一步可能会先丰富指数期货,再发展股指期权,然后逐步推出股票期货。而人民币汇率和利率期货虽然暂时不会开放,但作为衍生品市场的重要部分将是未来衍生品发展的必然趋势。衍生品时代的到来意味着机构投资者时代的到来，中小投资者可以通过基金等集合资产介入衍生品交易，从而实现财富再分配。其次，当前资产价格高企，特别是房地产价格高位徘徊，这是因为有大量的资金无处可投，因此，衍生品市场逐步壮大，将解决这部分资金的去向问题，有助资产价格的合理回归。股票指数期货的推出，对症下药地解决了机构投资者无法规避系统性风险的问题，极大地推动证券投资基金、保险基金和社会养老基金等机构投资者进入股票市场，促进股票市场理性、规范交易主体的形成。

3. 有利于发挥国家政策宏观调控的作用。

长期以来，我国股市作为国民经济晴雨表的作用并不明显，甚至股市走势和国民经济走势出现异动的情况。这势必影响政府对国民经济的宏观调控，不利于我国国民经济及证券市场的健康、稳定发展。如果引入股指期货交易，投资者集宏观经济信息而产生的市场预期将集中反映于股指，通过股指期货市场的公开竞价交易等制度，形成一个反映市场供求关系的市场价格，然后通过指数套利和心理预期迅速作用于现货市场从而大大缩短宏观经济和股票现货市场走势之间的时滞，提高股票现货市场价格发现、资本形成和资源配置的效率，促进证券市场的健康发展。股票指数期货的推出能在相当大程度上缓解机构投资者对风险的厌恶，即使在弱市时，投资者尤其是机构投资者也能在现货市场进行低风险的大胆投资，从而有效地增强了政府政策对股市的刺激作用，更好地发挥政府对股市的调控功能等。

进行金融宏观调控，必须具备足够多的强有力的市场调控手段和工具，实践证明，股指期货就是一种行之有效的风险防范和风险监控机制。在1998年的东南亚金融风暴中，香港股票和外汇市场受到了以索罗斯为首的美国对冲基金的强烈冲击，股指期货交易在其中扮演了重要的角色。香港政府动用巨资干预金融市场，其手段就是充分利用股票市场和股指期货价格的联动规律，对股票交易和股指期货交易实施组合运用，这是香港政府市场干预策略取得成功的重要原因。如果没有股指期货市场可利用，香港政府的市场干预成本将大大提高，效率也会相应降低。

4. 有利于我国国际金融中心的建设。

发展金融衍生品市场是推进金融体制改革，深化金融市场发展的必然要求，股指期货将成为我国发展金融市场的首选品种，从而进一步拓展和完善我国的金融市场，国际上吸引外资的竞争愈演愈烈，很多国家也都采取了一系列优惠政策吸引外资，这些都将影响中国吸引外资，我国利用证券市场吸引外资有必要进一步拓展，但是，证券市场的发展伴随着风险，如果一个国家不能为国外投资者提供充分的避险机会和条件，就不会吸引投资者。从国际金融中心的实践来看，国际金融中心均有发达的股指期货等金融期货市场。如纽约的证交所股票综合指数期货、东京的东证股指期货、伦敦的金融时报指数期货、新加坡的日经225股指期货以及香港的恒生股指期货等。

我国加入WTO后，证券市场也将进一步加快对外开放的步伐，开设股指期货有利于完善市场结构，增强国内证券市场国际竞争力，我国的金融市场正在按照加入WTO的承诺逐步全面开放中，与国际金融市场越来越紧密的接轨，竞争的广度和深度都在加大。然而，国内金融机构在金融衍生工具的运作方面非常缺乏经验，很难与国外金融机构相竞争。股指期货的推出，金融机构通过业务创新增强了自身实力，锻炼了投资者队伍，这会增强我国金融机构在国际金融市场上的竞争力。在全球经济一体化的趋势下，很多国家为了提升本国或本地区证券期货市场的吸引力，增强国际竞争力，纷纷开拓金融衍生品市场。股指期货正是特别值得关注和推出的。他们不但开设以自己国家的股票指数为标的期货，而且也开设以别国股票指数为标的期货。如果我国不开发自己的股指期货，当国外率先推出以我国股指为标的期货交易时，我国证券市场的发展将会受到严重影响。近年来，以股指期货为中心的衍生品市场已成为各金融中心竞争的焦点，道琼斯公司与摩根·斯坦利已相继推出了中国股市指数。如果沪深股市指数期货合约被其他交易所抢先上市交易，那么我国未来的金融衍生品市场将处于极尴尬和被动的境地。股指期货的开发与实践，可以提高我国资本市场竞争力，为国内金融衍生产品的创新积累经验，有利于我国国际金融中心的形成。

三、正确认识股指期货风险

金融海啸的爆发，让我们亲眼目睹了信用杠杆交易的巨大破坏力。股指期货作为一种拥有着高杠杆信用的金融衍生品，其投资可以使利润放大，但同时大大增加了风险，因此，对于股指期货的风险，监管部门应该予以谨慎对待。对于股指期货中蕴涵的风险，大致可以分为以下几点：

(一) 保证金杠杆风险

这种股指期货交易同商品期货交易一样，也是保证金交易，具有以小搏大的杠杆效应。一方面，它在可能给交易者带来巨大收益的同时，也可能给交易者带来数倍、数十倍以上交易保证金的损失，损失之大往往出乎交易者的意料。另一方面，投资者在股指期货市场进行的是零和博弈，即如果市场上有人赚了钱，那么必定会有人赔钱。加上杠杆效应，一旦出现预期走势与现实走势呈相反的趋势，那么就会把亏损将放大好几十倍。正是由于股指期货的这种杠杆效应，股票指数的较小变动就会导致股指期货市场的巨幅波动，因此在这种情况下，中小投资者要承担更大的风险。而且股指期货交易没有以现货作为基础，所以极易产生信用风险，若一方违约，就有可能会引发整个市场的履约风险。

由于股指期货的杠杆效应非常巨大，一旦发生较大的风险，那么后果将相当严重。美国1929年股灾就是一个很好的佐证。据统计，1928年全年，《纽约时报》工业股平均将价格指数上涨了86点，直达331点。纽交所年成交量高达920550032股，大大超过1927年创纪录的576990875股。而由于市场完全失去理性，盲目投资，最终致使股市泡沫破灭，从1929年到1932年，美国道琼斯股票指数下跌了89%，从1929年的最高381点到1932年7月的最低41点，成为至今为止史上跌幅最大的股灾。股灾造成了美国股市、银行业整个经济体系危机，形成恶性循环，并且从美国波及全世界，使人类经历了5000万人失业、上亿美元财富付诸东流、银行倒闭、生产停滞、百业凋零的黑色大萧条。

(二) 金融衍生产品共有风险

根据巴塞尔银行监管委员会于1994年7月27日发表的《衍生产品风险管理指南》，金融衍生产品的风险作如下分类：

1. 市场风险。股指期货中的市场风险是指由于股票指数发生变动引起股指期货价格剧烈变动而给投资者带来的风险。

2. 法律风险。股指期货法律风险是指股指期货交易中，由于市场参与主体的相关行为（如签订合同、交易对象、税收处理等）与相应的法规发生冲突只是无法获得当初所期待的经济效果甚至蒙受损失的风险。中国论文联盟 www.LWLM.com 编辑。

3. 操作风险。操作风险指的是营运风险，即在股指期货交易和结算中，(1) 计算机系统故障；(2) 个人疏忽操作失误而导致的非系统性风险。

4. 流动性风险。流动性风险是指无法及时以合理的价格买入或者卖出股指期货合约而导致无法顺利建仓和平仓的危险，包括不能对头寸进行冲抵或套期保值的风险。

5. 信用风险。信用风险又称为对手风险，它是指交易对手不履行合约而造成的风险，因此又被称为违约风险。

（三）突发事件引起的风险

股指期货的价格，不仅会受经济因素的影响，而且受到战争、政变、金融危机、能源危机等突发事件的影响，不可抗力、国际游资的冲击以及由于政治、经济和社会等因素产生的风险变动，可能影响投资者对价格的合理预期，给投资者带来巨大的损失。与其他因素相比，突发事件造成的风险有三个特点：偶然性、非连续性、极大的破坏性。1998年10月，索罗斯带着他的量子基金登陆了香港岛，这场不可预测的金融风暴使香港付出了沉重的代价。1997年8月，香港港元对美元汇率一度下降到7.75：1，10月16日，索罗斯在股指期货市场上大量淡仓，然后买上远期美元，沽空远期港元。10月23日，香港红筹股整整下挫了33.85%。虽然在最终的10月23日的外借港币结算日里，由于香港政府采取一系列措施，如将隔夜拆借利率提高到几近300%，港元汇率对美元汇率回到7.74：1的水平，使投机者无功而返，但自10月20日至28日，由于高拆借利率的结果，导致香港股市缩水30%，一共下跌4539点，索罗斯等风险投资家们虽然在汇率市场上亏损，但在股指期货市场上大有所获，加上股指期货市场的高杠杆性，使多数投机者大赚一笔。最终导致香港的股价大跌，楼市缩水，仅长江实业的李嘉诚就损失接近21亿美元。而普通股民有60%以上被套牢，损失惨重。

四、我国股指期货风险防范措施

（一）政府部门加强监管

1. 加强期货经纪公司的监管。期货经纪公司作为股指期货交易的中介者，直接面对投资主体，受投资者委托以自己的名义在期货交易所从事交易。同时为客户提供信息服务、行情咨询、资金结算、实物交割等相关的服务。期货经纪公司的行为是否规范，直接关系到投资者的利益和市场的正常运行。期货经纪公司必须按照有关法律、法规进行运营，实行严格的自律管理。同时弥补政府监管部门和交易所监管的不足，加强对客户的监管，防范法律风险。

2. 加强投资者内部风险控制。从风险的最终来源看，股指期货市场上的交易者是产生风险的核心要素。在期货交易时，所有的预测都是主观的，而市场的走向存在很多的不确定因素，所以在交易中投资者永远保持理智和客观是很困难的，尤其是在价格变动和投资者买卖价格反方向变动时。所以要加强投资者风险控制，要做到：（1）加强投资者对股指期货的相关法律、运行机制、操作手法等的学习。（2）投资者应做好资金管理。掌握好资金投放尺度，合理控制风险。（3）期货投资者每次交易前明确设置好止损，稳重的进行投资。

（二）积极借鉴国外优秀的管理模式

从美国、英国、日本三国股指期货市场上的监管来看，都制定了比较完善的法律法规体系，如美国的《商品期货交易委员会法》、英国的《金融服务法》、日本的《商品交易所法》等，而我国股指期货市场建立不久，法律机制还不够完善，还有许多地方有待提高。所以积极学习和借鉴西方国家对股指期货市场监管的方法和措施，使我们今后完善股指期货市场，提高我国金融业竞争力的一个有效手段。

再次，就是要在国外期指市场发生重大危机时，总结其监管部门的过失，并通过我国期指市场和国外发达的期指市场的比较，发现我们的不足和缺陷，并对一些涉及可能发生重大错误的过失，证监会等监管部门应加强监管，并且将重要的内容以法律条文的形式体现出来，预防和避免法律上可能发生的纠纷。因此，只有建立完善的法律法规体系，依法进行监管，才能有效控制和防范股指期货市场的风险，以保障股指期货市场的健康发展。

（三）建立突发风险的管理机制

股指期货交易杠杆的巨大，造成的损失往往是不可估量的。我国股指期货市场作为一个新兴的金融衍生工具，它的风险程度往往也是很高的，尤其是我国期货市场刚起步不久，相应的机制还不够完善，我国的股指期货市场也是脆弱的，所以建立一个防范风险的管理机制对我国今后预防系统性风险和突发性风险具有非常积极的意义。

对于如何建立预防机制，可以从以下几个方面考虑：

1. 考虑到我国金融市场机制还不完善，所以即便是在国外发达证券市场国家要求的巨大压力下，也要防止我国金融市场开放程度盲目过快。

2. 政府部门政府进行适度干预，它主要包括政策指导、制定法令、入市交易和出资救市等，防止市场操纵，预防突发的市场风险。政府也可以建立风险管理基金，以便适时平抑市场突发风险。

3. 在实际操作中，合理的引入熔断机制。在面临突发事件面前，适当采用熔断机制可以制止恐慌性抛售，有助于市场理性运行。

五、我国期货市场存在的主要问题

（一）交易品种不足

我国现有的三家交易所真正交易的品种只有七个，分别是上海期货交易所的铜、铝、天然橡胶，大连商品交易所的大豆、豆粕，郑州商品交易所的硬麦和强麦。而一些关系国计民生和国家经济安全的品种如线材、石油以及玉米、棉花到现在都还没有上市或者恢复上市。这就使我们的商品在国际市场上缺少定价权，从而在国际贸易中经常处于极其被动的地位。

（二）投机成分过重

期货市场在市场经济中的重要功能，是使各种生产者和工商业者能够通过套期保值规避价格风险，从而安心于现货市场的经营。期货市场要实现这种功能必须要有投机者的参与，投机者在寻求风险利润的同时，也承接了市场风险，因此一个正常的期货市场上投机者是必须和必要的。但如果一个市场投机者占了绝对支配地位，这时非但期货市场的积极功能不能很好发挥，反倒会对整个金融市场造成冲击，干扰经济的健康发展。目前在我们的市场上，大部分的市场参与者在交易的过程中，投机的心理往往占了上风。甚至在需要参与市场进行套期保值的企业中，也有不少做投机交易的，比如有些粮油加工企业在期货市场上却成为空方的大户，等等。在这种情况下对价格的炒作便成为唯一的主题。根据现代经济学的分析，期货市场是属于"不完全市场"的范畴。在这种市场，商品价格的高低很大程度上取决于买卖双方对未来价格的预期，而远远脱离了这种商品的现时基础价值，从而可能导致了价格"越买越贵"或"越抛越跌"的正反馈循环。在这种情况下就很容易出现价格往极端发展的风险。

（三）市场参与者不够成熟

由于目前我国的专业投资管理公司和专业的经纪人队伍还没有建立和规范起来，很多投资者金融知识欠缺，风险意识淡薄，投机心理远远大于理性投资行为，投资行为具有很大的盲目性，再加之金融期货这一创新型衍生工具特有的高风险特性，很容易致使投资者的非理性行为而导致风险的后果，从而影响到金融市场，乃至整个金融系统的稳定。要想降低期货市场风险发生的可能，加强对投资者的教育，使其提高风险意识，促进其走向成熟是非常必要的。

（四）市场的弱有效性

目前我们的期货市场还是一个弱有效的市场，由于相关法律法规还不健全，没有建立起有效的企业和个人信用信息征集体系、信用市场监督管理体系和失信惩戒制度。信息的不透明，使市场的参与者不得不支付更高的社会交易成本。因此，不断提高监管机构的监管能力，建立机构监管和协会组织自律监督的多层次监管体系，增加股指期货交易的透明度，充分披露相关信息，严厉惩罚内幕交易、内幕消息、股市操纵、虚假信息等欺诈行为，不禁保护了中小投资者的利益，增强投资者的信心，也是提高我国期货市场运行效率的重要保障。

第十四章 期权交易

期货期权的产生是继 20 世纪 70 年代金融期货之后在 80 年代的又一次期货革命。1984 年 10 月,美国芝加哥期货交易所首次成功地将期权交易方式应用于政府长期国库券期货合约的买卖,从此产生了期货期权。相对于商品期货为现货商提供了规避风险的工具而言,期权交易则为期货商提供了规避风险的工具,目前,国际期货市场上的大部分期货交易品种都引进了期权交易。

第一节 期权交易概述

一、期权交易的含义

期权(Option),又称选择权,是指在确定的日期或在这个日期之前,按照事先确定的价格买卖一种特定商品或金融工具的权利。该项权利是由买卖双方以期权合约(Option Contract)的形式确定下来的。期权对于期权合约的购买方(Buyer)而言,只是一项权利,即在确定的时间内,可以按照一定的执行价格(Exercise Price),购买或出售特定商品或金融工具,但并不承担必须购买或出售的义务。因此,期权购买者可以在该项期权合约到期时或之前行使、转卖或放弃这项权利。对于期权合约的出售方(Seller 或 Writer)而言,该合约则是一项义务,要承担期权合约到期时或之前购买方选择履行出售或购买的义务。之所以对买方是一项权利,对卖方是一项义务,是因为期权买方要向期权卖方支付一笔期权费(Options Premium)。

期权交易(Options Trading)指的就是这种期权合约的买卖。

最先广泛利用期权交易方式的是 17 世纪荷兰,当时出现郁金香花茎的抢购风潮，由于荷兰的郁金香花价格非常高昂，种植人则与那些投机商做期权交易，但郁金香花市场的崩溃却使许多投机商无力履约，巨大的债务危机使荷兰经济受到了严重损坏，因此，1733年颁布的马巴纳德法案中期权被定为非法。

在美国，期权交易始于18世纪后期，但由于制度不健全，加上政治、经济等外部因素的影响，期权交易被许多人指责为导致价格的暴涨暴跌，加剧了期货市场和现货市场的价格波动。美国在1936年颁布的商品交易法中明令禁止商品期权交易。然而，非正式的期权场外交易却一直不断，主要是在商品交易法未作规定的商品范围内，例如金属和股票。

美国期权的场外交易规模不很大，主要由30家大公司控制，负责安排期权的买入者和卖出者，使之按各自的需要匹配。由于场外交易无统一合约规格，无统一规则，更无统一清算机构，加上市场分散，交易费用高昂，因此，买卖双方不易成交，该市场基本上不具备流动性。

1973年2月，一家专门从事股票期权交易的期权交易所——芝加哥期权交易所（Chicago Board of Options Exchange，CBOE）正式开业，进行统一化和标准化的期权合约的买卖。该交易所最初只推出股票的看涨期权（Call Opions），并取得了成功。1977年又推出了股票的看跌期权（Put Options）。

尽管股票的期权交易获得了巨大的成功，但有形商品和期货合约的期权交易却一直受到严格的限制。1974年，美国商品期货交易委员会法案在允许建立商品期货交易委员会（CFTC）的同时，规定商品期货交易委员会有权管辖期货交易，以及有关的期权交易。在经过广泛的调解后，商品期货交易委员会作出规定，仅允许在指定的交易市场（期货交易所）进行期权交易。

1981年，商品期货交易委员会推出了关于开展商品期货的期权交易的三年先导计划。根据该计划，每个交易所可以进行两种期货合约的期权交易。因此，每个期货交易所基本上都是选择最流行的商品期货合约来开展期权交易。芝加哥商品交易所推出了大豆和玉米期货的期权交易，芝加哥商业交易所推出了活牛和生猪期货的期权交易，纽约商品交易所开始了黄金期货的期权交易。经过三年的实践，证明该项计划取得了巨大的成功，经过1985年年末的复审后，商品期货交易委员会将每个交易所允许从事的期货期权交易品种扩大至8种。因此，目前可供交易的商品期货合约的期权交易是多种多样的，但尚没有农产品本身的期权交易。

金融期货的期权交易最早出现于1983年1月，当时芝加哥商业交易所推出了S&P500股票指数期货期权，纽约期货交易所（NYFE）也推出了纽约股票交易所股票指数期货期权交易，随着股票指数期货期权交易的成功，各交易所将期权交易迅速扩展至其他金融期货上。目前外汇期货期权交易主要集中在国际货币市场；短期利率期货期权交易集中在芝加哥商业交易所；中长期利率期货期权交易则集中在芝加哥商品交易所。

二、期权交易的种类

期权交易可从不同角度进行划分。

1. 从涉及的内容划分

从期权涉及的内容划分，期权交易分为商品期权、金融期权和期货合约期权。

（1）商品期权

商品期权（Commodity Options）是指期权的买方在期权到期日或之前，有权按执行价格购入或售出一定数量的具体商品。目前交易量较大的是黄金期权交易，世界上许多期权交易所都经营黄金期权交易，例如加拿大的蒙特利尔交易所（ME）、巴西的巴尔塞商业和期货交易所（BM&F），以及荷兰的欧洲期权交易所（EOE）等。另外，英国伦敦金属交易所（LME）还经营铜、铝、铅、锌、镍等的期权交易，伦敦国际石油交易所经营各种原油和燃气的期权交易。

（2）金融期权

金融期权（Financial Options）是指期权的买方在期权到期日或之前，有权按执行价格购入或售出一定数量的金融工具。该金融工具可以是股票、债券、外汇，也可以是一定数额的指数。目前，许多金融工具都有期权交易，例如，在许多国家的期权交易所都进行股票期权交易，美国费城股票交易所（PHLX）经营多达161种股票的期权交易。美国股票交易所（AMEX）、芝加哥期权交易所（CBOE）和纽约股票交易所都经营美国政府债券的期权交易。外汇期权交易主要集中在费城股票交易所，品种包括英镑、德国马克、瑞士法郎、日元、加拿大元等。

商品期权和金融期权均属现货期权交易（Physical Options），它们并不限于在交易所内进行，场外交易（Dealer Options）也大量存在，例如美国的 Mocatta Metals Corporation 公司就是一家经营期权交易的大公司，该公司负责安排黄金、白银、铜、铂等的期权交易。外汇期权在世界各地的大银行间通过函电往来即可达成交易。

（3）期货期权

期货期权（Options On Futures），即期货合约的期权交易，是指期权的买方在期权到期日或之前，有权按执行价格建立一定数量的多头或空头期货交易部位。目前，世界上许多期货交易所都开展了期货合约的期权交易，例如，美国芝加哥商品交易所有玉米、小麦、大豆、白银、黄金及中长期利率期货合约的期权交易；芝加哥商业交易所有生猪、活牛及各种外汇期货合约的期权交易。按照各国有关期货市场管理的法规，期货合约的期权交易必须在指定的期货交易所内进行。本章将主要介绍期货合约的期权交易。

2. 从交易形式划分

从期权交易的形式划分，期权交易分为看涨期权、看跌期权和双向期权。

（1）看涨期权

看涨期权，又称买进期权或多头期权，指期权买方在期权到期日或之前，享有按一定的执行价格买进商品、金融工具或期货合约等的权利。买进期权对期权买入方是一项买进的权利，而对于出售买进期权的卖方，则承担按约定执行价格向买方履行实际交割的义务，除非该期权到期后买方自动放弃买进的权利。

（2）看跌期权

看跌期权，又称卖出期权或空头期权，是指期权买方在期权到期日或之前，享有按约定的执行价格卖出商品、金融工具或期货合约等的权利。卖出期权对于买入方是一项卖出权利，而出售方则要承担按约定执行价格向买方履行买进的义务，除非该期权到期后买方自动放弃了卖出权利。

（3）双向期权

双向期权（Double Option），是指期权买入方在同一时间内，既买了某种看涨期权，又买了该标的的看跌期权。这是因为，市场价格波动剧烈，人们很难预测其走向，为了避免巨额损失，才购买双向期权。这样，无论价格上涨或下跌，期权买入者都可享有无限的盈利，但由于同时买入两项期权，所以期权费较高。然而，双向期权的盈利机会却高于单向期权，因此，在市场价格大幅度剧烈波动时，双向期权被广泛地采用。

举例说明：

例14.1：看涨期权。1月1日，标的物是铜期货，它的期权执行价格为1850美元/吨。A买入这个权利，付出5美元；B卖出这个权利，收入5美元。2月1日，铜期货价上涨至1905美元/吨，看涨期权的价格涨至55美元。A可采取两个策略：

行使权利——A有权按1850美元/吨的价格从B手中买入铜期货；B在A提出这个行使期权的要求后，必须予以满足，即便B手中没有铜，也只能以1905美元/吨的市价在期货市场上买入而以1850美元/吨的执行价卖给A，而A可以1905美元/吨的市价在期货市场上抛出，获利50美元。B则损失50美元。

售出权利——A可以55美元的价格售出看涨期权，A获利50美元（55-5）。

如果铜价下跌，即铜期货市价低于敲定价格1850美元/吨，A就会放弃这个权利，只损失5美元权利金，B则净赚5美元。

例14.2：看跌期权。1月1日，铜期货的执行价格为1750美元/吨，A买入这个权利，付出5美元；B卖出这个权利，收入5美元。2月1日，铜价跌至1695美元/吨，看跌期权的价格涨至55美元。此时，A可采取两个策略：行使权利——A可以按1695美元/吨的市价从市场上买入铜，而以1750美元/吨的价格卖给B，B必须接受，A从中获利50美元，B损失50美元。

售出权利——A可以55美元的价格售出看跌期权。A获利50美元。

如果铜期货价格上涨，A就会放弃这个权利而损失5美元，B则净得5美元。

通过例子，得出结论：一是作为期权的买方（无论是看涨期权还是看跌期权）只有权利而无义务，他的风险是有限的（亏损最大值为权利金），但在理论上获利是无限的。二是作为期权的卖方（无论是看涨期权还是看跌期权）只有义务而无权利，在理论上他的风险是无限的，但收益是有限的（收益最大值为权利金）。三是期权的买方无需付出保证金，卖方则必须支付保证金以作为必须履行义务的财务担保。

3. 从履约期限划分

从期权的履约期限划分，期权交易分为欧式期权和美式期权。

（1）欧式期权

欧式期权（European Option）指的是期权合约的买方只可在合约到期日按照约定的执行价格行使购买或出售权利的期权。

（2）美式期权

美式期权（American Option）指的是期权合约的买方可在合约有效期内任何时候按照约定的执行价格行使购买或出售权利的期权。

由此可见，欧式期权与美式期权的做法大致相同，它们之间的区别就在于履行期权的时间不同。美式期权的买方从买入期权到合约到期为止，有权随时要求卖方履行交割义务，只要他认为市场价格对他最有利。而欧式期权则不同，欧式期权只允许合约的买方在期权到期时才能执行他的权利，即使出现对他有利的情况，也不能有任何提前，因此，欧式期权比美式期权死板。

这里要特别指出的是，所谓"美式"或"欧式"期权仅指履约期限方面的不同规定，而与期权交易的地理位置、地域的划分无关。

4. 按交易场所的不同，可分为交易所交易期权和柜台交易（OTC）期权

交易所交易期权也叫场内交易期权，一般在交易所内的交易大厅内公开竞价，所交易的是标准化期权合约，即由交易所预先制定每一份合约的交易规模（如股票期权为100股，与股票交易相对联应）、敲定价格、通知日、到期日、交易时间等，合约的唯一变量是权利金。

交易所期权采用类似股票交易所的做市商制度。每种期权在交易厅中都有具体的位置，某一确定的期权由特定的做市商负责。投资者的经纪人可向做市商询问买价和卖价。做市商可以增加场内期权市场的流动性，他本身从买卖价差中获利。

场内期权交易由专门的期权清算所进行清算，该清算所充当买方的卖方，卖方的买方。当投资者要求执行期权的指令传到清算所时，清算所随机地选择某个持有相同期权空头的会员，而该会员按事先订立的程序，选择某个特定的出售该期权的投资者，履行卖方义务。

柜台式期权也叫场外交易期权，是卖方为满足某一购买者特定的需求而产生的。它并不在交易所大厅内进行交易，因此没有具体的交易地点。

成交额、敲定价格、到期日等都由买卖双方自行协商。柜台式期权合约不经过清算所清算，也没有担保，它的履约与否全看期权的出售者是否履行合约。

现举例说明场外交易期权如下：

例 14.3：1997 年初美国通用汽车公司董事会给予其总裁一份 5 年内按现价购买 100 万股公司普通股的期权。这意味着，总裁如果把公司经营得好，股票市值每股上升 1 美元，总裁就可获利百万美元。

例 14.4：一家投资银行欲以每股 3 美元发行 1000 万股某公司的新股，由于担心新股的发行不顺利，为使股票有吸引力，该投资银行采用了期权策略，即每购 100 股新股，出售（送）给购买者一份卖权，使其在未来 1 年内有权按每股 2 美元的价格卖掉 100 股股票。这样，购买者的损失就限制在每股 1 美元以内；而一旦股价上涨，他们的获益潜力都很大。

由以上的例子可以看出，期权在场外交易中应用很普遍，常用于低价发行新股，也用于债券交易、房产交易中。但本章的主要目的是探讨更为规范和标准化的场内期权。因此对场外期权只略作介绍，在以后章节中如不另行指明，所说的期权交易都是指场内期权交易。

5. 按期权的标的物不同，可分为实物期权、股票期权、外汇期权、利率期权、期货期权、股票指数期权、基金指数期权等

实物期权的标的物是实物商品，如贵金属、房产及其他实物商品，多在场外市场交易。股票期权选择买卖的是某种股票，如美国市场中的 IBM、柯达和通用汽车的股票期权，股票交易所和期权交易所都开展这方面的交易。外汇期权的标的物是外汇或外汇期货，如德国马克、英镑等，或德国马克期货合约、英镑期货合约等。利率期权主要是指国债及国债期货合约的期权交易。期货期权的标的物是期货合约。股票指数期权和基金指数期权是对相应的指数进行预测，定出敲定价格，但最终履行期权合约时是以现金结算。

三、期权交易的合约要素

期权交易的买方通过付出一笔较小的权利金费用，便得到一种权利，在期权有效期内，若标的物价格朝有利于买方的方向变动，买方可以选择履约，即按敲定价执行买或卖的权利；在期权合约的有效期内，期权也可

以转让；超过规定期限，合约失效，买主的权利随之作废，卖主的义务也被解除。例如，某投资者买进一份 America Online 股票的 9 月份卖权，敲定价 30 美元。这意味着，在该期权到期前或到期时，如果股票价格低于 30 美元，他仍旧可以以 30 美元的价格卖出；如果价格高于 30 美元，买方则放弃履约。

一般来说，期权合约的要素主要有：

1. 期权的买方（taker）：购买期权的一方，即支付权利金，获得权利的一方，也称为期权的多头方。

2. 期权的卖方（grantor）：出售权利的一方，获得权利金，因而具有接受买方选择的义务。期权的卖方也称为期权的空头方。

3. 权利金（premium）：买方为获取权利而向卖方支付的费用。它是期权合约中的唯一变量，相当于期货合约的价格。其大小取决于期权合约的性质、到期月份及敲定价格等各种因素。

4. 敲定价格（strike price）：也称为协定价格，或执行价格，即事先确定的标的资产或期货合约的交易价格。场内交易的敲定价格由交易所根据标的资产（或期货合约）的价格变化趋势确定；场外交易的敲定价格则由买方和卖方商定。

5. 通知日（declaration date）：当期权买方要求履行标的物（或期货合约）的交货时，他必须在预先确定的交货和提运日之前的某一天通知卖方，以让卖方做好准备，这一天就是"通知日"。

6. 到期日（prompt date）：也称"履行日"，在这一天，一个预先做了声明的期权合约必须履行交货。通常，对于期货期权而言，期权的到期日应先于其标的资产——期货合约的最后交易日。

以下我们进一步来熟悉期权合约的有关术语。以场内的标准期权合约为例，报价行情如下：

3	IBM	NOV.	400	Call	Premium 15
合约份数	标的物名	期权到期日	敲定价	买权	权利金

其含义是：3 份 IBM 公司的敲定价为 400 的 11 月份到期的股票买权（call），权利金为 15。其中的 400 为每股的敲定价格。

四、期货期权与期货的比较

期权交易与期货交易之间既有联系又有区别。

1. 期货期权与期货的联系

作为金融衍生工具的两个重要品种,期货期权交易与期货交易有许多相似和紧密联系之处。

(1) 它们都是在有组织的场所——期货交易所或期权交易所内进行。由交易所制定有关的交易规则、合约内容,由交易所对交易时间、过程进行规范化管理。

(2) 两者均是以买卖远期标准化合约为特征的交易。由交易所统一制定其交易规模、最小变动价位、涨跌停板、合约规格、合约月份等标准。期权合约的月份与交易规模大都参照相应的期货,以方便交易(见表14.1)。

表14.1 CBOE 长期国库券期货、期权合约(T-bond)

	期 货	期 权
交易单位	100000 美元面值	一个 100000 美元面值的 CBOE T-bond 期货合约单位
最小变动单位	1/32 点(每张合约31.25 美元)	1/64 点(每张合约15.63 美元)
敲定价格		按每张 T-bond 期货合约当时价格2点(2000 美元)的整倍数计算,例如,如果 T-bond 期货合约价格为86-00,其期权敲定价格可能为80、82、84、86、88、90、92 等
每日价格最大波动限制	同10年期 T-note	同 T-bond 期货合约
合约月份	同10年期 T-note	同 T-bond 期货合约
交易时间	同10年期 T-note	同 T-bond 期货合约
最后交易日	同10年期 T-note	同10年期 T-note 期权合约
交割等级	如果为不可提前赎回的 T-bond,其到期日从交割月第一个工作日算起必须为至少15年以上,为可提前赎回 T-bond,则不一定为15年以上,利率为8%的标准利率	
合约到期日		同10年期 T-note 期权合约
交割方式	同10年期 T-note	

（3）都由统一的清算机构负责清算，清算机构对交易起担保作用。清算所都是会员制，清算体系采用分级清算的方式，即：清算所只负责对会员名下的交易进行清算，而由会员负责其客户的清算。

（4）都具有杠杆作用。交易时只需交相当于合约总额的很小比例的资金（保证金和权利金），能使投资者以小搏大，因而成为投机和风险管理的有效工具。

（5）在价格关系上，期货市场价格对期权交易合约的敲定价格及权利金确定均有影响。一般来说，期权交易敲定的价格是以期货合约所确定的远期买卖同类商品交割价为基础，而两者价格的差额又是权利金确定的重要依据。

（6）期货交易是期权交易的基础，交易的内容一般均为是否买卖一定数量期货合约的权利。期货交易越发达，期权交易的开展就越具有基础，因此，期货市场发育成熟和规则完备为期权交易的产生和开展创造了条件。期权交易的产生和发展又为套期保值者和投机者进行期货交易提供了更多可选择的工具，从而扩大和丰富了期货市场的交易内容。

（7）期货交易可以做多做空，交易者不一定进行实物交收。期权交易同样可以做多做空，买方不一定要实际行使这个权利，只要有利，也可以把这个权利转让出去。卖方也不一定非履行不可，而可在期权买入者尚未行使权利前通过买入相同期权的方法以解除他所承担的责任。

（8）由于期权的标的物为期货合约，因此期权履约时买卖双方会得到相应的期货部位。

2. 期货期权与期货的区别

期货与期权交易也存在许多不同之处，主要可归纳如下：

（1）标准化合约的载体不同。在期货合约中，买卖的载体是标的资产，唯一的变量是期货合约的价格；而在相应的期权合约中，载体是期货合约，期货期权就是约定期货合约的买卖，所以期货合约的价格（即敲定价格）是已定的，唯一变量是权利金。在期限上，期货期权的到期日应先于其标的期货合约到期日，期货期权的最后交易日一般定在期货交割月的前一个月份。

（2）买卖双方的权利与义务不同。在期货交易中，期货合约的买卖双方都有相应的权利和义务，在期货合约到期时双方都有义务履行交割，且大多数交易所是采用卖方申请交割的方式，即卖方决定在哪个注册仓库交割，买方在货物地点的决定上没有选择。而在期权交易中，期权的买方有权确定是执行权利还是放弃权利；卖方只有义务按买方的要求去履约，买方放弃此权利时卖方才不执行合约。

（3）履约保证金规定不同。期货交易的买卖双方都要交付保证金；期权的买方成交时支付了权利金，他的最大损失就是权利金，所以他不必交纳保证金；而期权的卖方收取权利金，出卖了权利，他的损失可能会很大，所以期权的卖方要支付保证金，且随价格的变化，有可能要追加保证金。这一点可以从以后的分析中获得证明。

（4）两种交易的风险不同。期货交易的买卖双方风险和收益结构对称，而期权交易的买卖双方风险和收益结构不对称。图14.1是期货的风险和收益结构，若成交价为 F，则随着市场期货价格的上升，多头盈利增加，空头亏损等量增加；随着市场期货价格下降，多头亏损增加，空头盈利等量增加，买方和卖方的风险和收益结构是对称的。

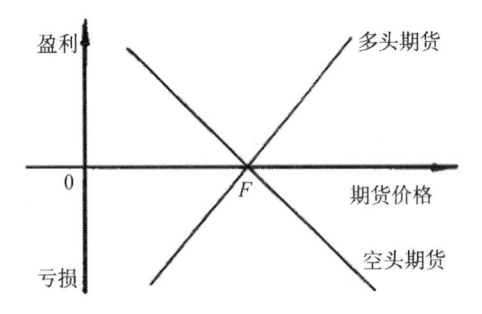

图 14.1　期货买方、卖方的风险和收益结构

第二节　期权交易风险与收益的关系

期权交易与期货交易相类似，都具有保值和投机的性质。期权交易之所以产生，就是因为交易者试图以此方式来转嫁商品价格波动的风险，而另一些交易者却愿意以期权形式来承担价格波动的风险。然而，期权交易在许多方面与期货交易有很大的不同，其中期权交易的风险与收益关系反映得最为明显。下面，我们对照期货交易，考察一下期权交易的风险与收益的关系。

一、期货交易的风险与收益关系

对于期货交易者而言,他在建立期货交易部位后,如果期货市场价格上升,那么多头期货的持有者会赚钱,空头期货的持有者会赔钱;如果期货市场价格下降,则多头期货的持有者会赔钱,而空头期货的持有者会赚钱。因此,在期货交易中,风险与收益是并存于交易双方,而且在同一天实现,但风险与收益的结构正好相反。如果不考虑期货交易手续费因素,期货交易买卖双方的风险与收益可用图14.2来表示。

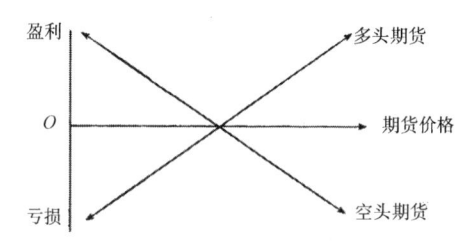

图14.2　多头与空头期货持有者潜在的风险与收益结构

由此可见,在建立期货交易部位时,双方所面临的潜在风险与收益是一样的,多头者的盈利就是空头者的亏损,空头者的盈利就是多头者的亏损。对于某一笔交易而言,除非交易者及时平仓,否则,出现有利的价格变动,他的潜在收益是无限的;而如果出现不利的价格变动,他的潜在风险和损失也同样是无限的。

二、期权交易的风险与收益关系

与期货交易不同,期权交易的双方在达成交易后,风险与收益并非对称存在,而是一方有限,另一方无限。下面我们就不同形式期权的风险与收益关系加以分析。

(一) 看涨期权的风险与收益结构

看涨期权是期权买方欲从期货价格的上涨中盈利而买入的多头期权,在期权合约所涉及的期货价格上涨对自己有利时,买方会行使该期权,按执行价格建立多头的期货交易部位。对买方而言,期货价格越高,他取得的收益越多，也可以认为在期权的有效期内，潜在的收益是无限的。然而，如果期货的价格降低，到期后，买方可以放弃执行该期权合约的权利，而他损失的却只是在达成期权交易时向期权卖方所支付的期权费。因此，在看涨期权交易中，期权买方承担的风险有限，如果不考虑手续费等因素，仅限于丧失期权费，而潜在的收益却是无限的（见图14.3）。

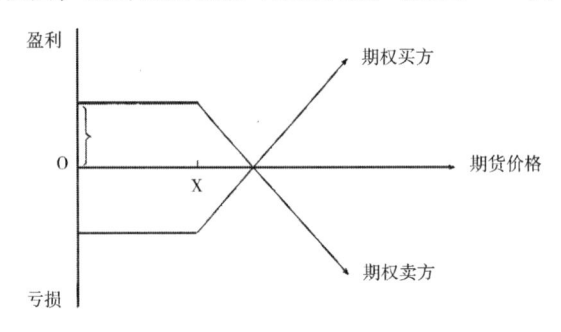

图14.3 看涨期权的风险与收益结构

与买方正好相反，在看涨期权的交易中，卖方取得的潜在收益是有限的，仅为达成交易时，买方向他支付的期权费，而承担的亏损风险却是无限的，无论期货市场价格涨到什么程度，只要买方依照期权合约的规定要求执行，卖方就要以事先约定的执行价格相应地建立与买方相对应的空头期货交易部位（见图14.3）。

（二）看跌期权的风险与收益结构

看跌期权是期权买方欲从期货价格的下降中获得盈利而购入的空头期权。看跌期权的风险与收益结构与看涨期权类似，只不过看跌期权的买方在期货价格下降时取得无限的收益，而卖方则在价格下降时承担无限的风险。如果期货价格上涨，买方的损失却仅限于所付出的期权费。当然卖方的收益也仅限于期权费（见图14.4）。

从上述分析我们可以看出，在期权交易中，期权购买者承担的风险仅为期权费，而取得的收益机会是无限的；期权的卖出者取得的收益是有限的，仅为期权费，而承担的风险却是无限的。也就是因为这一点，对于真正的套期保值者，购买期权比做期货所承担的风险要少，而潜在的收益却是无限的。

然而，上述特点会不会阻碍交易者出售期权合约呢？一般情况下，作为期权的卖方，他的最直接目的就是要收取期权费。因为期权交易一经达

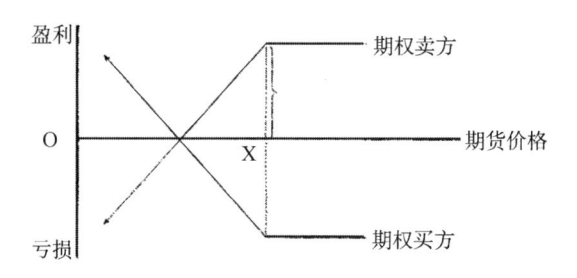

图 14.4　看跌期权的风险与收益结构

成，买方就必须支付期权费，卖方得到的这一笔资金流入，对其融通资金很有帮助。这一点是其他交易不具备的。实际上，在期权交易中，许多卖方并不是坐观与期权有关的期货价格波动，他们往往是再做一笔买回的期权，以求得损失有所补偿或风险有所减少。况且，许多期卖方，在做期权交易之前都有现货在手，或者已买入相当的期货合约。

第三节　期权的价格

一、期权价格的含义

期权价格（Price of an Option），即期权费，指的是期权买卖双方在达成期权交易时由买方向卖方支付的购买该项期权的金额。

期权价格通常是期权交易双方在交易所内通过竞价的方式达成的。在同一品种的期权行市表中表现出的是不同的执行价格（Strike Price）对应不同的期权价格。它反映了期权交易中供给与需求的基本关系。在期权市场上，无论是投资者，还是投机者，在作出期权交易决策之前，首先要考虑的就是期权的价格，然后才决定是购买还是出售多头期权或空头期权。

期权价格是一系列综合因素作用的结果，它说明了期权交易双方对期权所涉及的期货价格走势的基本判断。因此，我们有必要了解期权价格的构成和决定因素。

二、期权价格的构成

根据持有成本理论，期货理论价格是由标的物价格（现货价格）和持有成本决定的。期权价格也要受其标的物价格的影响。期权敲定价与现时标的物价格的关系常用内涵价值这个概念来分析，与未来标的物价格的关系则用时间价值来分析。期权价格主要由内涵价值和时间价值两部分构成。

1. 内涵价值（intrinsic value）

内涵价值是期权买方立即履行合约时可获取的收益，它反映了期权合约敲定价格与标的物市场价格之间的关系。对看涨期权而言，内涵价值＝标的物市价－合约敲定价；对看跌期权而言，内涵价值＝合约敲定价－标的物市价。

实值期权的内涵价值大于零，虚值期权和平值期权的内涵价值等于零。

例 14.5：当铜期货合约市价为 2050 美元/吨时，敲定价为 2000 美元/吨的看涨期权的内涵价值为 50 美元/吨；敲定价为 2060 美元/吨的看涨期权是虚值期权，内涵价值为零；敲定价为 2050 美元/吨的看涨期权是平值期权，内涵价值也为零。

内涵价值是期权价值的重要组成部分，所以一般来说，实值期权的权利金最高，平值期权和虚值期权权利金较小。

2. 时间价值（time value）

时间价值对期权卖方来说反映了期权交易期间内的时间风险，对期权买方来说反映了期权内涵价值在未来增值的可能性。可以这样理解，期权买方希望随着时间的延长，标的物价格波动可能使期权增值，因而愿意支付高于内涵价值的权利金；期权卖方由于要冒时间风险，也要求高于内涵价值的权利金。

通常，期权有效期越长，期权的时间价值越大。如 7 月某日某时点，对于同一敲定价同一标的物的买权来说，12 月到期的比 9 月到期的权利金要高。随着期权临近到期日，其时间价值逐渐变小；期权到期时，也不再具有时间价值。

例 14.6：设某股票价格为 27 美元，9 月看跌期权（敲定价 30 美元）的权利金为 4，则内涵价值为（30－27）＝3，时间价值为（4－3）＝1；10 月看跌期权（敲定价 25 美元）的权利金为 1 1/2，则该期权内涵价值为 0，只具有时间价值 1 1/2。

三、影响期权价格的因素

影响期权价格的因素主要有六个：标的物市场价格（S）、敲定价格（X）、距离到期日前剩余的时间（$T-t$，其中 T 为期权到期时间，t 为当前时间）、标的物价格波动幅度（V）、无风险利率（r）、股票分约（对股票期权有影响）。下面分别加以分析。

1. 标的物市场价格（S）

标的物市场价格直接影响权利金的大小，它是在期权交易中首先要考虑的因素。原因有三：第一，它决定敲定价格的选择；第二，它与敲定价格的关系决定了期权是实值、平值还是虚值，并决定了内涵价值的大小；第三，标的物市场价格的波动，增加了期权向实值或虚值方向移动的可能性，因此权利金也相应变化。

2. 敲定价格（X）

敲定价格主要影响期权的内涵价值。比如当玉米期货价格为 2.58 美元/蒲式耳时，在其他条件相同的情况下，敲定价格为 2.60 美元/蒲式耳的看涨期权的权利金比敲定价为 2.50 美元/蒲式耳的看涨期权的权利金肯定要低。因为前者是虚值期权，后者是实值期权。

有时，敲定价也影响到期权的时间价值。如果对比同一品种的相同到期日但不同敲定价的两份期权合约，则通常平值期权的时间价值较大。对平值期权来说，期权向实值还是向虚值转化，方向难以确定。转为实值时则买方盈利，转为虚值则卖方盈利（注意：这时买方会放弃期权的履约，卖方不可能获此盈利）。所以平值期权的时间价值最大。对于虚值期权来说，若市价离敲定价很远，则人们会认为其转为实值的可能性很小，其时间价值也会很小，甚至为 0。对实值期权而言，若市价偏离敲定价很远（市价偏离更远的可能性也很小，因为市价不可能无限上涨或下跌），则期权的杠杆作用减弱了（因为内涵价值已经很大，在权利金中占绝大部分），此时时间价值也很小。

3. 标的物市场价格波动幅度（V）

标的物市场价格的波动幅度是影响期权价格水平的重要因素之一。价格的上下波动会影响到实值、平值、虚值期权的时间价值，进而影响期权的价格。市价波动与期权有效时间衰减之间有一定的相关关系，当期权越临近到期日，如果其他条件不变，其时间价值衰减速度就越快。这主要是因为可以导致期权转向实值的时间逐渐减小所致。到期日时，期权不再具有时间价值，而只可能包含内涵价值。

标的物价值的波动性增加，加大了期权向实值方向移动的可能性，因此期权权利金也会相应增加。例如，若玉米期货价格为 2.60 美元/蒲式耳，并预期在其后一年内可能保持该价格水平（价格波动性很小），那么卖出一个 2.8 美元/蒲式耳的玉米看跌期权面临的风险就很小，卖方要求的权利金也少。但是，如果价格波动性大，如波动于 2.50～3.20 美元/蒲式耳之间，买方履行合约的可能性也随之增加，卖方风险加大，要求的权利金也高。

4. 无风险利率（r）

与期货交易不同的是，期权权利金在成交时以现金支付，因此短期利率反映了期权买方的融资成本，交易者交易时，自然会把短期利率考虑进去。但总的说来，利率对期权时间价值的整体影响是十分有限的。另外，无风险利率的变化，也会引起股票价格的变动，进而使期权的内涵价值改变。

5. 距离到期日前剩余时间（$T-t$）长短

在期权的时间价值中起最大作用的是期权的期限。如果其他因素相同，随着时间向到期日趋近，期权的时间价值也趋于减少。这是因为向不利方向变动的可能也减少了，权利金也减少。

6. 股票分红

股票分红主要是对股票期权的价格有影响。随着红利支付日期的临近，股价趋于上升，股票看涨期权的内涵价值趋于升高，而看跌期权的内涵价值则趋于减少。当红利支付日期过后，人们预期股票价格会降低，因此，看涨期权价格会降低，看跌期权价格会升高。

第四节　期权交易的主要策略

期权具有不对称的风险收益结构，作为投资工具，其选择具有多样性，因而也能以各种不同形式转化风险，能满足投资者的不同需要。

一、期权交易的四种基本策略

期权交易有四种基本策略，投资者应根据自身情况以及市场价格变化灵活选用。

1. 买进看涨期权

这种策略风险有限而收益潜力却很大，所以颇受保值者青睐。当保值者预计价格上涨会给手中的资产或期货合约带来损失时，就可买进看涨期权，而回避风险的最大代价就是要支付权利金。随着价格上涨，期权的内涵价值也增加，保值者可通过对冲期权合约获得权利金增值，也可以选择履行合约，获得标的资产（或期货合约）的增值。

2. 卖出看涨期权

很显然，这是收益有限，而潜在风险却很大的方式。卖出看涨期权的目的是赚取权利金，其最大收益是权利金，因此卖出看涨期权的人（卖方）必定预测标的和价格持稳或下跌的可能性很大。当价格低于敲定价时，买方不会履行合约，卖方将稳赚权利金；当价格在敲定价与平衡点之间时，因买方可能履约，故卖方只能赚部分权利金；当价格涨至平衡点以上时，卖方面临的风险是无限的。

3. 买进看跌期权

买进看跌期权是风险有限而收益潜力却很大的策略。看跌期权的买方预测标的物价格将下跌，那么他将获取多于所付权利金的收益；当标的物的价格与预测的相反时，他的最大损失也就是权利金。

4. 卖出看跌期权

卖出看跌期权是收益有限却风险很大的策略。当标的物价格上涨或基本持平时，可稳赚权利金；如果标的物价格下跌，发生的损失将开始抵消所收权利金，价格跌至平衡点以下时期权卖方将开始出现净损失。

通过以上四种基本策略的分析我们可以看出，交易者采取何种交易方式是基于他们对标的物价格变动趋势的判断（见表14.2）。

表14.2　投资者对期权基本策略的选择

期权交易者	看涨期权	看跌期权
多头	看涨	看跌
空头	价格持稳或略跌	价格持稳或略涨

并且，我们可以看出，其中的多头策略（买入看涨期权或买入看跌期权）具有风险有限、盈利很大的特点，很受保值者的欢迎，因而被广泛用

来保值；而空头策略的目的是赚取权利金，主要用来投机，并且只有很有经验的交易者才会采取其中的无保护空头期权策略。下面举例说明这四种策略的运用。

二、期权基本策略的运用

1. 买入看涨期权保值

选择这种策略的投资者想在市场上投资某种资产（股票、债券、外汇、期货等），但由于资金未到位，需在未来某时间才会有足够资金用以购买。由于投资者对资产价格看涨，但又担心价格下降，于是决定买入看涨期权。一般交易者选择的敲定价为期望达到的目标价格，期权到期日则在未来现金流入期之后。

例 14.7：7 月份某投资者预计 9 月份将会收到一笔款项，准备用于购买 America Online 股票，由于对该股票价格看涨，决定提前安排买入，以保证在低价位购进。于是买入了 America Online 股票的看涨期权，敲定价为 30 美元，权利金为 3 美元。到 9 月份，股票价格果然上涨，期权的价格也上涨了，投资者对冲期权（表 14.3）。

表 14.3 买入看涨期权保值

现货	期权
7 月 1 日股票价格 30 美元	买进 9 月到期，敲定价 30 美元的看涨期权合约，价格 3 美元
9 月 1 日股票价格 35 美元	卖出 9 月到期，敲定价 30 美元的看涨期权合约，价格 7 美元

结果：股票实际购买成本 = 35 − 4 = 31 美元/股。

2. 买入看跌期权保值

买入看跌期权也是较为有效的保值策略。当投资者已经拥有某种资产，为了防止行情波动使资产贬值，可以采用这一策略保值。

例 14.8：某榨油厂用大豆制成豆油，与某出口商签订了销售合同，由于担心在加工期内豆油价格下跌，使加工利润受影响，可以买入看跌期权进行保值见（表 14.4）。

表 14.4 买入看跌期权保值

现　货	期　权
1月×日豆油价格为17.5美分/磅	买入3月到期，敲定价格为18美分/磅的豆油看跌期权，权利金0.6美分/磅
2月×日豆油价格为14美分/磅	卖出3月到期，敲定价格为18美分/磅的豆油看跌期权，权利金4.4美分/磅
亏损3.5美分/磅	盈利3美分/磅

结果：通过买入看跌期权，保值者锁定豆油最低销售价为 14 + 3 = 17 美分/磅。

3. 卖出看涨期权和看跌期权，赚取权利金

（1）卖出看跌期权，赚取权利金

例14.9：9月份玉米价为7美元/蒲式耳，以玉米为饲料的某养鸡场预测12月份圣诞节来临前玉米价格将持稳或略有上涨，卖出了3个月到期、敲定价为7美元/蒲式耳的看跌期权，收取权利金1.50美元/蒲式耳。最终可能会有以下情况出现：

a. 期权到期时玉米的价格在7美元以上，此时买方将放弃权利，养鸡厂可以权利金收入冲抵到时购入玉米的成本。

b. 若到期时玉米价在5.5~7美元，买方可能会行使权利，使养鸡场损失0~1.5美元/蒲式耳，这将部分抵消先前收取的权利金。

c. 若到期时价格在5.5美元/蒲式耳以下，养鸡厂将会损失全部的权利金，并且面临风险。

d. 期权到期前若为虚值期权，则没有内涵价值，且时间价格随到期日临近加速衰减，此时权利金会很低，养鸡厂可以乘机低价对冲，赚取权利金差价。

（2）卖出有保护的看涨期权，赚取权利金

例14.10：某投资机构以86.00的价格购入一批债券，由于预计今后3个月债券价格会持稳或在86.00上下略有波动，于是卖出3个月到期，敲定价为86.00的看涨期权合约，收取权利金1500美元（该期权是平值期权，1500美元为时间价值）。可能会遇到以下四种情况：

a. 期权到期前若是虚值期权（即债券价格在86.00以下），且时间价值已减小，权利金会很低，此时对冲，可获取权利金差价，弥补现货债券价格变动的损失。

b. 期权到期时债券的价格为 86.00 以下，此时买方将会放弃权利，卖方获取的权利金可用来弥补持有债券的损失。

c. 期权到期时若债券价格在 86.00～87.50 之间，买方将会行使以 86.00 买入的权利，投资机构的损失介于 0～1.5 之间，将部分或全部抵消先前收取的权利金。

d. 期权到期时若债券价格高于 87.50，则投资机构有潜在损失。

第十五章 气候期货

天气和气候的变化给社会经济带来巨大的影响。这种影响往往不是反映在企业产品的价格上，而是反映在对相关企业产品的需求量上，为避免这种需求量变化导致的风险，在国际期货市场上推出了天气气候期货和期权。

气候期货合约的设计显然采用了股票价格指数期货合约的设计原理。它根据天气气候变化与协议的天气气候变化之间的差异进行现金结算。由于天气气候变化的影响面广，市场基础好，而天气气候期货具有杠杆机制和现金结算机制的优越性，使天气气候期货成为很好的天气气候风险管理工具，可以大大提高企业风险管理的效率，因而自它推出以来，成交量不断扩大，市场前景良好。

第一节 气候风险与风险管理

天气、气候风险管理是针对天气、气候风险而产生的一种全新的资本管理方式，与气候风险管理相关的气候衍生品合约最初由美国能源企业在1996年推出，并以场外交易（OTC）的方式开展起来，逐渐吸引了保险业、零售业、农业、建筑业和管理基金的广泛参与。随着气候衍生品合约在OTC市场的日益发展和成熟，期货交易所开始引入天气指数的期货和期权交易。由于天气风险对经济发展的影响非常明显，天气气候风险管理已成为企业风险控制的重要组成部分，而天气指数期货作为气候风险管理的一条重要途径，为企业提供了规避风险的有效途径。

天气气候的变化能对企业的目标收入和利润产生相当大的影响。那些对天气气候高度敏感的产业、企业，该如何维持平稳的获利，避开不理想的气候造成的风险？天气气候期货就是一个非常好的选择。

近几年，企业用来防范天气风险的工具种类大量增加，这些工具可用来把企业的天气风险转移到有意愿和有能力处理风险的第三方。在美国，Aquila、Enron 和 Koch 是最早（1996 年和 1997 年）使用天气风险管理工具的三家能源企业。1999 年天气衍生品进入期货交易所交易，天气风险管理进入了一个新的阶段，最先进行温度方面的天气衍生品交易的交易所是芝加哥商业交易所（CME）。

近几年，防范天气风险的交易有了显著增长，2002 年 6 月天气风险管理协会（Weather Risk Management Association, WRMA）和普华永道（Pricewaterhouse Coopers, PwC）的一项联合报告表明，从 2001 年 4 月到 2002 年 3 月，北美发生了大约 2700 个与天气有关的交易，这一交易数字比 1998 年增加了 300%。该研究同时显示，在此期间，北美与天气风险有关的防范工具价值增加到大约 36 亿美元。2005 年由芝加哥商业交易所结算的天气衍生品场外交易额近 300 亿美元，日本于 1999 年开展天气衍生品场外交易。目前，芝加哥商业交易所已推出包括温度指数、降雪指数以及霜冻日数的期货合约，其中，温度指数期货 2005 年达到 22 万手（《市场报》2006 年 6 月 14 日"冬霜雨雪有望成为期货市场热点"）。天气衍生品交易量和价值量的明显增加导致了与天气有关的风险管理工具的丰富，增强了金融衍生品供应的意识。

一、气候风险

气候风险是指气候变化所造成的现金流和收益的变动，包括比正常温度高或低的天气以及除温度以外的非正常天气因素如降雨、降雪和风力等对企业财务业绩和股票价格的影响。对美国 200 个公用事业企业进行的一项调查显示，有 80% 的企业将天气作为影响其盈余状况的重要因素，50% 的企业认为不利天气影响了企业业绩。更有评估表明美国经济中约占 20% 的比重受天气的直接影响。

气候风险对企业盈余和现金流的冲击在于，天气变化将改变企业的用户需求，这是一个与需求量水平有关的概念，既交易量风险。比如，凉夏将减少居民的用电量和商用空调的使用，使生产设施闲置，提高了发电的平均成本；暖冬降低了取暖用的天然气和电力的需求，有报告指出，受暖冬影响，美国的一些天燃气公司在当年第一季度的收入减少达 15%。除了气温外，雨量对电力企业的影响也很明显，在多雨的夏季，以电力抽水的需求将减少，德国一家公司的调查显示雨量和电力销售的关系达80%。除了能源企业外，对天气敏感的行业还包括农业、娱乐业、建筑业和旅游业等，天气变化直接影响这些行业的经营规模和收益。

通常，价格风险是企业面对的主要风险，它直接影响了企业每一交易单位的收益，而天气风险影响了企业的交易数量。价格风险和交易量风险（天气风险）不仅作为独立因素影响总的风险量，而且还会产生协变风险。对于能源企业来说，商品价格和天气指数在局部上的关联并不是很强，天气的非正常变化对商品，尤其是能源商品的价格影响有限，这表明通过价格上的套期保值不可能完全防范天气风险。

二、天气、气候风险管理特点

天气、气候风险管理就是通过交易天气气候衍生品合约使企业可以借此防范交易量风险，比如天燃气的销售量等。

气候风险管理具有以下特点：

第一，气候风险管理的成本比较低，尤其是5—10年期的协议在交易成本上更有吸引力。

第二，天气风险管理具有广泛的零售需求，市场基础好。新的能源企业可以通过进行天气风险管理向居民和商业用户销售固定费用的加热和制冷合同，不仅使用户锁定能源预算，而且可以实现企业的快速增长。

第三，进行天气风险管理的企业可以双方协定天气衍生品工具的条款和限定条件，这种专门适用于单个客户的合约设计方式使交易风险大大降低，能够为保值企业带来更好的风险防范效果。

第四，天气风险管理是企业风险管理的一个新视角，它是能源产业中仅有的可以防范交易量风险的工具，用户利用它能更好地处理多方面的风险管理问题。

第五，天气风险管理具有可靠性、安全性和公平性。天气数据资料比较准确可靠，北美的大多数城市都拥有至少50年的天气数据，在来源的可信度与完整性上比其他商品或金融指数更为完善。

通常用于防范气候风险的金融工具有：互换、期货和期权，参与者主要是能源企业，它们通过使用天气衍生品工具来稳定企业的现金流。这些能源企业和其交易对手根据实际温度与协议温度的差异来进行现金支付。

能源企业使用互换可以将盈余锁定在正常水平,而交易对手则持有变动的日头寸。期权可以为温度的盈余效应确定上限、下限或者是上下限制,能源企业购买了期权合约就获得一种权利,这种权利保证了当实际温度高于上限温度或低于下限温度时,企业可以从交易对手那里得到补偿。

第二节 气候衍生品概述

衍生品和保险品构成了天气、气候风险市场的核心。与灾难性天气事件相关的保险已经存在数十年之久,而非灾难性天气、气候市场——包括气温、湿度、降水量、水流量和风暴路径等,在影响企业经济效益方面扮演重要角色,气候衍生品是很好的非灾难性天气气候风险管理的金融市场工具。

天气、气候衍生品是一种金融工具,它的结算是以一个或多个天气气候因素为交易对象,比如降水量、积雪深度、气温或风速等。天气气候变化的不确定性往往引起某些商品的生产成本和市场需求发生巨大波动,从而引起企业收益的不确定性变化,这被称为天气气候风险。1998 年,美国前商务部秘书 William Daley 在一篇对国会的陈述中说,至少有 1 万亿美元的经济活动与天气密切相关,占美国商业活动总额的 70%。

一、气候衍生品的产生与发展

气候衍生品的产生是多种因素作用的结果,但最主要是灾害性天气带来的损失太大。据美国人估计,在美国 9 万亿美元的资产中,约有 20% 受天气气候影响。美国人在灾难保险上的花费数额巨大,且一直在增加。

但保险业不能提供非灾难性气候带来的损失的保险,气候衍生品的大发展起因于近年的全球气候反常,1997—1998 年间的厄尔尼诺冬季(EI-Nino)是历史上最强烈的厄尔尼诺现象之一,受到美国媒体和民众的广泛关注。许多公司因这个温暖的冬季而遭受巨额损失。农产品业、动力和煤气业损失巨大。这些公司要求有工具可供回避季节性非灾难性天气风险。气候期货产品应运而生。

目前天气气候衍生品市场和天气保险一起成为全球天气气候风险管理

的主要工具，第一笔天气衍生品的场外交易产生于 1996 年的美国。1996 年 8 月，安然公司与佛罗里达西南电力公司交易了世界上第一笔天气衍生合同。天气衍生产品的出现，主要源于一些公司为解决市场萎缩而设计出来的转移天气风险的工具。自 1997 年以来，尽管天气衍生品没有像预期中那样快速增长，但其长足的发展是有目共睹的。近年全球气候反常，令气候期货成为全球金融市场的一大商机，气候期货包括温度指数、降雪指数及霜冻日的期货合约等，芝加哥商品交易所结算的气候期货产品场外交易，2005 年交易额接近 300 亿美元。

天气衍生品市场的发展主要体现在以下几个方面：

1. 市场参与者类型变得多样化。早期的天气风险市场参与者主要是能源行业，但随着天气衍生品市场的发展，保险公司、再保险公司、银行、农业、建筑、娱乐、饮料等代表性部门或行业在市场中所占的份额越来越大。

2. 全球化趋势初见端倪。天气风险市场首先在美国建立起来，但随着市场的进一步发展，尽管美国的机构参与者仍继续占大多数，但是已有越来越多的参与者来自欧洲和亚太地区的发达国家，如法国、瑞士、德国、英国、日本等。甚至第三世界国家也正在考虑将天气衍生品作为一项金融创新，如埃塞俄比亚就热衷于天气衍生品，这是世界食品项目组织（WFP）在埃塞俄比亚进行的试点项目。该项目始于 2004 年 7 月，WFP 准备用天气衍生品来展示在重大灾难的情况下，可以通过衍生品市场来筹集应急费用。

3. 交易面额和交易数量迅猛增长。根据天气风险管理协会（WRMA）的统计，天气衍生品的账面价值除了在 2002 年有小幅下降之外，其他年份都保持了持续增长。1999 年，该值为 33 亿美元，2003 年该值为 53 亿美元。WRMA 与普华永道（PwC）发布的 2005 年度调查表明，在 2004－2005 年度天气衍生品市场总交易额达到了 84 亿美元，OTC 市场和 CME 市场的交易额和交易量都有显著增长。此外，2005 年 4 月，CME 宣布，截止到 4 月的天气期货和期权合约交易量已经超过 2004 年全年的交易量。CME 天气衍生品交易量在 4 月 12 日达到了 124177 手，而 2004 年总成交量是 122987 手。

4. 交易品种日趋多元化。尽管天气衍生品交易一直主要集中在美国取暖指数（HDD）和制冷指数（CDD）气温合约上，但其他天气风险交易所占市场份额也逐渐增加。例如，HDD/CDD 合约交易在 1997—1998 年占市场份额的 100%，而 2004 年 5 月则降为约占 91%。

5. 交易方式从场外交易（OTC）发展到场内交易。天气衍生品最初在场外交易（OTC）市场进行交易，但随着天气衍生品合约在 OTC 市场的日益发展和成熟，期货交易所开始引入天气指数期货和期权交易，最先进行温度方面天气衍生品交易的交易所是芝加哥商业交易所（CME）。天气衍生品进入期货交易所交易，表明天气风险管理进入了一个崭新的阶段。

二、天气气候衍生品的种类

1. 期货

在气候期货中，交易标的物并不是天气指数，而是基于该指数的货币价值，合约通过现金交割结算。天气期货合约是标准化合约，只是价格、交易方式和交割日期、指数来源地不同。

CME 从 1999 年开始交易天气指数期货，这是第一个与气温有关的天气衍生品。主要的天气指数期货是取暖指数（HDDs, heating degree-days）和制冷指数（CDDs, cooling degree-days）等温度指数期货。HDDs 和 CDDs 是用日平均气温（ADT）与基础温度进行比较得到的。在美国，标准基础气温是华氏 65 度，即摄氏 18.3 度。低于这一温度，人们可能会打开取暖器，此时形成 HDDs；高于这一温度，人们可能打开冷气机，此时形成 CDDs。对于任何一个给定的日子，可用如下两个公式计算 HDDs 和 CDDs：

每日 HDDs = max $(0, (65 - (T_{max} + T_{min})/2))$

每日 CDDs = max $(0, ((T_{max} + T_{min})/2) - 65)$

其中，T_{max} 是一天中记录的最高气温，T_{min} 是一天中记录的最低气温。给定了计算每天 HDDs 和 CDDs 的方法，确定较长时期的累积数，如每周、每月、每季或年度的累积数就可用如下公式进行计算：

$$HDDs = \sum_{i}^{n} [max(0, (65 - (T_{max} + T_{min})/2))]$$

$$CDDs = \sum_{i}^{n} [max(0, ((T_{max} + T_{min})/2) - 65)]$$

CME 的气温指数由 10 个人口密集的飞机场测定的气温组成。HDDs 和 CDDs 主要用于能源部门，与此同时，一种类似的基于生产温值（GDDs）的指数用于农业部门。我们知道，农作物需要一定的热量才能从一个生长阶段发育到下一个生长阶段。也就是说，气温必须在生长临界值之上，农作物才能正常发育。

计算 GDDs 的基本公式类似于计算 CDDs 的公式：

每日 GDDs = max（0,（（$T_{max} + T_{min}$）/2）- K）

其中 K 是计算 GDDs 的基础气温，即农作物生长必须达到的临界气温。

2. 期权

天气期权是一种期货期权，表示投资者在未来某一日期有权买卖某一个天气指数期货合同。天气期权是欧式期权，即买方只能在到期日行使权利，不能提前执行。在期权合约的执行日期，一旦官方发布天气记录，期权合约就进行结算。

天气期权包括买入期权和卖出期权两种。买入期权的买方是为了防止天气的某些因素水平过高，而卖方则认为天气因素不会过高；卖出期权的买方是为了防止天气的某些因素水平过低，而卖方则认为天气因素不会过低。

3. 互换

互换是指交易双方为了交换风险而签订的一种合约。在合约签订中，双方均不支付保证金。互换要求交易者在天气指数上升到某一特定水平之上（或下降到某一个特定水平之下）时进行赔付，同时也授权该交易者在天气指数下降到同样的水平之下（或上升到同样的水平之上）时获得赔付。也就是说，该交易者既可能是赔付者也可能是受赔者。

4. 套保期权（Collar）

套保期权是长期看跌期权和短期看涨期权（或相反）的结合，即通过买权和卖权的结合将收入稳定在一定范围之内。套保期权用于农业生产的数量是有限的，因为过度或不足的天气因素对农业生产都是有害的。

第三节　气候期货风险管理适用领域

气候期货主要是帮助农业及对气候敏感的企业，例如电力、建筑、旅游、运输、服装等公司，还包括提供农业保险的保险公司、再保险公司、能源部门等进行气候风险管理。这些部门均可以通过天气衍生品来消除因各种天气因素所导致的收入和预算的不稳定性。下面我们举例加以说明。

1. 农业生产者

（1）在农作物生产期间，农业生产者会担心由于低温霜冻导致农作物减产。此时，他可以选择购买 GDDs 合约来对冲低温霜冻所造成的农作物损失。一旦温度过低，那么农业生产者的损失可以通过期货市场得到补偿。除了温度指数期货外，农业生产者可利用的天气期货还包括降水量指数期货、降雪指数期货和风速指数期货等。

（2）如果农业生产者担心雨水过多而出现涝灾，那么他可以购买一份降水量买入期权来规避风险。而买权的卖方可能是雨具制造商或供应商等，因为阴雨连绵的天气对雨具的销售非常有利。相反，若农业生产者担心雨水过少而出现旱灾，那么他可以购买一份降水量卖出期权来规避风险。而卖权的卖方则可能是高尔夫球场，因为连续的阳光明媚对其经营非常有利。当然，农业生产者也可以通过购买气温的买入或卖出期权来规避由于气温过高或过低而给农作物生长带来的损失，等等。

（3）农业生产者也可以通过互换来规避自然风险。例如，农业生产者可与旅游企业进行风险互换。农业生产者的风险是由于生长期气温过低造成的，而旅游企业的风险则是由于气温过高而产生的，随着气温的升高，旅游企业所接待的人数下降，使其收入下降。这样，通过风险互换，当气温指数低于双方约定的水平时，农业生产者将得到一定补偿；相反，当气温指数超过双方约定的水平时，旅游企业会得到一定补偿。再比如，由于担心降水过多而影响种植的农业生产者可能会与水电厂进行风险互换。对水电厂而言，降水量过少会导致其发电量减少，从而使其收入下降。互换合约签订后，当降水量超过某一水平时，农业生产者将得到一定补偿；相反，当降水量低于某一水平时，水电厂会得到一定补偿。

2. 农业保险公司/再保险公司

（1）提供农业旱灾保险的保险公司、再保险公司可能担心由于降水量过少而导致大面积的旱灾出现，此时保险公司、再保险公司可以选择卖出降水量指数期货。一旦旱灾果真出现，那么由于旱灾给保险公司、再保险公司所带来的损失可以通过降水量指数期货加以对冲。相反，提供农业涝灾保险的保险公司、再保险公司可能担心由于降水量过多而导致大面积的涝灾出现，此时保险公司、再保险公司则需要买入降水量指数期货来对冲由于涝灾出现而带来的经营损失。

（2）提供农作物低温保险的保险公司、再保险公司可能担心由于气温过低而导致农作物减产，从而给其经营带来损失。此时，保险公司、再保险公司可以选择买入一个温度卖出期权，该期权合约以确保农作物生长所必须温度时数或最佳生产温度天数为依据。如果天数（小时）低于一个约定的门槛时，卖出期权的卖方就要对保险公司、再保险公司给予补偿。卖出期权的卖方可以是滑雪场经营者，因为低温的天气对其经营非常有利。相反，提供农作物高温保险的保险公司、再保险公司可能担心由于气温过高而导致农作物出现病虫害，从而使农作物减产，给其经营带来损失。那么，保险公司、再保险公司可以选择买入一个温度买入期权来对冲损失。买入期权的卖方可能是空调制造商，因为高温天气有利于空调的销售。

（3）保险公司、再保险公司也可以通过互换来分散其经营风险。例如，农业保险公司可以和供热公司进行风险互换。如果发生低温霜冻，农业保险公司的赔付额增加，而对供热公司而言，低温将使供热需求增加，公司的收入会随之增加。通过互换，农业保险公司有效地分散了经营风险。再比如，提供旱灾保险的保险公司可以购买降水量指数期货或期权来分散风险，等等。

3. 能源企业

（1）煤炭企业可能担心由于暖冬而出现对取暖用煤需求的下降，从而减少其经营收入。那么，煤炭企业可以选择买入制冷指数（CDD）期货或卖出取暖指数（HDD）期货以对冲由于气温过高而带来的损失。

（2）电力企业可能担心由于凉爽的夏季或温暖的冬季而导致对电力需求的下降，从而减少其经营收入。那么，电力企业可以选择在夏季买入制冷指数（CDD）看跌期权，在冬季买入取暖指数（HDD）看跌期权来对风险进行保护。CDD和HDD看跌期权的买方可是旅游企业，因为凉爽的夏季和温暖的冬季有利于人们出游，从而旅游企业的收入会因此而增加。

（3）能源企业也可以通过互换来规避自然风险给其经营带来的损失。例如，水力发电厂可能担心由于降水量过少而致使水量不足，从而导致发电量的减少。此时，水力发电厂可以选择与提供农业涝灾保险的保险公司、再保险公司进行风险互换，因为保险公司、再保险公司担心的则是雨量过多而出现涝灾，从而使农作物减产。

当然，除了上面这些部门之外，其他的行业或部门，如建筑业、交通运输业等也都可以利用气候衍生品来规避自然风险所带来的损失。

第四节 气候期货合约交易

气候期货是商品期货中的新成员,在类别上它属于能源类期货交易品种。目前,全球交易天气指数期货的只有美国的芝加哥商业交易所(CME)和英国的 Euronext. Liffe 两家交易所,所选择的天气指数仅仅是温度指数,这两家交易所的天气指数期货的交易量相对较小。但是,天气指数期货的推出是有着很好的市场基础的。世界上很多能源企业都面临着天气变化所造成的销售量大幅变动的风险,不仅如此,很多行业的运营都受到天气和气候的直接影响,比如在农作物产区,种植季节的降雨量对作物产量的影响,年降雨量对电力企业发电成本的影响等。针对这些风险的管理工具,在 OTC 市场都已经存在,并且具有比较好的发展前景,随着风险管理工具的越加细致和规范,这些天气风险完全有可能进入期货交易所内进行交易。然而,天气指数期货能否发展成为一个成熟的、有生命力的期货交易品种系列还是需要经历市场检验的,CME 和 Euronext. Liffe 在这方面做了有益的尝试。

一、芝加哥商品交易所气候期货介绍

CME 从 1999 年开始交易天气指数期货,这是第一个与气温有关的天气衍生品。开始天气指数期货交易后,天气期货合约的流动性增强,并且合约的标准化使价格更加透明,经销商可以更好地抵消风险,获得额外收益。

CME 的天气指数期货对美国能源企业非常重要。首先,交易所内交易的天气风险管理工具不存在 OTC 市场上可能出现的信用问题。在 OTC 市场上,当能源企业破产或陷于窘境时,OTC 合约面临极大的信用风险,而 CME 的清算行具有极高的信用保证,能够降低交易面临的信用风险。其次,在提高天气期货交易的流动性方面,CME 通过做市商为买卖双方的成交提供便利,使企业能更方便地进出该市场,Wolverine Trading,L. P. (Wolverine) 是 CME 天气期货第一个做市商。最后,交易所内交易的天气期货为 OTC 天气风险交易双方提供了一种参照机制。但是,企业在参与 CME 天气期货交易时应考虑两个问题:一是如果能源企业需要防范的天气

风险没有在 CME 上市，那么企业仍然面临地理位置差异所造成的天气状况不一致的风险。二是企业在 CME 进行期货交易，必须具有相当的财务能力和在交易所进行交易的水平和经验。

CME 的天气指数期货包括制热日指数期货、制冷日指数期货、制冷季节指数期货和制热季节指数期货四种。

1. 日温度指数

日温度指数是衡量一天的平均温度与华氏 65 度（相当于摄氏 18.3 度）偏离程度的。日平均温度是从午夜到午夜的日最高温度与最低温度的平均值。工业以华氏 65 度作为启动熔炉的标准温度，这一温度通常出现在采暖通风和空气调节的技术标准中。现在这一温度用来假设当气温低于华氏 65 度时消费者会使用更多的能源来保持房间的温度，当气温高于华氏 65 度时会耗费更多的能源运行空调来降温。CME 的温度指数包括制热日指数（HDD）和制冷日指数（CDD），温度为城市温度。选择的城市标准有两种：一是城市人口密度大；二是城市为能源中心。

制热日指数（HDD）通过日平均温度与华氏 65 度的比较来测量寒冷程度，也就是需要采暖的指数。HDD = 最大数（0，华氏 65 度 − 日平均温度）。如果日平均温度是华氏 40 度，那么日 HDD 就是 25，如果日平均温度是华氏 67 度，那么日 HDD 就为 0。CME 的 HDD 指数是一个月的日 HDD 指数的累积，在最后结算日每一指数点为 100 美元。例如，假设某一城市 11 月份的日均 HDD 为 25（华氏 65 度 − 华氏 40 度），在 11 月份的 30 天内，HDD 指数为 750（25 日 HDD × 30），则期货合约的名义价值就为 75000 美元（750HDD 指数 × 100 美元）。

制冷日指数（CDD）通过日平均温度与华氏 65 度的比较来测量温暖程度，也就是需要运行空调降温的指数。CDD = 最大数（0，日平均温度 − 华氏 65 度）。与 HDD 的计算方式相同，如果日平均温度是华氏 75 度，那么日 CDD 就是 10，如果日平均温度是华氏 58 度，那么日 CDD 就为 0。

2. 制热日指数期货（HDD）与制冷日指数期货（CDD）

CME 的 HDD 和 CDD 期货合约是在规定的期货交易日买入或卖出 HDD 和 CDD 指数价值的法定协议，HDD 和 CDD 采用现金交割。CME 选择了 10 个城市的温度作为交易标的，分别是亚特兰大、芝加哥、辛辛那提、纽约、达拉斯、费城、波特兰、图森德、梅因和拉斯维加斯，每个城市用不同的符号表示，比如 H2HDD 表示芝加哥制热日温度指数。

（1）合约规格。CME 的 HDD 和 CDD 期货合约的名义价值为 100 倍 HDD 或 CDD 指数，合约以 HDD/CDD 指数点报价。比如，一个 HDD 指数为 750，则期货合约的名义价值为 75000 美元（750HDD×100 美元）。最小价格波动为 1.00HDD 或 CDD 指数点，价值为 100 美元。假设一个交易者于 1999 年 9 月 10 日在 750 指数点卖出芝加哥 1999 年 11 月 HDD 期货合约，于 10 月 11 日以 625 指数点买入平仓，则该交易者获得的收益为 12500 美元（125HDD 指数点×100 美元）。

（2）合约月份。在任意交易时间，分别有 7 个连续的 HDD 和 CDD 期货合约和 5 个连续的 HDD 和 CDD 期权合约上市交易。比如，在 2001 年 9 月 15 日，7 个连续的 HDD 期货合约的到期月份从 2001 年 10 月一直延续到 2002 年 4 月，7 个连续的 CDD 期货合约的合约月份为 2002 年 4 月到 2002 年 10 月。在场外交易市场，通常 HDD 的合约月份从 10 月到 3 月，CDD 的合约月份从 5 月到 8 月，4 月和 9 月被看做是双向月份。

（3）结算。每一月份合约的结算价格依据地球卫星有限公司计算的 HDD 和 CDD 指数得出。

（4）交易系统。HDD 和 CDD 期货采用 CME 的 GLOBEX 电子交易系统进行全天（24 小时）交易。

（5）数据来源：地球卫星有限公司。地球卫星有限公司是一家全球性的开发遥感设备和提供地理信息的专业服务公司，可以提供每日和每小时的气温信息，该公司在为农业和能源市场提供气候信息方面居于世界领先地位。CME 所选择城市的气温由一个自动数据收集设备即自动表面观测系统（ASOS）测定，这一系统测出的每日最高和最低气温直接传输给美国国家气候数据中心（NCDC），该中心是美国国家海洋大气管理局的一个下属部门。当 ASOS 系统出现故障或传输受阻时，地球卫星有限公司将及时进行质量控制并提供替代数据。

3. 季节性气候期货合约

CME 在推出日温度指数期货以后，于 2003 年 5 月 26 日开始上市交易季节性天气产品。季节性天气指数期货以制热日指数和制冷日指数为基础，是日温度指数期货的延伸，它包括制冷季节指数期货（SCDD）和制热季节指数期货（SHDD）。季节性天气期货的长度为 5 个月，夏季合约从 5 月到 9 月，冬季合约从 11 月到 3 月。所选择的城市为芝加哥、辛辛那提和纽约。该产品通过 GLOBEX 电子交易平台进行交易。季节性合约可以使交易者在一个价格上交易整个季节的温度指数,而不需要把每个月份的合约分别进行交易,从而提高交易效率并减少交易者的交易成本。

二、Euronext. Liffe 天气指数期货

Euronext. Liffe 天气期货合约于2001年7月推出,是以欧洲三个地区(伦敦、巴黎和柏林)的月度和冬季的日平均温度(DAT)为基础设计的。通过Euronext. liffe 的天气期货合约来化解天气风险的使用者包括:供给和需求与天气变化高度相关的能源公司;需要对组合风险进行分散的保险和分保险公司;客户的购买行为受天气变化影响的零售企业;农业生产者、农产品的经营者、食品制造商和农产品贸易商,天气的变化能影响作物产量、出口和价格。

1. 日平均温度

欧洲天气市场与美国有所不同。美国市场主要表现为很强的季节性需求,即冬季取暖和夏季降温,因此以制热日和制冷日(通常为65华氏度)为交易标的,美国的能源企业最先创造了这个市场,并且这些企业的需求使这个市场进一步演进。而欧洲夏季没有相应的降温需求,因此欧洲市场开展天气指数交易就需要一种不同的方法。Euronext. Liffe 选择了日平均温度和冬季温度指数作为标的,这两种温度指数在OTC市场都有交易,因此这种选择比较简单和直接,能迎合更广泛的需求。

月度指数:MI = 100 + Mean(DAT)1, n,其中,n = 一个月的天数,DTA是一天的最高温度(Tmax)和最低温度(Tmin)的算术平均数(摄氏度),各地区的DTA每日通过Euronext. Liffe 的天气网站对外发布。Mean(DAT)1, n是当月日平均温度的算术平均数,该值加上100就是该月的月度指数。如果月平均温度为7.21摄氏度,则月度指数为107.21。

冬季指数:WSI = 100 + Mean(DAT)1, n,其中,n = 冬季的天数,冬季期间为11月1日至次年3月31日。

Euronext. Liffe 的天气期货合约是用现金结算的,每份合约到期时 Euronext. Liffe 都要根据月度指数或冬季指数计算一个最终的平仓价(即交易所交割结算价,EDSP)。

2. 期货合约

Euronext. Liffe 的天气期货合约包括月度指数合约和冬季指数合约,温

度为欧洲三个不同地区的温度，因此，在同一月份有三个月度指数合约在交易，即伦敦 MI、巴黎 MI 和柏林 MI。

（1）合约规格。Euronext.Liffe 的月度指数合约和冬季指数合约以摄氏度为计价单位，一摄氏度为 3000 英镑/欧元（伦敦温度以英镑计价，巴黎和柏林温度以欧元计价）。

（2）合约月份。月度指数合约的合约月份包括全年的 12 个月，冬季指数合约的合约月份从 11 月到次年 3 月。

（3）最小波动。最小波动为 0.01 摄氏度，相当于 30 英镑/欧元。

（4）结算。每一合约月份的结算价格（EDSP）在相关交割月份的最后一个自然日根据月度指数值和季节指数值得出，三个地区的温度分别由所在国的气象管理部门提供。交易结算比较特殊，结算价格公布日和结算日是相邻的两天，受时差影响，三个地区的结算日有所差别，其中伦敦和柏林的结算价格公布日为最后交易日后的第一个交易日，巴黎的结算价格公布日为最后交易日后的第二个交易日，结算日相应在其后一天。

（5）交易系统。所有交易通过 LIFFE CONNECT 系统进行（该系统于 1998 年 11 月开始运行），交易时间为交易日 10：00～17：00。

第五节　关于我国开设气候期货的几点思考

中国存在对气候衍生品的巨大需求。中国约有 1.5 万多亿元人民币的经济规模直接暴露于气候风险。面对严重的灾害损失，一直没有形成一种行之有效的应对机制。而目前我国也已初步建立了门类比较齐全，布局基本合理的气象综合探测系统，所以，尽快在中国开发气候期货具有很重要的现实意义。

从 2002 年开始，我国大连商品交易所开始对天气产品进行研究，目前正在研究开发"天气期货"合约。气候期货呼之欲出，将有望帮助我国企业和农民规避不利天气条件所造成的风险。

我国是一个灾害频发的国家，农业是受天气风险影响最大的行业之一，而作为分散农业自然风险的基础性制度安排的农业保险在转移、分散农业灾害风险方面的作用也一直没有得到很好的体现。政府面临着巨大的无法化解的农业系统风险。同时国家财政能力较弱，无法像发达国家那样给农业保险提供足够的支持和补贴，有限的国内农业预算又使政府无法消化这些风险带来的损失。我国农业保险业务逐年萎缩，已陷入"农民保不起、保险公司赔不起"的尴尬境地。

在这种情况下，我们必须进行制度创新以推动农业保险的持续发展。天气衍生品就是农业保险创新的产物，它将金融工具的理念用于自然灾害的风险管理，为农业生产者的风险转移提供了新途径。天气衍生品吸引了社会资金参与分散农业自然风险，这对保护农民的生产积极性，促进非农资金向农业转移起到了很大作用。同时，由于天气因素所产生的风险一般与资本市场中的风险并不相关，因而，保险公司或再保险公司和社会上的投资者运用天气衍生金融工具降低了他们经营中的风险。在美国，许多保险公司都是天气衍生品的投资者。

由此可见，天气气候衍生品的推出可以增强保险公司和再保险公司分散风险的能力，有力地推动农业保险的发展，进而提高我国农业自然风险的管理水平。总体上，天气衍生品分散农业自然风险可以通过两种机制进行：一种是直接机制，即农业生产者直接购买天气衍生品分散自然风险；另一种是间接机制，即农业生产者进行保险，然后，保险公司或再保险公司购买天气衍生品来间接分散农业自然风险。

进一步地思考，气候衍生品市场的参与者并不仅仅局限于农业生产者和保险公司、再保险公司，能源企业、旅游企业、建筑企业、交通运输业等所有受到天气风险影响的行业或部门均可以通过天气衍生品来规避风险。

在我国适时推出天气衍生产品不但具有重要意义，而且具有现实可行性。

首先，存在对天气气候衍生产品的巨大需求。据保守估计，我国约有1.5万多亿元人民币的经济规模直接暴露于天气风险，天气风险市场具有广阔的经济基础。除农业对天气衍生产品有着较大的需求外，能源、交通、电力等受天气风险直接影响的行业同样也对天气衍生产品有着巨大的需求。在我国的经济结构中，这些行业占 GDP 的比重较大，是国民经济的基础部门，其产品或服务具有较小的需求弹性系数，这些部门的风险传导到其他经济部门时会放大。同时，我国目前尚无能源期货，电力期货等避险工具，天气衍生产品的推出可以弥补这一空白，有效规避这些行业所面临的天气风险。例如，2003 年我国南方大面积、长时间高温天气导致了许多城市拉闸限电，给电力企业和电力用户带来了难以估计的损失。若有天气衍生品这样一种金融工具，电力企业便可以有效分散天气风险所带来的损失。

其次，目前我国气象体制改革正向市场化方向迈进，天气风险市场所需要的气象数据资料能够得到保证。我国的气象信息有偿服务始于1985年3月29日，国务院办公厅下发了《关于气象服务部门开展有偿服务和综合经营的报告》的通知，这份文件标志着我国气象信息服务迈向新的领域，极大地调动了气象部门员工的工作积极性。而2000年1月1日开始实施的《中华人民共和国气象法》成为保证我国气象市场服务在公益无偿前提下，合理合法地开展有偿服务的法律保证。截至1999年，我国气象信息服务的收入已经达到5亿元人民币，全国气象部门从事气象科技服务和产业的人员达到2.3万人。

要在合适的时机推出天气衍生品以分散农业自然风险，重点需要在以下三个方面加以努力和完善：

1. 大力推进保险市场和期货期权市场的发展

目前我国资本市场规模还比较狭小，保险市场还很不发达，尤其是农业保险十分落后，期权市场还未推出，而有些天气衍生产品是以农业保险品种和期权为基础设计的。天气衍生产品在美国之所以取得很大成功，与美国高度发达完善的资本市场以及投资者对风险和收益越来越高的要求是分不开的。因此，当务之急是国家出台相关政策法规以促进保险市场和期货期权市场的发展与完善。

2. 大力推进保险公司经营水平和创新能力的提高，培养其通过金融市场分散自身经营风险的意识

农业保险在分散农业自然风险方面发挥着基础性的作用，但也使保险公司承担着巨大的风险。提高其经营水平和创新能力，培养通过金融市场的避险意识，保险公司可以通过天气衍生品市场分散农业保险所带来的风险，从而提高竞争能力。

3. 培养其他遭受天气风险影响经济主体的市场参与意识

遭受天气风险影响的不仅仅是农业生产者和农业保险公司，还包括能源企业、旅游企业、建筑企业，等等。但是这些行业或部分企业目前尚缺乏对天气风险的避险意识，或者尚未认识到天气风险给其经营带来的巨大损失。因此，培养这些经济主体通过天气衍生品市场规避天气风险的意识是非常必要的。

参 考 文 献

1. 张亦春、郑振龙、林海主编：《金融市场学》，高等教育出版社，2008年3月第3版。
2. 叶永刚主编：《衍生金融工具》，中国金融出版社，2004年1月第1版。
3. 张元萍主编：《金融衍生工具教程》，首都经济贸易大学出版社，2003年4月第1版。
4. 邹瑜骏、黄丽清、汤震宇编著：《金融衍生产品：衍生金融工具理论与应用》，清华大学出版社，2007年9月第1版。
5. 李国华：《期货市场简明教程》，经济管理出版社，2003年1月第1版。
6. 李一智主编：《期货与期权教程》，清华大学出版社，2003年12月第2版。
7. 刘梦熊：《期货决胜108篇》，广州出版社，1993年3月第1版。
8. 朱国华、褚玦海：《期货市场学——工具、机构与管理》，上海财经大学出版社，2004年9月第1版。
9. 罗孝玲：《期货投资学》，经济科学出版社，2003年9月第1版。
10. 王健：《期货市场理论与实务》，对外经济贸易大学出版社，1996年11月第1版，2000年3月第3次印刷。
11. 叶万春、魏龙：《期货操作与管理》，武汉理工大学出版社，2001年11月第1版。
12. 张学东：《股价指数期货理论与实践研究》，中国社会科学出版社，2005年6月第1版。
13. 潘峰、许启刚主编：《股指期货投资必读》，中国金融出版社，2008年1月第1版。
14. [加] 约翰·C.赫尔（Hull, J. C.）著，张陶伟译：《期货期权入门》，中国人民大学出版社，2001年4月第1版。
15. [美] 埃里克·班克斯（Erik Banks）编，李国华译：《天气风险管理》，经济管理出版社，2004年4月第1版。